人生会議と
ソーシャルワーク

―単身高齢社会で「希望」をつなぐ福祉実践―

佐藤 惟 著

風鳴舎

人生会議とソーシャルワーク
―単身高齢社会で「希望」をつなぐ福祉実践―

目　次

はじめに ………………………………………………………………… 1

第Ⅰ部　理論編：社会福祉学の視点とACP

第1章　背景：単身高齢社会と人生の最期をめぐる諸課題 ……………… 9

第1節　「人生の最期の迎え方」への社会的関心の高まり ………………… 10

第2節　単身高齢社会と身寄りのない高齢者 …………………………… 13

　　　1　単身高齢者の増加 ………………………………………………… 13

　　　2　身寄りのない高齢者の増加 …………………………………… 14

第3節　本書の目的 ………………………………………………………… 15

第2章　用語の定義：希望、意思決定、福祉専門職 …………………… 19

第1節　「希望」の定義 …………………………………………………… 20

第2節　「意思決定」の定義 ……………………………………………… 21

　　　1　社会福祉学と「自己決定」 ………………………………………… 22

　　　2　社会福祉学と「意思決定」 ………………………………………… 24

　　　3　本書における「意思決定」の定義 …………………………… 25

第3節　「福祉専門職」の定義 …………………………………………… 27

— ii —

第3章　先行研究：ACP と単身高齢者、死後事務、介護支援専門員 ………… 33

　第1節　アドバンス・ケア・プランニング（ACP）に関する先行研究 …… 34

　　1　ACP の体系 …………………………………………………… 34

　　2　ACP の有用性を指摘する研究 ……………………………… 39

　　3　ACP の日本における現状 …………………………………… 41

　　4　ACP の課題 …………………………………………………… 43

　　5　小括 …………………………………………………………… 45

　第2節　単身高齢者の死をめぐる意思決定の課題 …………………… 46

　　1　身寄りのない高齢者の死に関する支援と社会福祉 …………… 46

　　2　死後事務と本人意思の尊重 …………………………………… 48

　　3　小括 …………………………………………………………… 49

　第3節　福祉専門職の役割とアドバンス・ケア・プランニング（ACP） …… 50

　　1　在宅高齢者の生活を支える介護支援専門員の役割 …………… 51

　　2　介護支援専門員による ACP に関連する先行研究 …………… 55

　　3　介護支援専門員による死後事務等の意思決定に関する研究 …… 58

　　4　小括 …………………………………………………………… 59

第4章　概念の提示：「意思決定の共有」と「意思決定の準備」 ………… 61

　第1節　「意思決定の共有」という考え方 ……………………………… 62

　第2節　「意思決定の準備」という考え方 ……………………………… 67

　第3節　研究の焦点 ……………………………………………………… 68

第5章　研究の枠組みと分析の視点：希望、全人的な視点、

　　　　ソーシャルワークの機能 ……………………………………… 73

　第1節　研究の枠組み …………………………………………………… 74

— iii —

第2節　分析の視点 ………………………………………… 76

　　1　ニーズの視点と「希望」概念への着目 ………………… 76

　　2　全人的な視点 …………………………………………… 80

　　3　人生の最終段階を支えるソーシャルワーク機能 ……… 87

第3節　調査の概要 ………………………………………… 91

　　1　単身高齢者を対象とするインタビュー調査 …………… 91

　　2　介護支援専門員を対象とするインタビュー調査 ……… 93

　　3　単身高齢者と担当介護支援専門員へのインタビュー調査 ……… 96

　　4　分析アプローチ ………………………………………… 99

第Ⅱ部　実証編：単身高齢者と介護支援専門員へのインタビュー

第6章　単身高齢者は人生の最期に向けてどのような希望を抱いているか … 101

第1節　調査の目的と概要 ………………………………… 102

　　1　対象 ……………………………………………………… 102

　　2　調査内容と方法 ………………………………………… 102

　　3　分析方法 ………………………………………………… 102

第2節　単身高齢者インタビューの分析 ………………… 103

　　1　分析対象者の属性 ……………………………………… 103

　　2　分析結果 ………………………………………………… 104

　　3　事例検討 ………………………………………………… 112

第3節　小括 ………………………………………………… 118

第7章　介護支援専門員は人生の最期に関する話し合いを

　　　　どのように感じているか ………………………… 125

— iv —

第1節　調査の目的と概要 ······································ 126

　　1　対象 ·· 126

　　2　調査内容と方法 ·· 126

　　3　分析方法 ·· 126

第2節　専門職インタビューの分析 ······························ 127

　　1　分析対象者の属性 ·· 127

　　2　「意思決定の準備」に関する単身高齢者の課題 ············ 130

　　3　「意思決定の準備」に関する介護支援専門員自身の課題 ······· 137

第3節　小括 ·· 150

　　1　「意思決定の準備」に関する単身高齢者の課題とソーシャル
　　　　ワーク機能 ·· 150

　　2　「意思決定の準備」に関する介護支援専門員自身の課題とソー
　　　　シャルワークの視点 ······································ 154

　　3　研究の限界 ·· 157

第8章　介護支援専門員と単身高齢者は人生の最期を
　　　　どのように話し合っているか ·························· 159

第1節　調査の目的と概要 ······································ 160

　　1　対象 ·· 160

　　2　調査内容と方法 ·· 160

　　3　分析方法 ·· 160

第2節　分析対象ペアの属性及び結果の概要 ······················ 162

　　1　分析対象ペアの属性 ······································ 162

　　2　「意思決定の準備」に関する分析結果の概要 ················ 164

　　3　高齢者と専門職が望む「準備・意思表示」の内容 ············ 168

第3節　事例検討 ……………………………………………… 175

　　1　分析対象ペア①高齢者Cと専門職c ……………………… 175

　　2　分析対象ペア②高齢者Dと専門職d ……………………… 181

　　3　分析対象ペア③高齢者Eと専門職e ……………………… 189

第4節　小括 …………………………………………………… 198

　　1　単身高齢者と介護支援専門員での関心の違い ……………… 198

　　2　「意思決定の準備」について「考えない」高齢者の存在 ……… 199

　　3　「兄弟姉妹に任せている」高齢者の存在 …………………… 199

　　4　「誰にもわからない」形で準備を進める高齢者の存在 ………… 200

　　5　単身高齢者から見た介護支援専門員の立ち位置 …………… 200

　　6　介護支援専門員にとっての「意思決定の準備」のきっかけ作り
　　　　の難しさ …………………………………………………… 201

　　7　「意思決定の準備」に関するコミュニケーションの難しさ …… 202

第9章　単身高齢社会における人生会議のあり方
　　　　―ソーシャルワークの視点から― ……………………… 205

第1節　「意思決定の準備」をめぐる論点 …………………… 206

　　1　本書で明らかにしてきたこと ……………………………… 206

　　2　単身高齢者の人生の最期に向けた希望と社会資源 ………… 210

　　3　「生活モデルのACP」と福祉専門職 ……………………… 212

　　4　単身高齢者と介護支援専門員の認識のズレ ……………… 213

第2節　単身高齢者へのアプローチ ………………………… 217

　　1　「意思決定の準備」に関する相談先の確保と周知 ………… 217

　　2　「医療・ケア」等に関する学びの場の提供 ………………… 218

　　3　自分の希望を固めるための支援 …………………………… 220

第3節 専門職へのアプローチ ……………………………………… 221

　　1 介護支援専門員へのアプローチ ………………………… 221

　　2 医療ソーシャルワーカーへのアプローチ ……………… 226

　　3 成年後見人へのアプローチ ……………………………… 228

　　4 地域包括支援センターへのアプローチ ………………… 229

　　5 専門職チームの「窓口」のあり方 ……………………… 230

第4節 結論 …………………………………………………………… 237

あとがき ………………………………………………………………… 241

　文献 …………………………………………………………………… 247

はじめに

　本書のタイトルは、「人生会議とソーシャルワーク」である。「人生会議」と聞いてまず思い浮かぶのは、現場の専門家たちが取り組んできた「アドバンス・ケア・プランニング（Advance Care Planning: 以下、ACP）」の考え方を一般国民にも広めようと、厚生労働省が ACP に付けた愛称だろう。

　ACP は、「人生の最終段階の医療・ケアについて，本人が家族等や医療・ケアチームと事前に繰り返し話し合うプロセス」であるとされている（厚生労働省2018c: 1）。つまり、ACP が話し合いの対象とするのは主に「人生の最終段階」の「医療・ケア」についてである。一方、ACP の愛称として付けられた「人生会議」という言葉には、一見すると「医療」や「ケア」、あるいは「介護」といった要素が見られない。「人生」という言葉にはむしろ、医療やケアといった個別の事項を超えた、より大きな広がりが感じられる。後述するように、本書ではこの人生という言葉の広がりを生かして、一般に用いられているのとは少し違った意味で人生会議という言葉を使っている。

　本書のタイトルで掲げられているもう 1 つの言葉は「ソーシャルワーク」である。ソーシャルワークは、貧困や障害など様々な生活課題を抱えている人の相談に応じ、他の専門家等と連携を図りながら、制度やサービス等を調整して利用者の生活課題を解決に導く営みを指す。近年では単に生活上の課題（いわゆるニーズ）を解決するだけでなく、利用者自身が持つ強みや希望に着目し、その人らしい生活を送ることができるように「自己実現」をサポートするという側面も重要視されるようになっている。

　日本でソーシャルワーカーの国家資格として創設されたのが社会福祉士と精神保健福祉士である。このうち社会福祉士は、「専門的知識及び技術をもつて、身体上若しくは精神上の障害があること又は環境上の理由により日常生活を営むの

— 1 —

に支障がある者の福祉に関する相談に応じ、助言、指導、福祉サービスを提供する者又は医師その他の保健医療サービスを提供する者その他の関係者（第四十七条において「福祉サービス関係者等」という。）との連絡及び調整その他の援助」を業にする者と定義されている（社会福祉士及び介護福祉士法第2条）。国の報告書では、人々の生活課題が多様化・複雑化する現代においては多機関・多職種による協働がますます重要となっており、「権利擁護・代弁」や「仲介・調整」などの機能を有するソーシャルワークの専門職として社会福祉士が、その役割を十分に発揮することへの期待が述べられている（社会保障審議会福祉部会 福祉人材確保専門委員会 2018）。一方、国家資格ではないが、介護保険制度の導入とともに創設された介護支援専門員（ケアマネジャー）もまた、ソーシャルワークという言葉を看板として掲げてはいないが、実際の業務内容はその大半がソーシャルワークにあたると考えられる。

本書の特徴

　ACPは医学・看護学の分野で提唱され、発展を遂げてきた。介護支援専門員や医療ソーシャルワーカーなどの福祉専門職、及び社会福祉学はACPをめぐる言説の中で、どちらかといえば周縁的な立ち位置であったと思う。本書はソーシャルワークの考え方をベースとする社会福祉学の立場から、これまでのACPの議論に新たな視点を提供することを企図するものである。その要点は、以下の3点に集約される。

　第一に、ACPの愛称として採用された「人生会議」という言葉の広がりを生かし、「医療・ケア」に限らない、人生の最終段階に関する話し合いの場を推進することを提案している。その背景には、日本社会の急速な「単身化」がある。特に、家族・親族のサポートを受けられない「身寄りのない高齢者」が今後急増することが見込まれている。これまで家族・親族が担ってきた生前の本人のケア

や、死後の様々な手続きを社会全体でサポートする体制づくりが急務となっている。元々、「人生会議」はACPの愛称として登場した言葉であり、その意味するところは同じであったわけであるが、本研究では人生会議という言葉を現在のACPより広い意味を持ったもの、あるいは現在のACPの発展形として捉えている（なお、本文の中ではこの人生会議にあたるものとして「意思決定の共有」という言葉を用いている）。「現在のACP」と書いたのは、ACPそのものの適用範囲が将来的に、「医療・ケア」を超えた言葉になっていく可能性も考えられるからである。以下、本書において「人生会議」と鍵括弧付きで表記する時は厚生労働省が付けたACPの愛称を意味し、単に人生会議と表記する時は「医療・ケアに関する話し合い」に限らず、より広い意味合いを持たせている。

　第二に、人生会議を推進する上でのキーパーソンとして、ソーシャルワークを生業とする者を位置付けている。なぜなら人生会議、あるいはACPの本質はコミュニケーションの促進であり、そのプロセスにおいては本人の意思形成・表出を促すとともに、家族・親族・専門職チームといった関係者間の仲介・連携・調整を進めることが支援の核にあると考えるからである。相談援助技術という形で様々なコミュニケーション手法を学び、「連絡及び調整」を行う者として法に位置付けられている社会福祉士などのソーシャルワーク専門職は、こうした人生会議のプロセスの「ハブ」あるいは「窓口」を担うのに適任であると考えている。この点については「ソーシャルワークの機能」を確認する中で明らかにしていく。

　第三に、ソーシャルワークを生業とする職種の中でも特に本研究では、介護支援専門員に着目している。介護支援専門員は、要介護（あるいは要支援）認定を受けた高齢者の生活を支えるキーパーソンであり、ケアマネジメントの手法を用いて高齢者のニーズや希望に応じた様々な社会資源を調整する役割を担っている。人生会議で共有すべき内容が「医療・ケア」を超えて生前の財産整理や死後

の手続き等の様々な側面に及ぶことを考えた時、そうした高齢者のニーズや希望と、社会資源を結び付ける存在として、介護支援専門員は人生会議のキーパーソンにもなり得ると考えられるからである。ただし、現在の日本において介護保険法に規定されている介護支援専門員は純粋なソーシャルワーク職種として位置付けられていない点が、1つの懸念材料であることをあらかじめ述べておく。

　このように、本研究では社会福祉士などのソーシャルワーク職種を人生会議のキーパーソンとして位置付け、その中でも介護支援専門員に着目している。付言しておくと、筆者は実際の現場で必ず社会福祉士や介護支援専門員が人生会議の調整役及び単身高齢者との話し合いの窓口になるべきだと考えているわけではない。現在のACPが重視している「医療・ケア」に関する話し合いの必要性が高いケースでは、治療の選択肢等について正確な情報提供を行うために医師や看護師などの医療職がイニシアティブを取った方が良いだろうし、本人との関係性によっては理学療法士や作業療法士、言語聴覚士といったリハビリ職や、介護職が窓口役となり、確かな信頼関係に基づいて本人の希望を聞けるケースもあるだろう。ただ、人生会議の継続的なプロセスや、本人の思いが明らかになった後に周囲の人達や社会資源との調整を行うその後の支援の展開を考えれば、少なくともこうした窓口役や調整役を担う人材は、ソーシャルワークの考え方を理解していることが望ましいと筆者は考えている。その意味では、ソーシャルワークの体系を学んでいる看護師や理学療法士といった人材が増えることの重要性も、本書を通して訴えたい内容の1つである。

　なお、補足になるが本研究では人生会議という言葉に加え、「希望」及び「意思決定」という2つの言葉についても少々特殊な意味を持たせている。

　「希望」は日常的に用いられる言葉であり、また福祉や医療の現場では「本人の希望」を知るための実践が行われているが、本研究では社会福祉学が発展させてきた「ニーズ」の概念と並列させるものとして位置付けている。かつて社会福

祉学者の岡村重夫が「社会生活の基本的要求」として、「経済的安定の要求」「職業的安定の要求」などニーズを7つに分類して提示したように、本研究では高齢者の人生の最期に関する希望を類型化する試みを行っている。本研究の試みが未熟で不十分であることは承知しているが、このような類型化は、現場で専門職が単身高齢者の「ニーズアセスメント」ならぬ「希望アセスメント」を将来的に実践する上で有用であると考えている。

　「意思決定」については、社会福祉学では伝統的に「自己決定」という言葉を用いて、利用者本人による決定をいかにサポートするかという点を重視し、また、そのための相談援助技術を発展させてきた。それが近年、意思決定という言葉が社会全体で急速に普及し始めたことにより、社会福祉学領域での、両者の言葉の境界が少々わかりづらくなってきている面がある。他領域との連携を推し進める上で、共通の言葉を整備していく、使用法を統一していくことは確かに重要である。一方で、ソーシャルワークが自己決定という言葉を長年語り継いできたのには、それなりの理由があると思う。本書ではこの自己決定と意思決定を峻別する観点から、前者を「自身の人生や生活のあり方について，本人が自分の意思を明確に有し，その意思を表明できる場合に，本人自らが決めること」と定義した。そして、後者を「自身の人生や生活のあり方について，本人が何らかの理由でその場で決められなくなった場合に，本人の意思を尊重しながら，周囲の者が最終的に決めること」と定義している。「意思決定」は広く社会で用いられている言葉であり、通常の使用方法とは異なる上記の定義に違和感を持たれる方や、様々なご批判もあるかもしれないが、人生の最終段階という特殊な時期を対象とする研究の、ひとつの思考実験として、お読みいただければ幸いである。

本書の構成

　本書は筆者が日本社会事業大学大学院に提出した博士学位論文をもとに、大幅

な加筆・修正を行ったものである。そのため基本的には研究書・学術書の位置付けであり、現場で働いている専門職の方や、一般の読者には一部読みづらい部分もあるかもしれない。ただし、本書の核を構成しているのは単身高齢者及び介護支援専門員へのインタビュー調査であり、人生の最期に関する単身高齢者のリアルな声や、経験豊富な介護支援専門員による語りの部分などは、現場の専門職の方や一般の読者にも比較的読んでいただきやすいのではないかと思う。

本書は「理論編」と「実証編」の2部構成となっている。

第Ⅰ部の「理論編」は、主に筆者のバックグラウンドである社会福祉学の視点から、単身化が進む日本社会の現状や、それに伴い生じている「人生の最期」に関する諸問題、ACPに関する研究の現状などについて述べており、社会福祉やソーシャルワークの研究者向けの内容となっている。

第1章では研究の背景として、単身化の進行と身寄りのない高齢者への支援が課題となっている現状、終活ブームやACPの普及促進など人生の最期の迎え方とその支援方法に注目が集まっていることなどについて述べている。

第2章では用語の定義として、本研究のキーワードとなる「希望」、「意思決定」、「福祉専門職」という言葉の用い方について検討している。検討の結果、「希望」や「意思決定」という言葉について社会一般における用法とは少々異なる定義を採用したことは前述の通りである。

第3章では先行研究について記述している。ここでは「ACPに関する先行研究」、「単身高齢者と死後事務」、「福祉専門職（特に介護支援専門員）とACP」という3つの柱を立てて、先行研究の動向を検討し、本研究で取り組むべき課題を明確にした。

第4章は概念の提示として、現在のACPよりも広い概念としての「意思決定の共有」と、その前段階としての「意思決定の準備」という、本研究で採用する2つの概念について詳述している。なお、本書のタイトルにある人生会議は、本

研究においてはこの章で提示する「意思決定の共有」と同義のものとして考えている。

第5章では、この後に続く「実証編」における研究の枠組みと、分析の視点を示した。具体的には「希望の分類」、「全人的な視点」、「人生の最終段階を支えるソーシャルワーク機能」について、検討している。また、本研究では「アクティヴ・インタビュー」の考え方に基づいて分析を進めていることも述べた。

第Ⅱ部の「実証編」は、単身高齢者や介護支援専門員へのインタビュー調査から構成されている。こちらは社会福祉やソーシャルワークの研究者のみならず、人生会議に関心のある介護支援専門員や社会福祉士などの福祉専門職、あるいは医師や看護師などの医療職や、国・地方公共団体などの行政の担当者にも、参考にしていただける部分があるかもしれない。

第6章では、単身高齢者へのインタビュー調査をもとに、単身高齢者が人生の最期に向けてどのような希望を抱いているのか、「全人的な視点」を導入しながら明らかにした。本研究の分析対象者は身寄りのない高齢者や、親族がいても高齢であったり、日頃の関わりが薄かったりする者が多かったことから、本人の希望に基づく意思決定の準備をどのように進めるかが課題となることを指摘した。

第7章では、介護支援専門員へのインタビュー調査から、介護支援専門員自身が単身高齢者の人生の最期を支える上でどのような課題を感じているのか、「介護支援専門員から見た単身高齢者の課題」と「介護支援専門員自身の課題」という2つの側面から分析した。また、ここで明らかになった課題に対して「人生の最終段階を支えるソーシャルワークの機能」を意識することが有効である可能性を指摘した。

第8章では、要支援・要介護認定を受けている単身高齢者と、その担当介護支援専門員のペアに対するインタビュー調査の結果から、利用者側と支援者側の思いや認識にズレがあることを明らかにした。この調査からは、人生の最期に関す

る話し合いを進める上で単身高齢者への社会的な働きかけと、介護支援専門員へのサポートの両方が必要であることを述べた。

　以上を踏まえて第9章では本研究の総括として、単身高齢社会における人生会議のあり方について、ソーシャルワークの視点をもとに今後を展望した。

　なお、本書の中では「人生の最終段階」と「人生の最期」という言葉が何度も登場する。「人生の最終段階」という言葉で指し示す範囲を定義することは容易ではないが、本書においては「死が近い将来に差し迫っていることを、本人や家族等の周囲の者が意識し始めてから、実際に死を迎えるまで」という意味合いで使用している。一方、「人生の最期」については「死の直前から死後まもなくまで」という、より狭い時間の範囲を指している。2つの言葉の範囲は重なる部分も多いが、本書において「人生の最終段階」は死を迎える前の時間的な幅を少し長くとっていること、「人生の最期」については死後まもなくの時期も含まれることに、微妙なニュアンスの違いがある。また、調査協力者の心情に配慮して「人生の最終章」という表現を用いている箇所もあるが、こちらは前述の「人生の最終段階」と同じような意味合いであることを付記しておく。

　本書の内容が人生会議やソーシャルワークに関心のある研究者・実践家、行政担当者、そして社会福祉の研究者にとって少しでも参考になり、その結果として1人でも多くの単身高齢者がご本人の希望に沿って、人生の最期を心安らかに迎えるための助けとなれば幸いである。

第1章

背景：
単身高齢社会と人生の
最期をめぐる諸課題

本書の背景を構成するのは、主に2つの日本社会の潮流である。1つは「人生の最期の迎え方」への社会的関心の高まりであり、もう1つは単身高齢者の増加、特に身寄りのない高齢者の増加である。

第1節　「人生の最期の迎え方」への社会的関心の高まり

　高齢化率が29.3%となり（総務省統計局2024）、超高齢社会となった日本では近年、「人生の最期の迎え方」への関心が高まっている。例えば、人生の最期を迎えるための様々な準備を指す「終活」という言葉が、2012年のユーキャン新語・流行語大賞トップテンに選ばれたことは象徴的な出来事である（自由国民社2012）。この言葉はそれ以降もテレビ・雑誌・インターネット等のメディアで頻繁に取り上げられており、すっかり人口に膾炙した言葉となった。「終活」が一種のブームとなり多くの人の関心を集めているのには、家族のあり方が多様化したことによって、自分で「最期の迎え方」についてあらかじめ考え、備えておかねばならない時代になったことが大きいという（小谷2017: 9-13）。

　「人生の最期の迎え方」という点では、死が近づいた時にどのような医療がなされるべきかという、いわゆる「終末期医療」に関する意思決定の問題も医療分野で十数年来、議論が続けられてきた（会田2011: 1-39）。医療技術の飛躍的な進歩により、人生の最期を迎える際の治療に様々な選択肢が登場したためである。社会学者の田代（2016: 57-65）によれば、日本では1980年代まで、死に瀕するような病を抱えた患者の治療に関する決定は医療者と患者家族で行い、患者自身は真の病名を知らされないまま、人生の最期を迎えることが多かった[1]。しかし、1990年代の議論を経て2000年代に入ると、インフォームド・コンセントの広がりとともに、病状に対する正しい認識と、治療の選択肢に関する適切な情

---

1) 同様の状況は、諸外国でも1960年代まで見られていたが、例えばアメリカではGlaser & Strauss（1965 = 1988）による研究成果の影響もあり、1970年代にはがん患者自身への告知が進むようになった。日本で同様の流れが本格化したのは、1990年代である（田代2016: 57-62）。

報提供をもとにして、患者自身が自らの希望する治療を受ける権利への認識が、全国的に普及し始めた。病名の告知が行われることで、人生の最終段階をどのように過ごすかの自己選択と自己決定が可能となってきたのである（袖井 2000）。

　現在、日本で運用されている介護保険制度も医療システムも、また国が直近で推し進めている地域包括ケアシステムも、基本的に患者・利用者の「自己決定」を基本とするシステムである（池田 2011: 3-4; 猪飼 2011）。しかし 75 歳を超えるような高齢者が死を迎える場合、より若い世代のがん患者のケースに比して、治療方針に関する自らの希望を、療養しているその場で伝えることができなくなっている割合が高い[2]。このような時、本人に代わってその治療方針を選択し、決定するのは通常の場合、家族・親族（以下、「家族等」という）である。しかし近年、家族等による代理での決定を前提とする現在のシステムには、様々な問題が指摘されるようになっている（袖井 2015）。例えば、代理で決定を行わねばならない家族等が大変な苦悩に直面すること（箕岡 2011: 20、34）、家族間の意見の不一致による諍いの発生（会田 2011: 63-64、178）、家族等が本人の最良の代弁者であるとは限らないこと（袖井 2000; 上野 2008; 西川 2015; 箕岡 2016）、家族等がいない、あるいは交流が途切れてしまっているケースで、誰が代わりに治療の決定を行うのかが、特に侵襲的な処置に関わる医療同意の場面で問題となっていること（成本 2013）、などである。

　このように、「家族等による代行決定」には様々な問題が指摘されるようになった。また、80 代や 90 代、あるいは 100 歳を超えるような「超高齢者」と呼ばれる人が珍しくなくなった時代に、救急搬送された高齢患者への救命措置をめぐっても、ジレンマを抱える医療者が多かったようである。近年、このような人生の最終段階に実施する医療の意思決定をめぐって、各種のガイドラインが相次いで発表された（厚生労働省［2007］2018a; 日本老年医学会 2012; 日本救急医学会・日本集中治療医学会・日本循環器学会 2014）[3]。これらガイドラインに共通

---

2) 厚生労働省（2019b）が「人生会議」（＝ACP）の普及・啓発のために作成したリーフレットには、「命の危険が迫った状態になると、約 70% の方が、医療やケアなどを自分で決めたり望みを人に伝えたりすることが、できなくなる」という記述がある。

3) 会田（2011:44-47）によれば、このような動きが広がる直接のきっかけとなったのは、北海道立羽幌病院（2004 年）、富山県の射水市民病院（2006 年）、岐阜県立多治見病院（2006 年）等で、人工呼吸器の取り外しをめぐる事件や出来事がマスコミによって相次いで報道され、延命医療中止が深刻な社会問題として認識されるようになったことである。

— 11 —

しているのは、人生の最終段階における医療を提供する際にまず顧みるべきは、「本人の意思」であるとしている点である。

2018 年に厚生労働省が公表した「人生の最終段階における医療・ケアの決定プロセスに関するガイドライン」（以下、「2018 ガイドライン」とする）は、2007 年に策定していた「終末期医療の決定プロセスに関するガイドライン」を、改訂したものである（厚生労働省［2007］2018a）。この「2018 ガイドライン」の特徴は、近年諸外国で普及しつつある「アドバンス・ケア・プランニング（以下、「ACP」とする）」の考え方を導入したことと、介護施設や在宅での活用も念頭に置いて介護支援専門員等の福祉専門職への言及が強化された点にある（厚生労働省 2018c:1-3）。

ACP とは「人生の最終段階の医療・ケアについて、本人が家族等や医療・ケアチームと事前に繰り返し話し合うプロセス」のことであり、本人の意思が変化しうるものであることから、繰り返し話し合いを行うことが重要であるとされている（厚生労働省 2018c:1）。前述したように高齢者の場合、死を迎える間近になると自らの意思を周囲に伝えられる人はむしろ少数派である。そこで ACP のプロセスは、将来安心して人生の最終段階を迎えるための準備として、本人が比較的健康で明確に意思表示できるうちから始める必要がある。その意味で病気等の「治療の場」を支える医療専門職だけでなく、日常の「生活の場」を支える福祉専門職による ACP のプロセスへの積極的な関わりが重要になる。

「2018 ガイドライン」で「介護支援専門員」や「介護福祉士等の介護従事者」に言及がなされたことは、患者・利用者の人生の最終段階の迎え方について、より多くの専門職に裾野を広げて考えていく必要性の提起と捉えることができる。さらにガイドラインが改訂された 2018 年の 11 月には、ACP の愛称を「人生会議」とすることが発表され（厚生労働省 2018d）、専門職のみならず、一般市民にも「人生会議」を普及する方向に国は舵を切った[4]。「終活」が社会的なブー

---

[4] 2019 年にはこの「人生会議」を普及・啓発するためのポスターのデザインが論議を呼び、厚生労働省が発送を取りやめるという一幕もあった（朝日新聞デジタル 2019）。

第1章　背景：単身高齢社会と人生の最期をめぐる諸課題

ムになったことに加え、「人生会議」もまた市民の関心を集める言葉となりつつ
ある。

第2節　単身高齢社会と身寄りのない高齢者

1　単身高齢者の増加

　本書が注目するもう1つの社会背景が、単身高齢者の増加である。日本社会で
世帯主が65歳以上の単身高齢世帯が急増しており（内閣府 2024a: 11）、今後も
増加傾向が続くだろうことが推計されている（国立社会保障・人口問題研究所
2024: 12-14）。単身高齢者が増えることそれ自体は、必ずしも悪いことではない
かもしれない。一言で「単身高齢者」といっても、その生活実態は非常に多様で
あり、例えば子どもが近くに住んでいて定期的な交流があれば、特に問題ないと
いう見方もあるだろう。しかし日本社会における単身高齢者の増加が不安視され
ているのは、こうした高齢者の半数以上が、近居の子どもを持たないか、そもそ
も子どもがいないために、日常的に家族に頼れない状況にあるためである（藤森
2010: 6）[5]。

　実際、近年の日本社会では「孤独死」（額田［1999］2013; NHK スペシャル取
材班＆佐々木とく子 2007）や「孤立死」（厚生労働省 2008）、「無縁社会」（NHK
「無縁社会プロジェクト」取材班編 2010）といった言葉が飛び交い、都市部を中
心に社会問題となっている[6]。社会福祉学者の河合（2009: 294）は都市の中でも
地域による違いが大きいことに注意を促しつつ、例えば横浜市鶴見区における
2006年の調査では単身高齢者の27.4%は緊急時の支援者がいないことを明らか
にしている。また、「お正月3が日をひとりで過ごす高齢者」が3割超にのぼる
という調査結果から、単身高齢者と親族との交流の程度が少なくなってきている

5）さらに藤森（2010: 6）は、「たとえ子どもが近くに住んでいても、子どもと交流する時間を持たない単身高齢者は意外と多い。近居の子どもを持つ高齢単身者であっても、社会的孤立に陥るリスクを抱えているのである。」と述べている。

6）社会学者の石田（2011: 3-32）は、「無縁社会」に内在する根底的な問題は「社会的排除」の問題であり、「無縁社会」言説は社会的排除と近年の人間関係の希薄化を強固に結び付けているため論理の飛躍を起こしやすいと注意を喚起している。ただし、血縁・地縁・社縁といった中間集団の崩壊はデータからも確認でき、人々の孤立への不安を高めていると考えられることを指摘している。

— 13 —

ことも指摘している（河合 2013）。

「緊急時の支援者がいない」「親族との交流が少ない」単身高齢者の増加は、前節で述べた ACP のような医療・ケアに関わる将来的な意思決定の観点から見ても問題である。まず、日頃から親族との交流があまりなければ、ACP が目指すような「繰り返しの話し合い」の機会を確保することが難しい。そして様々な事情でそもそも話しておくべき親族がいないケースでは、本人が自分の意思を伝えられない状況になった時、誰が本人の思いを代弁できるのかという問題が生じる。

2　身寄りのない高齢者の増加

国立社会保障・人口問題研究所（2024: 14）によると、2050 年には子どものいない割合が高まり、兄弟姉妹数も少なくなることから、近親者が全くいない高齢単独世帯が急増する見込みだという。親族など身寄りのない高齢者が人生の終盤にぶつかる壁の 1 つが「身元保証問題」である。病院や福祉施設に入所する際に身元保証人を求められるケースが一定数ある。身元保証人に求められる役割は、医療費や公共料金の支払い、死後の手続き、日常的な支援などである。身元保証人がいない人の場合、介護支援専門員や施設の相談員などが本来業務の範囲を超えてボランティア的な対応をしなければならず、現場職員の負担が増してしまうため、身元保証人がいないことで入院や入所を拒まれてしまうケースもあるようである（結城 2024: 41-46）。こうした身元保証人が見つけられない人を対象に「身元保証サービス」を提供する民間事業者（高齢者等終身サポート事業者）が増加したが、監督官庁等がなく契約内容の説明が不十分なケースも見受けられ、トラブルが続発した。そのため国の省庁横断チームが「高齢者等終身サポート事業者ガイドライン」を策定するに至っている（内閣府孤独・孤立対策推進室ほか2024）。

第1章　背景：単身高齢社会と人生の最期をめぐる諸課題

　高齢者の身元保証について研究している沢村（2024: 14-15）は、「老後ひとり難民」をテーマにした取材依頼が2023〜2024年にかけて急増したことを明かし、身寄りのない高齢者について社会的な関心が高まっていると述べている。それを裏付けるように、2024年9月13日に閣議決定された「高齢社会対策大綱」にも「身寄りのない高齢者等の支援の充実」が盛り込まれた（内閣府2024b）。家族や親族に頼れない高齢者は、今やそれほど珍しいことではなく、社会としてそうした人への支援をしっかりと考えなければならない時代にきている。

　現在、国が普及啓発に力を入れているACPは、人生の最終段階に受けたい「医療・ケア」に関する本人の意思を周囲と共有することを目指す取組みである。しかし、人生の最終段階における「本人の意思」の共有の必要性を感じているのは「医療・ケア」に関わる現場のみではなく、上で述べた身元保証問題とも関連の深い、葬儀や納骨等、死後の手続きに携わる現場もまた同様である。身寄りのない人や、親族と疎遠な高齢者の増加は、死後事務に関わる様々な問題を生じさせている（公益財団法人鉄道弘済会2019）。こうした現状を受けて一部の自治体では、「高齢者、葬儀社、市役所が情報を共有すれば、生前の希望を実現できる」と独自の仕組みづくりに取り組んでいるところもある（小谷2017: 159）[7]。

第3節　本書の目的

　「2018ガイドライン」が想定するようなACPの実践を進めるためには、決定事項の内容によっては話し合いが容易ではないこと、周囲の関係者が多岐にわたるケースがあることから、種々の調整が必要である。例えば、人生の最終段階に受けたい「医療・ケア」について前もって話し合っておくには、どのような医療の選択肢があるのかについて、本人と関係者の適切な理解が必要であるし、これ

7）横須賀市が2015年に開始した「エンディングプラン・サポート事業」では、「ひとり暮らしで身寄りがなく生活にゆとりがない」高齢者の葬儀や納骨、延命治療に関する希望を聞いて、支援する取組みを進めている（横須賀市2024）。

を在宅でやろうと思えば、医療・介護・リハビリなど、様々な関係者との情報共有が必要となる。また、身元保証や死後事務に関する手続きについても、近年増加している「終身サポート事業者」等も含め、様々な社会資源との調整が必要である。特に単身高齢者では身寄りがないなどの理由で親族がキーパーソンを務めることが難しいケースもあることから、調整役の存在は重要である。これらの調整役を担う存在として、本書では福祉専門職に注目している。

ACPのような話し合いの作業は、単身高齢者本人が明確な希望を持っており、周囲とのコミュニケーションに積極的であれば進みやすいかもしれない。しかし実際には、ACPに関する話し合いや「終活」を進めている人は一部であり（厚生労働省 2018e: 32; 小谷 2017: 6)、「まだ先の話」「あまり考えたくない」と思っている高齢者も少なくないことが予測される。そうであれば、多くの関係者とこうした話題を共有し話し合うことは、すぐには難しいだろう。つまり、単身高齢者には人生の最終段階に関する様々な決定事項について思いを巡らせるための、準備期間が必要である。

詳しくは第4章で述べるが、本書ではこの準備期間で重要な役割を果たしうるのもまた、日頃から単身高齢者の生活を支える介護支援専門員などの福祉専門職であると考えている。単身高齢者が自らの意思を明確に伝えられるうちに、福祉専門職との間で人生の最期の迎え方についてどのようなコミュニケーションを持つことができるかが、将来必要となる意思決定の準備として非常に重要となる。福祉専門職によるこうした観点からの高齢者支援は、一部の先進的な事業者や、高い問題意識を持つ実践家の間では取り組まれているかもしれないが、まだ学問的に十分に明らかにされていないのが現状である。

本書では以上の社会的背景を踏まえて、下記のような研究目的を設定する。

第1章　背景：単身高齢社会と人生の最期をめぐる諸課題

　本書の目的は、単身高齢者が人生の最期の迎え方について考え、周囲と話し合いながら、将来の意思決定に備えて自らの意思を周囲と共有するための準備のあり方を、福祉専門職の役割に着目して明らかにすることである。

　本書のタイトルにある人生会議とは、上記研究目的のうち「人生の最期の迎え方について考え、周囲と話し合いながら、将来の意思決定に備えて自らの意思を周囲と共有する」営みである。また福祉専門職の役割とは、後述するようにソーシャルワークの知識・技術を用いて行う実践における役割を指している。この営みの中で本書では特に単身高齢者が抱く「希望」をつないでいく福祉実践に注目している。

　ここで「単身高齢者」といっても、その生活実態は非常に多様である。本章第2節で述べたように、日頃から頼れる親族が身近に住んでいるケースもあれば、様々な理由で親族に頼ることができず、身寄りがない状態のケースもある。

　ただし、現時点では様々な意思決定の場面で頼れる家族等がいる単身高齢者でも、将来的に身寄りがない状態に陥るリスクが高い人がいる。それは頼る先が兄弟姉妹等の、相手も比較的高齢であるケースである。この場合、本人よりも先に頼る相手であったはずの兄弟姉妹が急逝してしまったり、あるいは認知症になってキーパーソンとしての責務を果たせなくなるケースが多々あるためである。

　また、単身高齢者本人が自己決定できなくなった場合に、その意思を推定し代弁する役割を果たすためには、日頃から本人と交流があり、その人生や価値観を良く理解している必要がある。子どもがいても疎遠になっていて交流があまりないケースや、離れて暮らす「甥・姪やそれ以上に遠い親族」がキーパーソンとなっているケースも、身寄りがないとまではいえないものの、本人に代わり重要な意思決定の場への参画を担うのは荷が重い可能性がある。つまり、現状「身寄りのない高齢者」のみならず、キーパーソンが兄弟姉妹であったり、甥・姪で

あったり、子どもがいても日頃の交流が極めて少なくなっている単身高齢者もまた、将来の意思決定に困難が生じるリスクが高いといえるのである。

　このような理由から、本書では単身高齢者の中でも特に「兄弟姉妹がキーパーソンとなっている人」、「甥・姪やそれ以上に遠い親族がキーパーソンとなっている人」、「キーパーソンとなっている子どもとの交流が月1回未満の人」、「キーパーソンとなる親族がおらず、身寄りのない人」に焦点をあてていく。

第2章

用語の定義：

希望、意思決定、福祉専門職

この章では、本書の重要なキーワードとなる用語の定義を行う。

ここで定義するのは、「希望」、「意思決定」、「福祉専門職」という 3 つの用語である。

第 1 節 「希望」の定義

「希望を社会科学する」ことを掲げた「希望学」プロジェクトでは、希望を論じるにあたり、以下のような定義を採用している。

「希望とは、具体的な『何か（something）』を『行動（action）』によって『実現（come true）』しようとする『願望（wish）』である。」（東大社研・玄田・宇野 2009: xvi）

ここでの定義には、「具体的な『何か』」という目標を設定し、その目標の「実現」に向かって「行動」を起こそうとする、前向きな意思が込められている。このように何らかの「目標」との関連で希望を論じる態度は、心理学においても見られており、代表的な論者の 1 人である Snyder（2002）は、希望を「目標達成に向けた『意志（agency）』と『計画（pathways）』によって動機づけられた心理状態」であるとした。

一方、希望に関する研究を整理した心理学者の大橋ら（2003）によれば、希望を論じる立場には大きく 2 つの潮流があり、上述のような「目標」との関係で希望を探究する立場とは別に、「未来が信頼できるという明るい感情」（北村 1983:21）のように、希望を 1 つの心の状態として捉える立場がある。ここでは、「〜したい」といった具体的目標を設定し行動する態度とは一線を画し、ある種

漠然とした、「気持ちの明るさをもたらすもの」として希望が捉えられている。

これら2つの立場を、定義に取り込んで論じた例もある。Dufault & Martocchio（1985）は、希望には大きく分けて「個別的希望（particularized hope）」と「総合的希望（generalized hope）」の2種類があるとした。日常生活の中で「ああしたい」「こうなりたい」という具体的な志向の対象を持ち、実現したり、叶わなかったりする「個別的希望」に対し、「総合的希望」はこうした日々の個別具体的な希望を何らかの理由で奪われた時にも、人の心の支えとなり人生を生きる意味を取り戻してくれるものであるという。

以上のように、「希望」の概念には大きく分けて2つの捉え方があるが、ソーシャルワークの視点からは、例えばアセスメントで「本人・家族の希望」をすくいあげようとする時、そこに記載されるのは「このような生活を送りたい」「～ができるようになりたい」といった、「目標」を伴った具体的な希望である。そのため本研究においては、東大社研ら（2009）とSnyder（2002）を参考に、希望を「**具体的な何かの実現を願う気持ち**」と定義する。なお、行政文書などでしばしば用いられる「要望」や「意向」、ストレングスモデルに含まれる「熱望」（Rapp & Goscha2011=2014: 51-52）などの類似表現も、希望の概念に含むものとする。

このように定義した希望については、第5章において社会福祉の重要概念である「ニーズ」と関連付けながら、本書の分析の視点としても用いていく。

第2節　「意思決定」の定義

第4章で詳述するが、本書では「意思決定の準備」という考え方を導入する。本節ではその前提となる「意思決定」という言葉の定義を行う。そして「意思決

定」の定義を検討するにあたり、社会福祉領域でしばしば「意思決定」と同じような意味合いで用いられている「自己決定」という言葉についても改めて確認する。

1　社会福祉学と「自己決定」

　第1章でも述べた「人生の最終段階における医療・ケアの決定プロセスに関するガイドライン」（以下、「2018 ガイドライン」）は、患者の治療・ケアに関する「意思決定」をどのように行うかについて述べたものである（厚生労働省[2007]2018a）。「意思決定 decision-making」と同じような文脈で用いられる言葉に、「自己決定 self-determination」がある。社会福祉領域ではむしろ、後者の使用頻度が高いようである。それは一つには、Biestek（1957=2006）以降、ソーシャルワークの重要な原則として「自己決定の尊重」が位置付けられてきたためでもある。しかし児島（2000）によれば、日本の社会福祉領域で「自己決定」という言葉が頻繁に使われだしたのは、1980 年代以降のことだという。その契機となったのは「青い芝の会」等による障害者自立生活運動であり、ここでは「自己決定」と「自立」（特に、「精神的自立」）がセットで主張されていたことが知られている。つまり、本来であれば自分の生活について自ら決定する権利を有し、またその能力があるにも関わらず、親や支援者によってその権利を奪われてきた人々が、自ら決める権利を取り戻し、「自立した生活」を送るために強く主張されるようになったのが、「自己決定」という言葉だったのである（児島2000）。

　「自己決定」という言葉への注目が集まった経緯については、1950 年代から 1960 年代にかけての、アメリカの医療分野においても似たような社会状況があったようである。つまり、当時のアメリカでは自分の人生に関わるような治療の選択を、本来であれば患者自らが行う権利を有するはずなのに、現実には圧倒的な

情報を握っている医師の主導で、臨床上の決定がなされてしまっていた。「患者の自己決定権」とは、そのような権威保持者である医師に患者が対抗するために形成された概念であったという（会田 2013）。

ここで確認しておきたいのは、日本の障害者にしろ、アメリカの患者にしろ、「自己決定」を声高に叫ばなければならなかったのには、本来自ら選択し決定する権利と能力を有していながら、その機会を奪われていた当時の社会事情があったということである。「自己決定」は元々、自分達の生活・人生に対して権威をふるっていた相手に対し、自立して生きる権利を主張し勝ち取らなければならないという対抗的な措置、ある種の抵抗運動の中で主張されてきた言葉なのである[1]。

さらに 1990 年代以降の日本では、社会福祉基礎構造改革に向けた「市場化」の議論の中でも、「自己決定」という言葉が頻繁に登場するようになった。ここではそれまで運用されていた措置による福祉制度を改革し、市場メカニズムの導入により利用者の「選択の幅」を拡大することが目指されており、「選択の幅の拡大」こそが「自己決定の拡大」であると捉えられている（鎌谷 2010）。利用者による自由な選択を重視する、こうした 2000 年以降の社会変化の潮流は、近年国が推し進めている福祉制度の運用にまで引き継がれている。猪飼（2011）は「生存権よりも自由権に基づく次代のヘルスケアシステム」が、「人々の利益のためではなく、システムの成立要件として、人々に自己決定を要請する」ものであることを指摘する。つまり、人々が望むかどうかに関わらず、様々な局面で「自己決定」を強いられる社会の到来である。その結果として、「自己決定に高い重要性が置かれることで結局のところ自己決定する能力を有する者に有利になる社会を出現させる可能性がある」と、猪飼（2011）は述べている。

こうした「自己決定」原理への過度な信奉については、すでに多くの社会福祉領域の研究者が、警鐘を鳴らしている（衣笠 2009; 石川 2011; 空閑 2014: 137）。

---

1) この流れを汲んでさらに「当事者が自ら決める権利」を強く主張したのが、中西・上野（2003）による「当事者主権」の考え方である。

現在、社会福祉が追求するべき最上位の価値としては「個人の尊厳」が存在しているが、この「個人の尊厳」を具現化するための理念が「自己決定」や「自立支援」に収斂されすぎているという指摘である。つまり、「自己決定できる強い個人」についてはその権利が保障されることでその尊厳を守られるが、すべての人間が自己決定を行えるほど強いわけではなく、「自己決定できない弱い個人」については、人間としての尊厳を認めてもらえない状況になりはしないか（衣笠2009）という危機感の表明である。そこで、「自己決定」とは別の形で「個人の尊厳」を守るための理念が、社会福祉領域において求められている状況にある[2]。

2 社会福祉学と「意思決定」

そうした中、近年は社会福祉領域においても「自己決定」ではなく「意思決定」という言葉を使用する場面が増えている。石渡（2016）は、日本において「自己決定」に代わり「意思決定」という言葉が広く用いられるようになったのは、イギリスの新しい成年後見制度である「2005年意思能力法（The Mental Capacity Act 2005）」が紹介された影響も大きいのではないかと述べている。この法律は人生の最終段階における治療方針の「意思決定」に言及しており、日本の高齢者医療のあり方にも大きな影響を与えたためである。このテーマに関する国内の議論を整理した木原（2017）も、日本における「意思決定支援」に関する議論のはじめに2000年の成年後見制度を位置付けているものの、公式文書で初めて「意思決定」という文言が使用されたのは2008年のことであったことを報告している。さらにその後は、障害者基本法（2011年）や障害者総合支援法（2012年）に、「意思決定支援」が盛り込まれていくことになる（柴田2012）。

元々、医学や法学、生命倫理学といった領域において「意思決定」という言葉がよく用いられていたことは石川（2015）が指摘しているが、近年社会福祉領域においてもこの言葉に注目が集まるようになったのには、前項でも述べたような

---

2) 衣笠（2009）は「『自己決定』できる『強い個人』に尊厳をおく理論構造を持つソーシャルワークは、人々を『自己決定できる人（強い個人）』と『自己決定できない人（弱い個人）』に二分し、後者を『尊厳なきもの』として、社会の周縁や外部へと、疎外し排除するという構造的問題を抱えてはいないだろうか」と現在のソーシャルワーク理論の問題点を指摘し、自己決定とは別の、「個人の尊厳を具象化しうる新たな価値理論の構造を提出する必要に迫られている状況にある」と述べている。石川（2011）もまた、「ソーシャルワークの倫理には、自己決定原理に依らない『尊厳ある生』を探究する別の理論構造が必要である」と指摘する。

「自己決定」原理の限界が、広く認識されるようになってきたこととも、関係していると思われる[3]。柴田（2012）は、「意思決定をするのは知的障害者自身であるが、支援者や環境との相互作用の中で本人の意思が確立していくことから『自己決定支援』ではなく『意思決定支援』と表現した」と述べ、あくまで周囲との「相互作用」の中で様々な決定がなされることから、「意思決定」という言葉を採用している。

医療ソーシャルワーカーとして緩和医療の現場に身を置いてきた田村（2015）は、「自己決定」と「意思決定」という2つの用語について、下記のように規定している。

・自己決定：（self determination）

自分自身や生活のありかたについて、自ら決めていくこと

・意思決定：（decision making）

特定の目標を達成するために、複数の代替案から、最善の解を求めようとする行為

ここでは「意思決定」に、「自ら決める」というような意味は明示されていない。「2018ガイドライン」にもあるように、近年の「意思決定」は患者の意思を中心に置きつつも、患者一人で行うものではなく、家族や医療・福祉関係者など周囲の者との「合意形成の積み重ね」が重要であることから、この潮流を反映した定義づけを田村は行ったものと考えられる。

3　本書における「意思決定」の定義

以上の議論を踏まえて、本書の立場を記す。

まず「自己決定」については、近年この原理を強調しすぎる風潮への警鐘が相

---

3) ただし、高山（2016）は「新たに強調されてきた意思決定とこれまでの自己決定はどのように区分けして定義されているのかは、明確にされていない」と述べており、2つの用語は明確に区別されず、併用されている状況にある。一方、日本の意思決定支援に関するガイドラインを検討した安西（2022）は2つの用語を使い分ける必要があると述べ、「自己決定」を"人権として尊重"するもの、「意思決定」を"能力として支援"するものとして、それぞれの理論構造を整理している。

— 25 —

次いでいる。とはいえ、やはり「自己決定の原理」は社会福祉の実践を考える上で欠かせないものであるというのが、本書の立場である。利用者本人が自分の意思を固め、表明する能力を有しているのであれば、本人の自己決定による選択はまず何よりも優先されるべきであるし、近代社会において個人は基本的にそのような権利を有している。周囲の目から見て本人による自己決定の内容が不安視されるような場合には、改めて十分な情報提供を行ったり、適切な形で選択肢を示したり、周囲の者が感じている思いを率直に伝えたりして、本人の自己決定が周囲（例えば介護する家族など）の生活を過度に圧迫したり、あるいは本人自身の健康を脅かしたりすることのないように「支援」するべきであり、周囲の者が本人に代わって決定するようなことは（特にその決定が本人の思いに反しているようであればなおさら）、できる限り避けるべきである。ここに「自己決定」を支援するソーシャルワークの必要性が生じる。

　人生の最終段階の支援において問題になっているのは、いざ何か本人の人生に関わる大きな選択をしようとした時、本人が自らの意思を表明できなくなっているケースが多いからである。こうした場合、本人が自らの希望をしたためた文書等を残していれば、それに沿った選択をしていくことはもちろん可能だが、あくまでその時に決定を下すのは家族や支援者など周囲の者である。つまり、最終的な意思決定者は本人以外になるということである。

　そこで、本書では「自己決定」と「意思決定」という2つの用語を区別するため、下記のように操作的な定義づけを行う。

　まず「自己決定」とは、「自身の人生や生活のあり方について、本人が自分の意思を明確に有し、その意思を表明できる場合に、本人自らが決めること」を指す。「自分の意思を明確に有し」「その意思を表明できる」という部分について、実際にはどこまでが「意思を明確に有し」「意思を表明できる」のかという議論はあるだろうが、そうした意思能力の判定についてはここでは問題にしない。あ

くまで「自己決定」とは「本人が自分で決めること」であるという点が、次に述べる「意思決定」との峻別において重要な点である。

そして「意思決定」とは、「自身の人生や生活のあり方について、本人が何らかの理由でその場で決められなくなった場合に、本人の意思を尊重しながら、周囲の者が最終的に決めること」を指す。この定義では本人ではなく、周囲の者が最終的な決定を下すという点で、「自己決定」との違いが明確である。

なお、本書では第4章において「意思決定の共有」及び「意思決定の準備」という2つの概念規定を行っている。「意思決定の共有」という言葉は方法論的な視点から見た場合、「何かを選択する際に本人が自分で決定することができなくなり、最終的に周囲の者が決定を行う時、その決定は誰か一人の者が下すのではなく、本人を取り巻く周囲の家族・支援者等が皆で共有して決めていく」という意味を持っており、上で述べた「意思決定」の操作的定義と矛盾するものではない。同様に「意思決定の準備」という言葉は、「本人が自分で決定することができなくなってしまう事態に備えて、本人が自分の意思を周囲の者に伝えられるうちにしっかりと話し合いをしておき、将来的に周囲の者が意思決定する必要が生じた際に困ることがないよう準備しておく」という意味合いがあり、やはり上記の定義と矛盾するものではないことをあらかじめ断っておく。

第3節 「福祉専門職」の定義

「福祉専門職」(あるいは「社会福祉専門職」[4]) という時にその言葉で指し示す範囲は、その時々の文脈で、また研究者によっても多少異なるようである。例えば厚生労働省が1999年に公表した『福祉専門職の教育課程等に関する検討会報告書』では、「福祉専門職」として「社会福祉士」、「介護福祉士」、「社会福祉

---

[4]「福祉専門職」と「社会福祉専門職」を明確に区別している研究は見あたらないため、本稿ではこれら2つの言葉を同義のものとして扱い、先行研究の言葉を忠実に引用する場合を除いては、原則として「福祉専門職」を使用していく。

主事」の３つの資格を取り上げている（厚生労働省 1999）。秋山（2007: 1）は、「『社会福祉専門職』制度のわが国における本格的な始まりは 1987 年の『社会福祉士及び介護福祉士法』の施行（法律第 30 号）であった。」と述べ、この２つの資格の創設が福祉専門職のあり方に大きな影響を与えたことを指摘している。こうした背景もあってか、「福祉専門職」（「社会福祉専門職」）として「社会福祉士」と「介護福祉士」の２つを取り扱っている研究は少なくない（小山 2013; 副田 2014 など）。さらに、後から創設された「精神保健福祉士」を含め、３つの国家資格を「福祉専門職」として扱っている研究もある（西村ら 2020）。

　とはいえ、「社会福祉専門職」は元々英語で "social work as a profession" や "social work profession" と表現される職種であり（秋山 2007: 12）、一般的にいえば「ソーシャルワーカー」と同義であるとされている（宮田 2007）。白澤（2004）は社会福祉専門職の業務を「専門的な相談」であるとしている。日本学術会議社会学委員会福祉職・介護職育成分科会（2011）では、「福祉職」と「介護職」を明確に区分し、「福祉職」とはいわゆるソーシャルワーカーと呼ばれる専門職で社会福祉士や精神保健福祉士の国家資格を有する者、「介護職」とはいわゆるケアワーカーと称される人々で介護福祉士の資格取得者などを指すとしている。このように、ソーシャルワークとケアワークは本来の機能が明確に異なるため、「福祉専門職」を狭義に捉えて、介護福祉士などのケアワーク専門職には触れずに、社会福祉士等のソーシャルワーク専門職のみを取り扱っている研究もある（塩村 2004; 高山 2014; 川口・行實 2019 など）。

　さて、本書が焦点をあてるのは在宅の「単身高齢者の意思決定」とその「準備」であり、それを支える専門職の役割である。この「準備」は、後に家族等や他の医療・ケアに関わる専門職など、様々な関係者による「意思決定の共有」につなげていくことを目的としている。その点では、「単身高齢者の意思決定」とその準備を支える専門職は、直接支援としてのケアワークではなく、「相談業務」

や「連携・調整」などソーシャルワークの技術を用いて支援できる専門職が望ましい。本書では「福祉専門職」を狭義の意味で捉え、ソーシャルワーク専門職に限定していく。

　なお、在宅の単身高齢者を支援するソーシャルワーク専門職は複数考えられる。例えば在宅療養支援診療所で勤務する医療ソーシャルワーカーや、成年後見業務を担う社会福祉士などもその例である。そうした中でも本書では、介護保険制度の下でケアマネジメント業務を担う介護支援専門員に注目する。それは、現在の日本の高齢者福祉システムの中では、特に心身の状態に課題を抱えている単身高齢者へのソーシャルワーク支援において、ケアプランの作成を担う介護支援専門員が重要な立ち位置にあると考えられるからである。

　白澤（2004）は「ケアマネジメントという相談業務は社会福祉専門職の中枢機能を占めている」と述べ、介護支援専門員の業務がソーシャルワークの中核を担うものであることを指摘している。社会福祉専門職の中枢機能を占めるというケアマネジメントは、「利用者の社会生活上のニーズを充足させるため、利用者と適切な社会資源とを結び付ける手続きの総体」と定義づけられる（白澤 2019）。特に現在の介護保険制度の中でケアマネジメントは「利用者の自己決定・選択を基本にした支援方法」（白澤 2018: 28）であり、そこでは本人の希望に寄り添い、時に情報提供や助言をしたり、本人の真の希望を代弁したりしながら、利用者の自己決定を促し、または周囲の者による意思決定を支援して、様々な社会資源との関係を調整して生活プランを作成し、その日常を支えるという姿勢が求められる。

　以上の検討を踏まえて、本書では「福祉専門職」を下記のように定義することとしたい。

　福祉専門職とは、「ソーシャルワークの技術を用いて、利用者の希望する生活

を実現するために本人の自己決定を促し、または家族等の意思決定を支援しながら、社会資源との調整を行って利用者の日常を支える者」を指す。在宅高齢者支援の現場では介護支援専門員が代表的である。

　なお、本書で介護支援専門員を福祉専門職として位置付けるにあたっては、いくつか注意しておかなければならない点がある。第一に、介護支援専門員の資格を取得し、現在活動している者の多くは、介護福祉士や看護師等を基礎資格とする者であり、純粋なソーシャルワーク教育を受けてきた者ではないという点である[5]。第23回介護支援専門員実務研修受講試験を終了した時点での職種別の合格者割合を見ると、「介護福祉士」が44.2%、「看護師・准看護師」が23.9%となっており、それに対して「社会福祉士」と「精神保健福祉士」を合わせた割合は7.2%である（厚生労働省 2021）。2018年11月時点で実際に介護支援専門員として活動している者を対象とする調査では、居宅介護支援事業所に勤務する者で介護福祉士が72.0%、看護師・准看護師が13.9%、社会福祉士が14.6%であったことが報告されている（厚生労働省 2019c）。そのため、基礎資格が必ずしもソーシャルワークに関わる専門職ではない者が多く含まれている点については、試験合格後の「介護支援専門員実務研修」で「相談面接技術の理解」（公益社団法人東京都福祉保健財団 2015: 132-146）や「関係機関・職種との連携」（同 2015: 258-271）について取り扱うことで、介護支援専門員に必要なソーシャルワーク技術に関する学びを補っている現状がある。

　第二に、介護支援専門員が担うケアマネジメントには、介護保険制度における「保険給付管理」という側面があることである（公益社団法人東京都福祉保健財団 2015: 16）。そのため、介護支援専門員による利用者支援では既存の介護保険給付メニューを念頭においた「サービス優先アプローチ」（岡田 2011: 22-31）に陥りやすく、「要介護状態または要支援状態の軽減又は悪化の防止に資する」（介

5）ケアマネジメント業務を担うのが純粋なソーシャルワーク教育を受けた専門職ではないという例は海外でも見られるようである。白澤（2019: 46）は、アメリカやカナダではソーシャルワーカーや看護師のほか理学療法士や作業療法士、保健師が一定数「ケアマネジャー」を務めており、特にカナダのブリティッシュ・コロンビア州ではケアマネジャーの圧倒的多数が登録看護師であり、ソーシャルワーカーの方が少数であることを紹介している。

護保険法第 2 条第 2 項）という介護保険法の保険給付に関する考え方に制約される部分が大いにある。この点についてはソーシャルワーク理論の「ケアマネジメント」の理念型とはやや異なる部分もあり、注意が必要である。

　以上のような留意点はあるものの、介護支援専門員の業務そのものは「相談援助業務の性格を有するもの」（厚生労働省老健局振興課 2015）であり[6]、福祉専門職として日々の業務にあたっているといって差し支えない。要支援や要介護の認定を受けた在宅単身高齢者の生活支援体制を作る上で、介護支援専門員は重要な立ち位置にあり、本書では人生の最終段階に必要な「意思決定」とその準備を進める上で、介護支援専門員が福祉専門職として果たす役割に注目していく。

---

6) 介護支援専門員の資質や専門性向上を図る観点から、2018年度よりそれまで「介護支援専門員実務研修受講資格」に含まれていた「社会福祉主事任用資格者及び訪問介護 2 級研修修了者で、介護等業務経験 5 年以上」及び「それ以外で介護等業務の経験 10 年以上」という受験要件が廃止されることになった。この時、「介護支援専門員の業務が相談援助業務の性格を有する」ことから、「相談援助業務の経験がある者については、引き続き受験資格を有する者」の範囲とすることが示されている（厚生労働省老健局振興課 2015）。

第3章

先行研究：
ACPと単身高齢者、死後事務、
介護支援専門員

この章ではまず本書の前提にある「アドバンス・ケア・プランニング（ACP）」の考え方と、先行研究について確認する。次に、ACP研究では議論にのぼることが少ないが、現代の重要な論点として単身高齢者の死をめぐる意思決定の課題があることを指摘する。さらに、在宅での高齢者支援でキーパーソンとなる福祉専門職として、介護支援専門員がACPに現状どのように携わっているのかを先行研究から明らかにする。

第1節　アドバンス・ケア・プランニング（ACP）に関する先行研究

　ACPは、救急救命治療の現場などで患者自身の意思に沿わない、望まない治療の実施が常態化しているのではないかという反省から、医療の現場で提起された考え方である。そのためACPに関する研究の蓄積もこれまで医療・看護分野のものが大多数を占める。以下では、まず現在のACPの体系を確認する。次にACPの有用性を述べている国内外の研究について確認し、その後日本でのACPの現状を概観した上で、現在の課題を指摘する。

1　ACPの体系

　はじめにACPの定義を確認しておく。

　以下は森（2020）によるまとめを参考に、国内のACPに関する代表的な定義を記載したものである（下線は筆者。以下同）。

　　人生の最終段階の医療・ケアについて、本人が家族等や医療・ケアチーム
　　と事前に繰り返し話し合うプロセス（厚生労働省2018c）

— 34 —

第 3 章　先行研究：ACP と単身高齢者、死後事務、介護支援専門員

　将来の変化に備え、将来の医療及びケアについて、患者さんを主体に、そのご家族や近しい人、医療・ケアチームが、繰り返し話し合いを行い、患者さんの意思決定を支援するプロセス（日本医師会 2018）

　ACP は将来の医療・ケアについて、本人を人として尊重した意思決定の実現を支援するプロセスである。（日本老年医学会 2019）

　これらの定義に見られるように、ACP とは基本的に「人生の最終段階（または将来）の医療・ケアについて」話し合う実践であるとされている[1]。
　一方、森（2020）は ACP の定義について国際的なコンセンサスがなかった状況に対し、デルファイ法（多数の専門家への聴き取りをもとに合意形成を図る研究手法）を用いて定義の再検討を試みた 2 つの国際共同研究を紹介し、それらの新しい定義を下記のように訳出している。

　ACP は、年齢や病気を問わず、成人患者が自身の価値観、生活の目標、今後の治療に対する意向を理解・共有することを支援するプロセスである。
　ACP の目的は、重篤な病気や慢性疾患の中で、人々が自身の価値観、目標、意向に沿った治療を受けられるように支援することである。多くの人々にとって、このプロセスには本人が自分で意思決定ができなくなった場合に意思決定をしてくれる信頼できる人（等）を選ぶことが含まれる。（Sudore et al. 2017）

　ACP とは、意思能力を有する個人が、自身の価値観を確認し、重篤な疾患の意味や転帰について十分に考え、今後の治療やケアについての目標や意向を明確にし、これらを家族や医療者と話し合うことができるようにするこ

---

1) この時、「ケア」がどこまでを含む概念であるかが問題となる。例えば、Meiyeroff（1971=1987: 13）では「ケア」を「一人の人格をケアするとは、最も深い意味で、その人が成長すること、自己実現することをたすけることである」と定義されており、かなり広範な意味を含んでいる。また、上野（2011:39-43）は Daly（2001:37）によるケアの定義を「依存的な存在である成人または子どもの身体的かつ情緒的な要求を、それが担われ、遂行される規範的・経済的・社会的枠組のもとにおいて、満たすことに関わる行為と関係」と訳出し、これに賛同しているが、これもまたかなり広範な意味合いを持つ、抽象性の高い定義である。しかし、一般的

— 35 —

とである。ACP においては、個人の身体・心理・社会・スピリチュアルな面を通じた気がかりを話し合うことも重要になる。万が一自分で意思決定ができない時が来ても自身の意向が尊重されるためには、あらかじめ自分の代理人を決定し、意向を記載し、定期的に振り返ることが推奨される。
(European Association for Palliative Care: EAPC 2017) [2]

　これらの定義では「自身の価値観」という言葉が登場し、「生活の目標」(Sudore et al. 2017) や「身体・心理・社会・スピリチュアルな面を通じた気がかり」(EAPC 2017) など、先述の国内の定義で主に用いられた「医療・ケア」より広い範囲への目配りが感じられる。また、どちらの定義もいわゆる意思決定の「代理人」に言及していることも国内の定義には見られない特徴である [3]。

　ただし、Sudore ら (2017) の定義では「自身の価値観、目標、意向に沿った治療」、EAPC (2017) の定義では「今後の治療やケアについての目標や意向を明確にし」という表現が見られるように、あくまで「治療」や「ケア」に最大の重点が置かれているという点は、国内の定義と変わらない部分である。

　さらに、宮下 (2023) は国内の共同研究をもとに開発した日本版アドバンス・ケア・プランニングの定義を示しており、その具体的な内容 (将来の心づもり) についてもかなり細かに記載している。こちらも「医療・ケア」に焦点が置かれている点は上で述べた 2 つの研究と同じである。

　さて、このように定義される ACP であるが、実際の現場ではどのように患者・利用者の「治療」や「ケア」に関する意向を聴取し、その情報を共有しているのだろうか。1 つの例として、東京都医師会 (2019) のホームページで公開されている書式 [4] を**図 3-1** に示す。

　東京都医師会 (2019) が公表している書式では、「大切にしていること」「自分の生き方」「これだけは嫌なこと」など本人の価値観に関する内容と、「医療やケ

に「ケア」とは「①注意。用心。②心づかい。配慮。③世話すること。また、介護や看護。」(デジタル大辞泉) というような意味で用いられており、ここで引用したガイドラインの文章でも「受けたい介護や看護、過ごしたい療養場所」といった具体的な意味で述べられていると考えられる。

2) 森 (2020) が訳出した EAPC の定義の元となったデルファイ法による論文は、Rietjens ら (2017) によるものである。

第 3 章　先行研究：ACP と単身高齢者、死後事務、介護支援専門員

図 3-1　ACP に関する書式の例（東京都医師会 2019）
出典：東京都医師会ホームページ（2019）「アドバンス・ケア・プランニング（ACP）―人生会議―」

ア」「治療」に関する内容、そして「代わりに判断してほしい人」「最期まで暮らしていたい場所」といった内容がシンプルに示されている。

　さらに表3-1は、「アドバンス・ケア・プランニング」や「人生の最終段階（エンドオブライフ）における意思決定支援」をタイトルに掲げた書籍に掲載されている論文（片山 2016; 御子柴 2016; 角田 2019）と、日本医師会（2018）及び厚生労働省のモデル事業を受託して ACP 研究を推進している神戸大学（[2018] 2019）のリーフレット、東京都医師会（2019）のホームページ、日本老年医学会

3）森（2020）はこれらの国際共同研究において、ACP の定義をめぐりいくつかの論点があったことを指摘しているが、そうした論点の１つとして「話し合うのは治療についての意向が中心か、患者の価値観が中心か」というものがあったという。この点をめぐり「治療についての意向の記載も大事だが、価値観や意向、目標などについての ACP の話し合いの方が総じて情報量が多い」というような意見が挙がっていたことや、「ACP には個人の健康に関連した経験や知識、懸念、ならびに、身体的、精神的、社会的及びスピリチュアルの領域にわたる個人の価値観を探索することを含める」ことを推奨する立場があったことから、日本国内で用いられているもの

— 37 —

表 3-1　先行研究等で提示されている「ACP で話し合う内容」

文献	ACP で話し合う内容（主だったもの）
片山 （2016）	現在の病状と今後の見通し、治療・ケア、療養など医療に関すること、本人の気がかり、価値観や希望、どのように生きたいかという人生及び生活の意向、本人の死後に家族に望むこと
御子柴 （2016）	病状・治療目標の認識、代理決定者、心配事（本人・家族の困っていること等）、価値観（本人・家族の大切にしていること、受けたい医療・受けたくない医療行為等）、社会的支援・関係調整（療養場所の希望、最期を迎えたい場所等）
日本医師会 （2018）	患者の状況（家族構成や暮らしぶり等）、患者が大切にしたいこと（今気になっていること、これからどう生きたいか、家族等の大切な人に伝えておきたいこと（会っておきたい人、最期に食べたいもの、葬儀、お墓、財産等）、最期の時間をどう過ごしたいか、代わりに意思決定してくれる人等）、医療及びケアについての希望
神戸大学 （[2018] 2019）	大切なこと、信頼できる人、病名・病状、「治癒が不可能な病気」になった場合の治療、自分の考えが伝えられなくなった時の意思決定方法
角田 （2019）	大事にしたいこと（好きなことや嫌いなこと、楽しみ、人との関わり等）、「理想的」な臨終場面（場所、状態、前日の過ごし方、最期に食べたいもの、看取ってほしい人等）、数年後の過ごし方（歩行、トイレ、食事、生活の場所、そばにいる人、なりたくない状態等）、生活計画（暮らし方の希望、準備しておくこと等）、望む終末期医療（療養生活、代理意思決定者、最期を迎えたい場所、痛みの治療等）
東京都医師会 （2019）	大切にしていること、自分の生き方（心情）、望む医療やケア、望まない医療やケア、自分で意思表示ができない時に望む治療、自分の代わりに判断してほしい人、これだけは嫌なこと、最期まで暮らしていたい場所
日本老年医学会 （2019）	本人の価値観、信念、思想、信条、人生観、死生観、気がかり、願い、人生の目標、医療・ケアに関する意向、療養の場や最期の場に関する意向、代弁者

（2019）による「ACP 推進に関する提言」において、「ACP で話し合う内容」として示されている事項をまとめたものである。

　これらの文献で示されている内容をまとめれば、「患者の病状や現在の状況」、「価値観や大切にしたいこと」、「医療・ケア」、「代理決定者や信頼できる人」、「療養場所や最期を迎えたい場所の希望」、「最期の時間の過ごし方」等が、ACP の実践に必要な情報として重要な部分を占めていることがわかる。とはいえ「医療・ケア」や「代理決定者」、「療養場所や最期を迎えたい場所の希望」等が支援

　よりも広い定義が示されたものと思われる（森 2020）。特に EAPC の定義にある「個人の身体・心理・社会・スピリチュアルな面を通じた気がかりを話し合うことも重要」という記述は、第 5 章以降に述べる「全人的な視点」に着目する本書の関心に通ずるものがある。

4）本書式は東京都多職種連携連絡会（2019）が作成した都民向け普及啓発冊子「住み慣れた街でいつまでも―最期まで自分らしく暮らせるまち東京」に掲載されたものである。冊子は 2024 年 9 月 24 日現在、東京都保健医療局のホームページで全面公開されており、

に必要な情報として比較的具体性を帯びているのに対して、「価値観や大切にしたいこと」などはかなり漠然としている部分もある。一部で「会っておきたい人、最期に食べたいもの、葬儀、お墓、相続」（日本医師会 2018）などを具体的な例として挙げているものもあるが、あくまで補足的に言及されている状況である。

先ほど確認した ACP の定義のうち、EAPC（2017）では「身体・心理・社会・スピリチュアルな面を通じた気がかりを話し合うことも重要」とあったものの、やはり ACP 実践の根幹は「医療・ケア」に関する情報であることが見て取れる。

以上は現在の ACP の体系を主に国内の議論を中心に確認したものであるが、なぜ ACP が現代の社会で重要視されているのか、次項ではその背景を国内外の先行研究を参照しながら見ていく[5]。

2 ACP の有用性を指摘する研究

医療技術の発展に伴っていわゆる「延命医療」のあり方が世界中で議論になる中（会田 2011: 2-35）、ACP は近年、国際的にも中心的な研究課題となっている（木澤 2015）。そのきっかけとなったのは、意思能力を失った患者の自己決定を担保するための仕組みであるはずの「事前指示書」を準備していても、それのみでは終末期を迎えた患者本人の希望実現につながらないということが、アメリカの「SUPPORT（Study to Understand Prognoses and Preferences for Outcomes and Risks of Treatment）研究」と呼ばれる大規模調査によって明らかになったことである。

この研究は、終末期における患者 - 医療者間のコミュニケーションを改善させ、患者の望まない延命治療を減らすことを目的に、1989 年から 1994 年にかけてアメリカ国内の 5 つの病院で行われた大規模な調査研究である。I 期（1989

下記の URL よりアクセスが可能である。（https://www.hokeniryo.metro.tokyo.lg.jp/iryo/iryo_hoken/zaitakuryouyou/suminaretamachide.files/saigomadejibunrasiku.pdf）
5) なお、本書における ACP の定義は厚生労働省（2018c）に準拠し、「人生の最終段階の医療・ケアについて、本人が家族等や医療・ケアチームと事前に繰り返し話し合うプロセス」とする。

年〜1991 年）の観察研究と II 期（1992 年〜1994 年）の介入研究からなり、そ
れぞれ 4000 人超の重篤な病気を抱える患者及び医療者のグループが分析対象と
なっている。このうち II 期の介入研究では、4804 名の患者を介入群（2652 名）
と対照群（2152 名）に分け、前者に対し研修を受けた看護師が調整役となって
患者、家族、医師にそれぞれ治療に関する思いを聞いたり、「事前指示書（アド
バンス・ディレクティブ、AD)」の作成を勧めたりしたにも関わらず、患者 -
医療者間のコミュニケーションは対照群と比べて改善されず、事前指示書もあま
り効力を発揮しなかったことが報告されている（Connors Jr. et al. 1995)。

　これをきっかけに患者自身の意思をより確実に終末期の医療に反映させるため
の模索が進む中で ACP の考え方が提起され、世界中に広がりを見せている（木
澤 2019)。現在では欧米豪、シンガポールなどの各国で ACP を進めるための体
制が構築されつつある（西川・三浦 2017)。

　ACP の有用性を指摘する研究は国内外で増えているが、その中で国内の ACP
研究者からしばしば取り上げられるのがオーストラリアでの Detering ら（2010)
によるランダム化比較試験の結果である（会田 2014; 木澤 2019)。Detering らは
80 歳以上の入院患者 309 名を、ACP について訓練された看護師等による支援を
受ける介入群 154 名と、通常の入院治療のみを受ける対照群 155 名に分け、6 か
月間フォローした。6 か月後に 56 名（介入群 29 名、通常群 27 名）の患者が死
亡したが、これらの患者が亡くなった経緯や死亡後の遺族の状況を調査した結
果、ACP ファシリテーターの支援を受けた患者の方が終末期の本人の希望が尊
重され（86% vs 30%)、患者死亡後の遺族の満足度も高く、遺族のストレスや不
安、抑うつの度合いも有意に低かったという（Detering et al. 2010)。この結果
は研究者の間で非常に大きなインパクトを持って迎えられ、ACP を推進する理
論的根拠の 1 つとなっている。

3　ACP の日本における現状

　日本においてもいわゆるリビング・ウィルなどの事前指示書[6] が医療の現場では機能しづらいことが知られ[7]、ACP の必要性と有用性を指摘する声が研究者・実践家の間で高まり（木澤 2015; 清水 2015）、厚生労働省の委託による「人生の最終段階における医療体制整備事業」も実施されている（西川ら 2015）。国内ではまだ介入研究がほとんどないが、国立長寿医療研究センター（2014: 41-42）による実態調査の結果によれば、同事業に参加した 10 の病院で「ACP ファシリテーター」と呼ばれる相談員[8] の支援を受けた患者の約 90% が、現在や将来の治療・ケア・生活に関する相談に対して「役に立った」、「患者の希望が尊重された」と回答したという。その後、2007 年に策定されていた厚生労働省のガイドラインが改訂され ACP の考え方が取り入れられたこと（厚生労働省［2007］2018a）、さらに同年には ACP の愛称を「人生会議」とすることが決まり国による積極的な普及啓発が行われていることは、第 1 章第 1 節で説明した通りである。

　ACP ファシリテーターとは、「本人の価値観や意向、人生の目標に一致した医療・ケアの意思決定を実現するために、本人、家族等、医療・ケアチームと協働し、本人中心の意思表明や意思決定のための対話を促進する熟練した医療・ケア提供者ら」を指す（日本老年医学会 2019）。現在、日本老年医学会（2019）では「医師、看護師、訪問看護師、メディカルソーシャルワーカー、介護支援専門員（ケアマネジャー）、高齢者施設の生活相談員らが対話のプロセスを適切に進める ACP ファシリテーターとなりうるが、これらの職種に限らず、本人の心身の状態と療養の場によって、医療・ケアチームの中で最も適任な職種・スタッフがファシリテーターを務めることが望ましい」と定義している。特定のトレーニングの受講などは条件となっておらず、職種も限定されていない（西川 2021）。

　なお、ACP を実施するにあたっての侵襲性に注意を促す専門家の指摘はいく

---

6) 植村（2015）によれば、事前指示書（アドバンス・ディレクティブ、AD）とは「ある患者あるいは健常人が、将来自らが判断能力を失った際に自分に行われる医療行為に対する意向を前もって意思表示すること」であり、代理人指示と内容的指示に分かれる。リビング・ウィルは書面により残された内容的指示であり、日本尊厳死協会による「尊厳死の宣言書」などがある（植村 2015）。

7) リビング・ウィルなどの事前指示書に関する問題点として、植村（2015）は患者本人による事前指示の内容と家族の意向が異なるケースや、高齢患者の終末期に関する希望は不安定で流動的であることを指摘している。また、清水（2015）は「指示作成時と指示履

— 41 —

つかある。例えば木澤（2015）は、患者・家族にとって「もしもの時のことを考えること自体がつらい体験になる可能性」を指摘し、ACPの実践では「侵襲的でないコミュニケーション」を行う必要性を繰り返し説いている。川口（2019）は「ACPの負の側面」として、「関係性ができていないのに土足で踏み込む」、「事前指示をとることを目的とする」、「医療者の価値観を押し付ける」、「揺れることを許容しない」、「代理決定者と共有されていない」、「病院内・地域で紡がれていない」といった状況が起こり患者や家族にとっての不利益となる可能性を指摘している。

　また、榎本（2017）はすべての患者に対してACPを無条件で進めることに対し、患者の立場から下記のように述べて警鐘を鳴らしている。

　　医師には医師の、看護師には看護師の立場や任務があって、「よりよく生きるため」といいつつ、患者の死を見越した計画を立てなければならないことがあると思います。患者には患者の立場があって、死ぬとわかっていても生きることしか考えられない時があるのです。死に関するすべてのことを排除しなければやっていられない時があるのです。だから、いくら「がんと診断された時から緩和ケア」といっても、いくらACPが必要だからといっても、"何がなんでも初期から"なんて考えないほうがいいような。相手を見ずして、"今、すべての人に"なんて考えないほうがいいような。そんな気がします。（榎本2017、原文ママ）

　ただし、上に挙げた論者達も「適切なACP推進に賛成の立場」（川口2019）、「ACPは、多くの患者にとって必要なことだと思います」（榎本2017）と述べるなど、ACPそのものに反対しているわけではなく、全体としてACPを進めることへの反対意見はほとんど聞こえてこない。国の調査でも「ACP」の認知度は

行時の間に時間的隔たりがあるため、作成時には想定外であった事態が履行時に生じやすいこと」、「文書のみでは作成時の本人の真意を解釈することが難しいこと」、「元気な時の希望と、元気でなくなった時の希望が異なるケースは良くあること」などを挙げている。

8) 当初、「ACPファシリテーター」の中心として想定されたのは看護師と医療ソーシャルワーカーであった（西川ら2015）。

低いものの、ACP の内容を説明した上でこのような話し合いを進めることについては「賛成」が多数を占め、「反対」という回答は一般国民で 2.2%、介護職員については 0.0% である（厚生労働省 2018e: 47）。厚生労働省が普及啓発のために作成したポスターのデザインに対して批判はあったものの（朝日新聞デジタル 2019）、ACP を普及啓発することそのものへの批判ではなく、人生の最終段階における支援に向けて ACP を進めていくことは、ほぼ国民的な合意ができていると言って良い。

4 ACP の課題

ACP に関する課題として、国内外の文献をレビューした大濱・福井（2019）は日本の ACP 研究の数・エビデンスレベルが他国に比べて十分ではないこと、ACP の定義が統一されていないこと、国内外ともに在宅療養者を対象とした介入研究の知見がほとんどないことを挙げている。特に在宅療養者を対象とした研究が少ないことは、ACP がこれまで病院という限られた空間を中心に展開されてきたこととも無関係ではないと思われる。これらに加えて、本書では 2 点の課題を指摘したい。

第一に、実際問題として ACP をどのように進めていくかということである。この点は ACP が日本に紹介され始めた当初から研究者の間で指摘されている。ACP の話し合いにおいて避けて通れない「もしもの時のこと」を考えることは時に患者・家族にとってつらい体験になる可能性があり、すべての患者に適応することは難しいこと、時間と手間がかかることなどが理由である（木澤 2015）。多忙な医師が ACP の対話に多くの時間を割くことは難しく、ACP を進める「ファシリテーター」の人材が不足しているという課題もある（Detering et al. 2010; 会田 2014）。ACP ファシリテーターの養成が現在、各地で進んでいるが、研修の効果等の検証はなされていない状況である。

ACP は人生の最終段階を見据え、本人が医療・福祉専門職や家族を含めて行う対話のプロセスであるが、厚生労働省（2018e: 32）の調査によれば、一般国民の 55.1% は「家族等」や「医療介護専門職」と「死が近い場合に受けたい医療・療養」や「受けたくない医療」について「話し合ったことはない」と回答している。前述のように現在、国は「人生会議」という愛称を付けて人生の最終段階について家族間で話し合いを進めるよう普及啓発を進めているが、死について語ることは家族でも互いに遠慮している状況（みずほ情報総研 2018: 15）である上に、医療に関する知識が十分ではない一般市民が自分たちでこうした話し合いを行うことは容易ではないと思われる。

　第二に、ACP が医療現場で提起された考え方であるために、その内容が「医療・ケア」に偏っていることである。DNAR[9] に関するシンポジウムに招かれた医療問題ジャーナリストの熊田（2015）は、「人生の最期となると、人によっては相続や財産など家庭や地域に様々な問題を抱えており、種類の違う大きな決断がたくさんある。つまり、DNAR は一般国民にとって様々ある決断のワンオブゼムであり、すべてではない。ここに、医療者と一般国民の感覚のズレがある」と述べ、医療・ケアのみに偏った人生の最終段階に関する議論に疑問を呈している。実際、みずほ情報総研（2018: 59）による調査報告書でも、「自身の人生の最終段階についての希望と準備」として「終末期医療、延命治療についての希望」（53.2%）に次いで「葬儀・墓についての希望」（38.6%）や「金融資産などの処分や相続について」（37.7%）等の回答が一定の割合を占めている[10]。さらに同報告書では、医療・介護に関する諸団体や先進的な取組みを行っている市区町村へのヒアリング調査から、「頼れる身寄りのない人が増加している現状への対応の必要性」についても指摘している（みずほ情報総研 2018: 14-15）。

---

9) DNAR とは「Do Not Attempt Resuscitation」の略で、「患者本人または患者の利益に関わる代理者の意思決定をうけて心肺蘇生法をおこなわないこと」を指す（日本救急医学会ホームページ 2024）。

10) ただし、本調査はインターネット調査として行われ、その対象は最近 10 年間で家族・近親者を看取った 50 代と 60 代の人であり（みずほ情報総研 2018: 5）、調査対象が偏っていることには注意が必要である。

5 小括

　本節ではまず ACP の体系を確認し、その後 ACP に関連する先行研究と日本国内での現状について見た後、現状の ACP の課題を指摘した。ACP 実践で「話し合うべき内容」として提示されているのは「治療」や「代理決定者」、「最期を迎えたい場所」などの「医療・ケア」に関する情報が中心であり、ある意味では問題解決型の専門職視点に基づく、「医学モデル的な ACP」であるといえる。

　この「医学モデル的な ACP」では、「医療・ケア」以外に関する項目として「価値観（大切にしていること）」などの聴取も重視しているが、これもあくまで将来的な治療方針等の決定のために患者本人の性格や考え方を周囲の支援者が理解しておく必要があるからであり、やはり根本には「医療」の提供とその意思決定が念頭にあると考えられる。熊田（2015）が指摘するように、人生の最終段階において医療に関する話題は「一般国民にとって様々ある決断のワンオブゼム」であり、現状の ACP が患者・利用者の人生の最終段階を支えていく上で、十分な情報を取り扱えているのかは疑問である。

　ACP 実践を誰がどのように進めていくかという点も、まだはっきりとした形が見えてきていない。本人と家族の思いが一致しないことも珍しくなく、また家族と疎遠になっているケースもあり、高齢者にとってこうした話を家族に切り出すことは必ずしも簡単なことではない可能性がある。こうした点も踏まえるとやはり、本人と家族、本人と医療・福祉関係者をつなぐファシリテーターの存在は重要である。話し合いの焦点が「医療・ケア」に偏っている点も含め、現在の ACP 研究は単身高齢者が急増し、「社会的孤立」の問題が深刻化している社会の現状にまで十分目が行き届いていない部分がある。

　ACP の本質は関係者間でのコミュニケーションであり（会田 2014; 大谷 2019）、信頼関係をもとに「人生の最終段階」に備えて話し合いを進めるという理念を考えれば、その射程は必ずしも医療の話に限る必要はないはずである。そ

して単身高齢者と社会的孤立の問題は、意思決定に関する議論が「医療・ケア」に関する内容のみでは不十分であることをますます露呈しつつある。次節ではこの点について見ていく。

第2節　単身高齢者の死をめぐる意思決定の課題

1　身寄りのない高齢者の死に関する支援と社会福祉

　「単身高齢者の意思決定」については近年種々の課題が指摘され始めている。雑誌『社会福祉研究』136号（2019年10月発行）では「『単身化』する社会と社会福祉」と題して特集が組まれ、「『単身化』する社会の現状と課題」（藤村2019）、「『単身化』する社会における社会福祉の支援」（久保2019）、「単身低所得高齢者の居住支援」（井上2019）や「社会的孤立軽減に向けた介入研究」（斉藤2019）といった議論が展開された。この特集の中で本書と最も関心が近い議論を展開しているのは、雑誌の発行元である公益財団法人鉄道弘済会が主催した「第56回社会福祉セミナー」の報告部分である（『社会福祉研究』136号、74-78ページ）。同セミナーでは「『身寄りのない人』と社会福祉」という総合テーマを掲げ、様々な報告がなされている。

　このセミナー報告の中で、NPO法人抱樸理事長の奥田知志は現在の日本で「自然的な孤立とともに社会的な孤立に拍車がかかっている」ことを指摘している[11]。また、みずほ情報総研主席研究員の藤森克彦は「身寄りのない単身高齢者の『日常生活支援』『身元保証』『死後事務』などを家族に代替えして支える仕組みや、人生の最後まで付き添い総合的に支援をコーディネートする機関が必要」と述べている。施設で身寄りのない人の最期をどう支えるかという視点からは、救護施設旭寮施設長の西村行弘が「障害等により延命治療の意思確認ができ

---

11) NPO法人抱樸理事長の奥田知志氏によれば、「自然的な孤立」とは「もともと頼れる身寄りがいない、家族や親戚がすでに亡くなっている」ことであり、「社会的な孤立」とは「身寄りはあっても社会との関係がなく孤立している」ことを指す。この両方が現在の日本では進行しているということである（公益財団法人鉄道弘済会2019）。

ない」ことを支援課題として挙げている。さらに、かんな福祉相談支援事務所所長の高橋岳志は在宅での支援課題として、「身寄りのない人の最期とは、死期だけでなく亡くなった後の葬儀や財産の相続までを最期として捉えるべきであり、死後の手続きも含めた支援が大切」であることを指摘している（以上、公益財団法人鉄道弘済会 2019 からの引用）。これらの報告内容をまとめれば、少子高齢化と単身世帯の増加を背景に自然的にも（家族・親戚がみな亡くなっている）、社会的にも（家族・親戚がいても交流がいない）孤立して頼るべき身寄りのない人が増えており、こうした人々を支える福祉支援として「日常生活支援」だけでなく「身元保証」や「死後事務」、「延命治療の意思確認」、「葬儀」や「財産の相続」等までを含めた支援が求められているということである。

　こうした身寄りのない人を対象とする支援のあり方については、すでに多くの現場で問題になっていたものと思われる。国は 2019 年に「身寄りがない人の入院及び医療に係る意思決定が困難な人への支援に関するガイドライン」を公表した（厚生労働省 2019a）[12]。このガイドラインは家族等の身寄りがいない、または家族等がいても疎遠でサポートを受けることができない人が入院・入所したり、手術等の侵襲性の大きい医療行為を受けたりする際のいわゆる「身元保証」や「医療同意」[13] のあり方について、成年後見制度の活用にも触れながら記述したものである。ここでも「身元保証」に求められる機能に「（死亡時の）遺体・遺品の引き取り・葬儀等に関すること」が挙げられ、必要に応じて「本人の意向を確認」しておくべきことが記述されている。

　社会福祉学者の大西（2012）もまた、特別養護老人ホームや社会福祉協議会、ホスピスなどでの実践例を挙げながら、支援者はターミナルケアの延長として高齢者と葬儀などの死後に関わる話題を積極的に話して本人の意向を聞き取り、死後の不安を解消すべきであると指摘する。

　熊本県企画振興部企画課（2014: 44）は、「墓地の問題を、医療や介護、看取り

---

12) このガイドラインは、2016 年に成立した「成年後見制度の利用の促進に関する法律」及び 2017 年 3 月に閣議決定された「成年後見制度利用促進基本計画」を受けて、医療・介護等の現場における成年後見人等の具体的な役割を検討したものである。

13) なお、「医療同意」については本人の一身専属性がきわめて強いものであり、成年後見人を含む第三者に同意の権限は与えられていないため、「人生の最終段階における医療・ケアの決定プロセスに関するガイドライン」（厚生労働省 [2007]2018a）に基づいて関係者で最善の方法について話し合うべきことが記されている（厚生労働省 2019a）。

— 47 —

などの延長線上の問題として捉え、地域福祉の向上のための取組みとしていく」ことを掲げている。同報告書では、介護支援専門員が親族のいない高齢者の葬儀や納骨等の問題に直面したことから、熊本県山都町介護支援専門員連絡協議会の研修会で「終活」に関する勉強会を行ったことも記されている（熊本県企画振興部企画課 2014: 31）。「墓」や「葬儀」等の死後に関わる支援を社会福祉の問題の一環として捉える観点は、官民両面で広がってきている。

2　死後事務と本人意思の尊重

　前節で述べた「身寄りがない人の入院及び医療に係る意思決定が困難な人への支援に関するガイドライン」（厚生労働省 2019a）が言及している成年後見人の役割をめぐっては、社会福祉学の研究者らも死後事務への関わりについて言及している（山口・佐々木 2010; 河端 2011; 山口 2014; 日田 2017; 林田ら 2017）。このうち山口（2014）は、日常生活自立支援事業と任意後見制度を一体的に実施している大分県の「やすらぎ生活支援事業」をモデルとして取り上げながら、本事業が「死後の事務における本人意思の尊重」を実現できるものであるとして評価している。ただし、いずれの研究も「死後事務」については成年後見人が担う多様な役割の一端として触れているのみであり、主要な研究課題として取り上げられているわけではない。

　第 1 章でも触れた「無縁社会」を象徴する現状として、近年、身元も親族もわかっているのに引き取り手のない遺骨が各地で急増していることが指摘されている。こうした遺骨の中には、「生前に本人の意思を聞いていれば、無縁納骨堂に安置されずに済んだのではないか」と行政の担当者が感じるケースもあるという（小谷 2017: 157-162）。こうした背景もあり、例えば神奈川県の横須賀市や大和市では、単身高齢者等を対象に市職員が生前から葬儀や納骨等に関する希望を聞き取り、本人の死後にはその意向に沿った手続きを進められるようにする事業を

14）横須賀市では 2015 年から主に身寄りのない人を対象とする「エンディングプラン・サポート事業」を、2018 年からはすべての市民を対象とする「わたしの終活登録事業」を実施している。大和市では 2016 年からひとり暮らしや夫婦のみ・兄弟姉妹のみで暮らす高齢世帯を主な対象とする「おひとり様などの終活支援事業」を展開している。

15）死後のことまで「本人の意思尊重」が唱えられるようになってきた背景には、葬儀や埋葬等の死後の手続きにも様々な選択肢が登場し、自分らしい死や葬送のあり方を「選ぶ時代」（井上 2016）になっている社会状況があると思われる。

展開している（横須賀市 2024; 大和市 2024）[14]。死後事務も支援者ができることを淡々とこなすというばかりではなく、「亡くなった本人の生前の意思を尊重する」という、一種の意思決定の考え方が登場しているのである[15]。

3　小括

　このように、本章第1節で見てきた ACP による「医療・ケア」に関することだけではなく、「葬儀」や「墓」といった死後に関することもまた、「本人の意思」を大切にする視点が福祉現場でも、行政の場でも現れてきている。ここで、現時点での研究上の課題と制度上の課題を確認しておく。

　まず研究上の課題であるが、「単身高齢者の意思決定」を標榜した研究は意外に少なく、その中でも「死後のことに関する意思決定」を主要な研究課題として挙げた文献は、社会福祉領域では皆無と言って良い。関連領域である成年後見制度の先行研究でも、死後事務における「本人の意思尊重」への言及はあるものの、あくまで補足的な取り扱いである。そして最大の課題は、これらの研究はいずれも支援者側の視点からの考察がなされるのみで、単身高齢者本人の視点から調査を行った研究がないことが指摘できる。

　また制度上の課題として、成年後見制度の場合は「認知症」と診断されている人の数に比して利用件数が未だに少ない上、現在活用されているケースの多くが本人の判断能力が最も低いと判定されている「後見」類型だという問題がある（最高裁判所事務総局家庭局 2024）。すなわち、成年後見人がついている高齢者はごく一部である上に、後見人が関わり始めた時には本人の意思能力が十分ではなく、死後事務等における「本人の意思尊重」を実現したくても、本人の意思を適切に把握できないケースも多いことが予想されるのである[16]。

　一方、横須賀市や大和市の事業では、あくまで本人（または家族等）からの申請主義のような形を取っているため、行政の窓口に相談に来られるぐらいに健康

---

16) これに加え、成年後見人を受任する専門職のうち半数以上は弁護士・司法書士・行政書士等の法律の専門職であり、必ずしもソーシャルワークの考え方に精通していない者が多いことも課題として挙げられる。

で、しかもこの事業に関心のある者からの相談しか原則として受けることができない。もちろん、これらの事業に携わる行政の人材も限られていることが予測され、ごく一部の単身高齢者のみしか現状ではすくい上げることができないと考えられるのである。

それでは、より多くの単身高齢者の、「人生の最終段階」や「死後」に関する意思を聞き取ることができる第三者として、どのような存在が考えられるだろうか。ここで本書が注目するのが、福祉専門職である。

第3節　福祉専門職の役割とアドバンス・ケア・プランニング（ACP）

福祉専門職の中で、比較的早くから ACP 実践に関わってきた職種は医療ソーシャルワーカー（以下、引用文献の表記に従う場合等を除き「MSW」と表記する）だろう。国がモデル事業として進めていた「ACP ファシリテーター」の養成事業では、「看護師と医療ソーシャルワーカー」がそのキーパーソンとして挙げられている（西川ら 2015）。MSW と意思決定支援や ACP に関する先行研究を概観すると、妊婦や小児患者の ACP について記述した富永（2017）、がん診療連携拠点病院等で働く MSW を対象にアンケート調査を行った上白木（2018）、救急医療現場における MSW の意思決定支援への関わりについて述べた植竹（2019）、判断能力が不十分な人への医療同意に関するアンケート調査を実施した林・織原・日和（2020）などいくつかの先行文献は見つかるものの、単身高齢者に焦点をあてた研究は少なく、まだ発展途上の領域である。

理由の1つとして、現状では医療ソーシャルワーカーの主な職場は病院であり、そこで退院調整などの支援を主に担当する専門職として見られることが多いことが考えられる。近年は在宅療養支援診療所などで働く医療ソーシャルワー

17）日本医療社会福祉協会（2020: 36-51）による全国の在宅療養支援診療所 3239 機関を対象としたアンケート調査では、回答のあった 415 機関（有効回答率 12.8%）のうち、相談支援・連携担当職員の配置状況は 219 機関の 402 名であり、そのうち相談支援・連携担当者で社会福祉資格を有している者は 87 名（21.6%）、保有資格の最多は看護師の 121 名（30.1%）であったという。

カーも増加しているが（木戸・唐木 2015; 公益社団法人 日本医療社会福祉協会 2020: 2）、現状ではこうした在宅療養支援診療所に社会福祉士などの医療ソーシャルワーカーを置くことに診療報酬上の加算などはなく、社会福祉士を置く診療所の多くは持ち出しで雇用している状況であると考えられ、あまり数は多くないのが実情である[17]。

　一方、ACP の考え方を取り入れた「2018 ガイドライン」では、在宅の現場や介護施設での活用も念頭に改訂が行われた結果、「介護支援専門員」や「介護福祉士等の介護従事者」への言及が行われたことも特徴であった（厚生労働省 2018c）。このうち介護支援専門員は、ソーシャルワークの中核ともいえるケアマネジメントの技術を用いて介護の必要な高齢者の支援を行う福祉専門職である（白澤 2019）。特に在宅の現場においては、多職種チームのコーディネートを担う全体の調整者は介護支援専門員であり（蘆野 2018）、単身高齢者への ACP 実践において介護支援専門員に期待される役割も大きいものと思われる。そこで以下では在宅の現場で活躍する介護支援専門員に焦点を絞って検討を進めていく。

1　在宅高齢者の生活を支える介護支援専門員の役割

　介護支援専門員は介護保険法に基づいて「居宅介護支援」を行う専門職である。少し長くなるが、介護保険法における「介護支援専門員」及び「居宅介護支援」に関する記述を引用する。

　まず、「介護支援専門員」は以下のように規定されている。

　　この法律において「介護支援専門員」とは、要介護者又は要支援者（以下「要介護者等」という。）からの相談に応じ、及び要介護者等がその心身の状況等に応じ適切な居宅サービス、地域密着型サービス、施設サービス、介護予防サービス若しくは地域密着型介護予防サービス又は特定介護予防・日常

生活支援総合事業（中略）を利用できるよう市町村、居宅サービス事業を行う者、地域密着型サービス事業を行う者、介護保険施設、介護予防サービス事業を行う者、地域密着型介護予防サービス事業を行う者、特定介護予防・日常生活支援総合事業を行う者等との連絡調整等を行う者であって、要介護者等が自立した日常生活を営むのに必要な援助に関する専門的知識及び技術を有するものとして第六十九条の七第一項の介護支援専門員証の交付を受けたものをいう。（介護保険法第七条 5、下線は筆者。以下同様）

次に、「居宅介護支援」については下記のような記述がある。

　　この法律において「居宅介護支援」とは、居宅要介護者が第四十一条第一項に規定する指定居宅サービス又は特例居宅介護サービス費に係る居宅サービス若しくはこれに相当するサービス、第四十二条の二第一項に規定する指定地域密着型サービス又は特例地域密着型介護サービス費に係る地域密着型サービス若しくはこれに相当するサービス及びその他の居宅において日常生活を営むために必要な保健医療サービス又は福祉サービス（以下この項において「指定居宅サービス等」という。）の適切な利用等をすることができるよう、当該居宅要介護者の依頼を受けて、その心身の状況、その置かれている環境、当該居宅要介護者及びその家族の希望等を勘案し、利用する指定居宅サービス等の種類及び内容、これを担当する者その他厚生労働省令で定める事項を定めた計画（以下この項、第百十五条の四十五第二項第三号及び別表において「居宅サービス計画」という。）を作成するとともに、当該居宅サービス計画に基づく指定居宅サービス等の提供が確保されるよう、第四十一条第一項に規定する指定居宅サービス事業者、第四十二条の二第一項に規定する指定地域密着型サービス事業者その他の者との連絡調整その他の

便宜の提供を行い、並びに当該居宅要介護者が地域密着型介護老人福祉施設
又は介護保険施設への入所を要する場合にあっては、地域密着型介護老人福
祉施設又は介護保険施設への紹介その他の便宜の提供を行うことをいい、
「居宅介護支援事業」とは、居宅介護支援を行う事業をいう。（介護保険法第
八条 24）

　すなわち、介護支援専門員は原則として要介護者等が「居宅サービス」等のい
わゆる「保健医療」または「福祉」サービスを適切に利用できるよう、あるいは
施設への入所が必要な場合はその紹介等をできるよう、「居宅介護支援」業務を
担う者であると介護保険法において定められている。この居宅介護支援業務の中
核が、いわゆる「ケアマネジメント」と呼ばれる調整業務である。
　一方、超高齢社会が進展する中で国が推し進めてきた「地域包括ケアシステ
ム」は、以下のように説明されていた。

　　　ニーズに応じた住宅が提供されることを基本とした上で、生活上の安全・
　　安心・健康を確保するために医療や介護のみならず、福祉サービスも含めた
　　様々な生活支援サービスが日常生活の場（日常生活圏域）で適切に提供でき
　　るような地域の体制（地域包括ケア研究会 2013: 1）

　地域包括ケアシステムでは個々人の状況に応じて、医療や介護、生活支援など
の様々な地域資源や、場合によっては民間企業のサービスを組み合わせながらそ
の人の生活を支えていくことになるが、こうした連携を支える要となる専門職の
1つが介護支援専門員であるとされている（地域包括ケア研究会 2013; 日本介護
支援専門員協会 2019）。
　実はケアマネジメント研究の知見では、ケアマネジメントの射程は必ずしも

「保健・医療・福祉」等に限られたものではない。例えば、ケアマネジメントは以下のように定義されている。

　　利用者の社会生活上でのニーズを充足させるため、利用者と適切な社会資源とを結びつける手続きの総体（白澤 2018: 11）

　　利用者や家族が納得できる地域生活を営むことができるように、さまざまな配慮（中略）を行い、地域における社会資源（近隣、友人、民生委員、ボランティア、介護保険でのサービス提供者、他の医療・保健・福祉サービス提供者、年金制度など）をうまく活用しながら、利用者と家族の生活を支えていくための実践活動（岡田 2011: 20）

　さらに白澤（2018: 11）は「保健・医療・福祉・住宅等の各種公的サービスだけでなく、ボランティアや近隣の支援とも調整し、在宅生活を支えていくことを主眼としている」と述べている。

　地域包括ケアシステムの推進にあたっては利用者の「自助」や「互助」の活用が重要であるとされており、この「自助」には市場サービスの購入等も含まれる（地域包括ケア研究会 2013: 8）。特に都市部においては民間の市場サービスが比較的豊富であることから、民間企業や NPO もまた高齢者の生活を支えるサービスの提供主体として重要であると考えられている（地域包括ケア研究会 2013: 19-21）。地域包括ケアシステムが想定する「社会資源」に関する記述には、下記のようなものがある。

　　「地域包括ケアシステム」の構築とは、生活の場の整備と考えても間違いではない。人の生活は、家族、近隣住民・友人、専門職による支援・サービ

第 3 章　先行研究：ACP と単身高齢者、死後事務、介護支援専門員

スに加え、住まい、商店・交通機関・金融機関・コンビニ等、NPO・ボラ
ンティアといった様々な社会資源に支えられて成り立っている。これらの社
会資源を「地域包括ケアシステム」の構築に向けて、同一の目的の下につな
いでいくためには、介護・医療・保健の分野にとどまらず、「まちづくり」
の視点での取組みが求められる。（地域包括ケア研究会 2014: 1）

　こうして見てくると、介護支援専門員が果たす役割への期待は単に「保健医療
サービス」や「福祉サービス」の調整を超えて、インフォーマルな支援や民間企
業のサービスなど多様な社会資源を調整するところまで、その射程が拡大してき
ていると見ることができる[18]。

2　介護支援専門員による ACP に関連する先行研究

　前項では介護支援専門員の役割が地域包括ケアシステムの推進に伴い拡大して
きていることを確認したが、本項では介護支援専門員による ACP などの、人生
の最終段階に関する意思決定支援への関わり方について確認する。

　まず、現時点での研究の全体像を把握するために Cinii Articles で「＜介護支
援専門員＞ or ＜ケアマネ＞」+「＜アドバンス・ケア・プランニング＞ or
＜ ACP ＞」のキーワードを各々組み合わせて検索してみると、現場の実践例や
医療関係者による助言等を記載したと思われる雑誌記事は数多くヒットするもの
の、いわゆる研究論文のようなものはかなり少ないことがわかる（検索日：2024
年 9 月 24 日）。これは ACP が医学・看護学の分野で比較的最近になって提起さ
れ、社会福祉分野にも広まり始めた概念であるため致し方ないかもしれない。し
かし ACP が目指す「意思決定」の支援については、介護支援専門員は制度開始
当初から携わってきたはずである。ACP はその中でも特に人生の最終段階、ター
ミナルケアに関わる意思決定を取り扱うことが特徴である。

---

18) この点について小林（2000）は、「理論的にいえば、要介護認定によって要介護・要支援という認定を受けたものは、介護保険に
よるサービス以外に、一般の自治体サービス、その他の民間サービスをすべて利用することができるから、介護支援専門員は、法定
サービス以外でも、そうしたサービスの紹介や調整を行うことが期待されることになる。（中略）このような総合的・一体的なケア
マネジメントをどの程度まで行わなければならないのかについては具体的な規定があるわけではなく、その達成は、個々のケアマネ
ジャーにゆだねられることになる。」と述べている。また、綾部・岡田（2019）は介護支援専門員が「ニーズ優先アプローチ」に基

— 55 —

そこで介護支援専門員の「意思決定」や「ターミナルケア」に関する研究を見てみる。沖田（2002a; 2002b）と渡邊（2005）の研究は介護支援専門員がケアプランを作成し、そのプランを実行するまでの決定の過程で家族間や専門職間等に意見の不一致が生じ、様々なジレンマが起こることを記述したものである。和気（2005）は困難事例に関する先行文献を検討した上で、「痴呆（筆者注：原文ママ）をはじめとする精神的な問題からくる判断能力の低下とキーパーソン不在による意思決定機能の低下」等から、介護支援専門員が「当事者の意思決定がなされない状況」に苦慮していることを指摘している。また和気が行った調査では、「本人に精神的問題がある」「家族問題がある」「独居である」ケースなどで介護支援専門員が「困難」と感じていることを明らかにしている。和気と同様に、介護支援専門員による困難ケースへの支援に言及している文献は多数ある（吉江ら2006; 齋藤・佐藤 2006; 中島ら 2016; 楊・岡田 2020）。これらの文献は「独居」や「認知症」、「家族関係不良」、「サービス利用拒否」、「キーパーソン不在」等のケースで介護支援専門員の困難感が高いことを指摘している。しかし、杉原ら（2016）による文献レビューでは「認知症の人に対する意思決定支援」が困難事例として取り上げられることは多いものの、「意思決定に焦点を絞った調査はほとんど見られない」ことが指摘されており、これは先述の文献検索の結果を見る限り現在においても同様であると思われる。

　人生の最終段階を迎えた利用者への支援という点では、介護支援専門員による「在宅看取り」や「在宅ターミナルケア」への関わりについての調査研究が数多くある（柳原 2006; 堂園ら 2007; 内田ら 2009; 嶋貫・松井 2011; 林ら 2012; 原田ら2016; 大賀・森 2016）。これらの文献では介護支援専門員に看取りに必要な医療的な知識が不足していること、医療との連携に困難を抱える介護支援専門員が多いことが指摘され、研修の必要性が提起されているが、具体的な研修内容にまで踏み込んだ文献は少ない。「意思決定」への直接的な言及があるのは介護支援専

づき、介護保険制度のサービスのみならず、制度外のフォーマル・インフォーマル資源の調整による支援を行っていることを調査研究で明らかにしている。

門員の役割を6つに分類した堂園ら（2007）のみで、「インテークでの援助関係形成」や「自己決定支援」、「家族関係の調整」、「サービス選択の支援」などでソーシャルワークが積極的に活用されていることを指摘している。このほか、調査研究ではないが河合（2011）は終末期の過ごし方について医療関係者と家族の考え方の相違が良く見られ、介護支援専門員が本人や家族から相談を受けた上で、医療関係者との連絡調整を担っていることを現場実践者としての立場から述べている。

　一方、看護学者・社会福祉学者の樋口（2010）は、「高齢者の終末期ケアの質を高めるために重視すべきケアマネジメントの機能」について検討している。樋口は「死の兆候が見られ始める時期からではなく、関わり始めるその時から死別後までの4つのステージ（開始期、安定期、移行期、臨死期～死別期）を意識し、プロセスの質を重視したケアが求められる」と述べており（樋口 2010: 44）、本人がまだ比較的元気な「関わり始め」の時期から「終末期」を意識したケアマネジメントの重要性を指摘している。その際、ケアマネジメントの機能として①直接援助サービス機能、②仲介・調整機能、③社会資源に働きかける機能の3つがあり、特に高齢者、介護者とその関係に焦点をあて直接働きかける①直接援助サービス機能では、本人の希望等に基づく「意思決定過程の共有」や「死を迎える準備」等が重要であるという。樋口の研究はACPが日本に広がる前になされたものであるが、これらの考え方はACPとほぼ軌を一にするものであり注目される。

　なお、「意思決定」への直接的な言及ではないが柳原（2006）は介護保険制度が「自立支援」や「介護予防」に力点を置くあまり、「老いがもたらす『弱り』の概念」や「『死』を想定した支援項目」がないことを指摘している。2000年から2014年までの文献37件をレビューした大賀・森（2016）も、2006年頃より在宅看取りについて介護支援専門員への社会的期待が高まっているものの、「介

護保険の自立支援の概念と異なるところに死が存在するようにみえ」ること、「利用者自身が最期をどう迎えたいか、本人の希望を誰がどのように聞くか」等について介護保険制度で明示されていないことが、ケアマネジャーの役割を複雑にしていることを指摘している。

3　介護支援専門員による死後事務等の意思決定に関する研究

　ACP のみならず、死後事務に関する意思決定に介護支援専門員がどのような関わりを持っているかという点についても、先行研究はほぼないと言って良い。ただし、一部の先行研究においては介護支援専門員が「お墓や葬儀」に関する話題にも関わっていることが伺える記述がある（柳原 2006; 堂園ら 2007）。特に柳原（2006）の研究では「財産処分」や「冠婚葬祭」等を含む「社会文化的側面」については、看護職や介護福祉士を基礎資格とする者に比べ、社会福祉士や相談職を基礎資格とする介護支援専門員の方が「重視する」と回答している割合が高いことが報告されている。

　また、インターネットサイトの「ケアマネジメントオンライン」が、ポータルサイト運営会社が提供するサービス「Yahoo! エンディング」と共同で実施した調査によれば、介護支援専門員の 2 人に 1 人は利用者または家族から「終活（葬儀・相続等）」に関する相談を受けたことがあるという実態が明らかになっている（株式会社インターネットインフィニティ 2014）。先行研究が存在しないのは介護支援専門員の業務ではないからだという見方もあるかもしれないが、こうした点も踏まえれば、「終活」や「死後事務」に関わるような支援が介護支援専門員にとって全くの業務の範囲外とはいいきれない。

　服部（2013）は現在の看取りの問題が「延命治療の有無」に偏り過ぎていることを指摘し、「医療課題というより『生活課題』である」と述べているが、「看取りの問題の中の『生活課題』」に関する具体的な内容への言及はなく、このあた

りについての研究は全くのエアポケット状態であるといえる。

4　小括

　在宅ケアでのチーム作りを行い、全体の調整役を担うのは介護支援専門員である（服部 2013; 大賀・森 2016; 蘆野 2018; 高岡・古澤 2018）。将来的なことを含めて利用者の生活全体の希望を把握し、それを整理し、支援に携わる多職種に情報提供して共有するチームマネジメントの役割を介護支援専門員は担っている（島田・高橋 2011; 村社 2012）。本人と家族の調整役（渡邉 2005; 堂園ら 2007）や、本人・家族と医療関係者との調整役（河合 2011）を務めていることを見ても、在宅で過ごす高齢者の ACP などの意思決定に関する支援は、介護支援専門員が専門職チームのキーパーソンとなり得る立ち位置にある。

　実際、なかなか患者・利用者に対して切り出しにくい ACP の話の扉を開ける役割は介護支援専門員が担っているという地域もある（山岸 2019）。しかし現状では介護支援専門員の ACP に関する力量や研修の不足（蘆野 2018; Hirakawa ら 2019）も指摘されている。

　ACP は比較的最近になって提起されてきた概念である。そのためか、直接的に介護支援専門員と ACP の関係に言及した研究は非常に少ない。それ以前にも「認知症」や「独居」、「キーパーソン不在」のケースで介護支援専門員が困難を抱えてきた様子はいくつかの文献で言及されているが、ACP が主に対象としている「延命治療」や「療養場所」などの意思確認、死後事務に関する意思決定を介護支援専門員がどのように支援してきたかは、樋口（2010）によるケアマネジメントの機能に関する理論的な検討を除けば、これまで十分に研究されておらず、現場での実践も明らかになっていないのが現状である。

第4章

概念の提示:
「意思決定の共有」と「意思決定の準備」

第3章ではACP研究、単身高齢者の死後事務などの意思決定に関わる研究、福祉専門職（特に介護支援専門員）とACPの関係についての研究を概観してきた。世界的に注目が集まっているACPの考え方は日本でも普及しつつあるが、その方法をめぐってはいつ、誰がコーディネーターとなって実践を進めていけば良いのかが明確ではなく、現在試行錯誤がなされている。また、人生の最終段階に関わる話し合いの内容が「医療・ケア」に偏ることには、現在単身高齢者が置かれている社会状況や、一人ひとりの高齢者の生活や人生全体を見る観点からは一考の余地がある。一方、高齢者の生活全体を見て様々な支援をコーディネートする役割を担う福祉専門職は、医療的な知識やターミナルケアに関する研修が不足しているという課題も相まって、ACPをはじめとする人生の最終段階を支援するプロセスで現状十分な存在感を発揮できていない状況である。

　こうした状況も踏まえて以下では、研究を進めるにあたり重要となる2つの概念の規定を行う。

第1節　「意思決定の共有」という考え方

　ACPの考え方の基本となる「患者と医療関係者が話し合って決定していく」というプロセスのあり方については、日本国内でも早くから理論化が進められていた。その代表例として挙げられるのが、哲学者の清水哲郎と臨床倫理学者の会田薫子が提起してきた「情報共有―合意モデル」である（清水2005; 清水・会田2012: 26)[1]。

　清水（2005）は、日本に導入された＜インフォームド・コンセント＞の運用が不十分である点を指摘した上で、意思決定の≪共同決定論≫を提唱した。これは、「医療側から患者側への説明（医学的情報が中心）と患者側から医療側への

---

[1] 会田（2014）は「ACPをすぐに行うのは難しいので、私は、ACP的アプローチをまず行うのがいいのではと考えています」とした上で、このACP的アプローチは「情報共有―合意モデル」そのものであると述べている。

説明（患者の人生や考え方についての情報が中心）という双方向の流れを通して、決定の基礎となる情報を共有した上で、一方が他方に同意するというより、双方（当事者）の合意を目指す、というプロセス理解」であると説明されている。この考え方をさらに精緻化して概念モデルとして示したのが清水・会田（2012）の「情報共有─合意モデル」である。ここでは①「ケアチーム（医療・介護の専門家）」から「患者─家族」に医学的観点に基づく「最善についての一般的判断」を説明するベクトル、②「患者─家族」から「ケアチーム（医療・介護の専門家）」に「人生計画・価値観・選好の理由」などの個別事情を説明するベクトルの２つがあり、お互いにこのやり取りで情報を共有した上で、「最善についての個別化した判断」を形成し合意に至る「共同決定論」であるとされている。

　「情報共有─合意モデル」はACPのプロセスを図式化したものとしてわかりやすいが、現場での実践に移そうと思った時、このモデルにも課題があると考えられる。第一に、「患者─家族」が一体のものとして図示されている点である。第二に、「医療・ケアチーム」もまた一体となっており、「患者」や「家族」が「医療・ケアチーム」とどのようにコミュニケーションを取っていくのかが見えにくい点である。

　まず「患者─家族」が一体のものとなっている点であるが、これまで何度か指摘してきたように、「本人」と「家族」の関係は多様であり、その思いや利害が一致しないケースは珍しくない（袖井 2000; 上野 2008; 西川 2015; 箕岡 2016）。特に単身高齢者は家族と離れて暮らしており、家族が高齢者本人の日頃の生活や価値観を十分把握していないケースや、そもそも家族がなく身元保証人を親族ではない人が務めるケースもある。「本人」と「家族等」はあくまで別個の意思と価値観を持った存在として分けて考えるべきである[2]。

　第二に、「医療・ケアチーム」が一体となっている点についてである。当然、

---

2) 厚生労働省の「2018 ガイドライン」では、身寄りのない人が増えている社会の現状も踏まえ「家族」ではなく「家族等」としている（厚生労働省 [2007]2018a）。

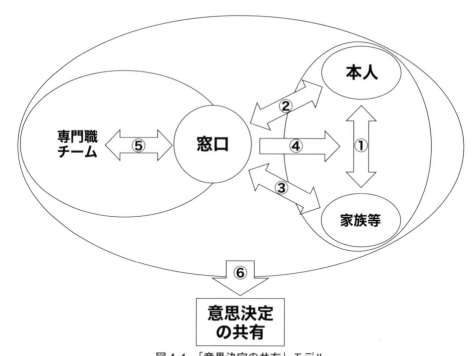

図 4-1 「意思決定の共有」モデル
出典:清水・会田(2012)「情報共有―合意モデル」を参考に筆者作成

　多職種が連携して支援する上では「医療・ケアチーム」が一枚岩になっているべきであるが、「本人」や「家族」がいきなり多数の関係者の前で、命に関わるような大きな選択についての自身の意思を伝えることは容易ではない。その意味では、「本人」や「家族」の思いを「医療・ケアチーム」につなぐファシリテーター役(西川ら 2015)としての、チームの「窓口」の存在が重要である。

　図 4-1 は清水・会田(2012)の「情報共有―合意モデル」を参考に、筆者が作成した**「意思決定の共有モデル」**である(名前の由来については後述する)。

　まず「本人」と「家族等」は別個のものとして扱い、お互いに自分の思いを伝えあう(①)。「専門職チーム」には「窓口」を配置し、この「窓口」が「本人」(②)や「家族等」(③)と個別に相談援助を行うほか、「本人⇔家族等」間への

第 4 章　概念の提示：「意思決定の共有」と「意思決定の準備」

介入・調整も必要に応じて行う（④）。こうしたやり取りを通じて「本人」と
「家族等」はお互いの意思を合わせていく。そして「窓口」は「専門職チーム」
に本人や家族等の思いを伝えたり、チームのメンバーの見解を聞き取り調整した
りする連携の核としての役割を担う（⑤）。なお、本来であれば「家族等」や
「専門職チーム」の中もさらに細かく分かれ、各人への連絡・調整が必要である
が、これらについてはケースごとに関わる人数も様相も異なってくる。本書では
特に「窓口」と「本人」の間のやり取りに焦点をあてることから、家族等や専門
職チームの中の違いについては捨象している。

　「窓口」はこの意味で、「相談」や「連携・調整」を業務とするソーシャルワー
クやケアマネジメントの考え方を学んだ者が担うことが望ましい3)。こうして
「本人」「家族等」「専門職チーム」の三者間での話し合いが進む中で、徐々に
「本人」の人生の最終段階に関わる様々な希望が固まり、将来的な意思決定をす
る上での情報共有が三者間でなされ、全体での意思共有が行われる（⑥）。これ
が図 4-1 で示した「意思決定の共有モデル」のプロセスである。

　さらに、本章のはじめで述べたように人生の最終段階に関わる話し合いの内容
が「医療・ケア」に偏ることには、一考の余地がある。この点を解決するため、
本研究では「意思決定の共有」という概念を導入する。

　「意思決定の共有」は、現在の ACP よりも広い概念として、本研究で新たに
規定するものである。具体的には、ACP が対象とする「医療・ケア」に関する
意思の共有を含め、人生の最終段階や死後のこと（葬儀や墓の希望、死後事務等
を含む）に関する本人の意思を、周囲の関係者が複数名で共有する取組みを指
し、さらに本人が自己決定できなくなった時に、周囲の者が共同で最終的な意思
決定を行うところまでを含む。改めて説明するとすれば、「意思決定の共有」と
は「人生の最終段階や死後のことに関する決定事項について、本人が何らかの理
由で自ら決められなくなる場合に備え、家族等や専門職チームなど複数名が本人

---

3) この点に言及している先行研究として樋口（2010: 45）による「高齢者の終末期ケアマネジメントで重視すべき機能と視点」がある。
樋口は「高齢者」と「介護者」を分け、それぞれの間でのやり取りがあることについても図示しているが、「高齢者⇔介護者」間の
調整に関するケアマネジメントの実態については具体的に記述されておらず、理論的な検討にとどまっている。なお、樋口は「高齢
者（本人）」だけでなく「介護者（家族）」への支援の重要性も指摘している。

の意思をあらかじめ共有しておくこと。また、実際に本人が自分で決められなくなった時に、本人の意思を共有している複数名が共同で最終的な意思決定を行うこと」である。

「意思決定の共有」という言葉の由来は、英語圏で近年「Shared Decision Making」と呼ばれている概念である。「Shared Decision Making」はACPの理論的支柱となっている考え方であり、日本では「共同意思決定」と呼んだり（日本老年医学会2019）、「協働意思決定」と記したり、あるいは原語に忠実に「共有意思決定」と訳す例もあり、呼称が統一されているとはいえない状況にある。本研究で「意思決定の共有」という訳語を採用するのには、以下のような理由がある。それは、①本人が自分の意思を表明できる段階でその意思を周囲と「共有」しておき、②本人が自己決定できなくなった後の、周囲の者による「意思決定」は、方針を決定したその瞬間だけでなく、決定の後に生じた結果も含めて、皆で「共有」していくという時間の流れを示すためである。これを例えば「共有意思決定」と表記してしまうと、意思決定を行うその瞬間のみに焦点があたるような心証を与えてしまう。人生の最終段階や死後のことに関わる重大な「意思決定」の現場では、決定の後の責任も特定の家族のみが負うのではなく、決定に関わった皆（ここには親族達のみならず、時には専門職も含まれる）で「共有」することで、「意思決定」に関わる家族等の心理的負担を軽減することができると考える[4]。

そして単身高齢者の「意思決定の共有」を支援する存在として、「医療・ケア」のみならず、「生活」全体を支えるキーパーソンである福祉専門職を位置付ける。図4-1に示した「意思決定の共有モデル」でいえば、「窓口」の役割を担うのが福祉専門職である。

---

[4] なお、本書と同じく「意思決定の共有」という訳語を用いている例としては辻（2007）や澤田（2014）などがあるが、いずれも「医療・ケア」に関する内容に焦点があてられており、ACPとほぼ同義である。本書では「意思決定の共有」という概念により、現在のACPよりも広い意味を持たせることを企図している。

2 「意思決定の準備」という考え方

　以上は、単身高齢者の生活全体・人生全体を支援する視点から見た時、ACP を主軸とする人生の最終段階に関する話し合いが医療・ケアに関する内容に偏っているという課題を克服するために行った概念規定であるが、もう1つ現在の ACP 研究には大きな課題がある。それは具体的に誰が、どのように「本人」に働きかけて ACP の実践を進めていくか、そのプロセスが不明確であるという点である。

　「本人」と「家族等」、「専門職チーム」など多様なアクターが参加しての「意思決定の共有」は一朝一夕にできるものではない。そこで、「本人」と専門職チームの「窓口」が事前にすり合わせを行い、多くの人との意思共有に向けた「準備」をしておくことが望まれる。この「本人」と「窓口」の二者間におけるすり合わせを本研究では「意思決定の準備」と呼ぶ（**図 4-2**）。

　「意思決定の準備」は、「本人」が「家族等」や「専門職チーム」に、人生の最終段階や死後のことに関する自らの思いを伝える前段階として、「窓口」役と様々な意見交換をする場である。「意思決定の準備」を経て、「本人」が「家族等」に自らの思いを伝えたり、「窓口」が「専門職チーム」に本人の考えを伝えたりする。こうした事前のすり合わせがあって初めて、「本人」を取り囲む多くの関係者での「意思決定の共有」はスムーズに運ぶと考えられる。

　この「意思決定の準備」という概念を改めて説明するとすれば、「『意思決定の共有』の前段階として、本人が自分の意思を伝えられるうちに専門職チームの窓口役と話しながら、人生の最終段階や死後のことに関する決定事項について自分の意思を固め、周囲の複数名と共有するための準備をすること」である。より丁寧に記述するならば、「『意思決定の共有』の準備」ということができる。

　2018 年に公表された「認知症の人の日常生活・社会生活における意思決定ガイドライン」（厚生労働省 2018b）では、意思決定支援を「意思形成支援」「意思

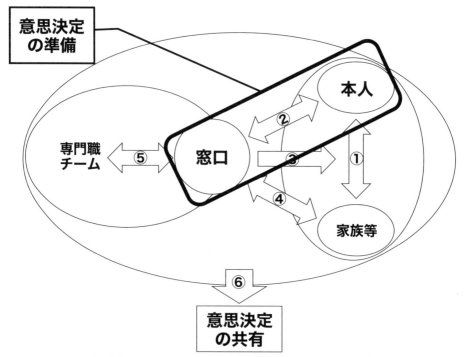

図 4-2 「意思決定の共有」と「意思決定の準備」の関係
典：清水・会田（2012）「情報共有―合意モデル」を参考に筆者作成

表明支援」「意思実現支援」という3つのプロセスに分けている。本書で示す「意思決定の準備」は、このうちの「意思形成支援」と「意思表明支援」をスムーズに進めるための考え方である。

3　研究の焦点

　本節で新たに規定した「意思決定の共有」と「意思決定の準備」という2件を含め、本研究で言及してきた「意思決定」に関わる各概念の定義を表4-1に示す。

　話し合いの「プロセス」の部分に着目すると、「アドバンス・ケア・プランニ

第4章　概念の提示：「意思決定の共有」と「意思決定の準備」

表4-1　「意思決定」に関わる本研究の概念定義

概念名称	定義
意思決定	自身の人生や生活のあり方について，本人が何らかの理由でその場で決められなくなった場合に，本人の意思を尊重しながら，周囲の者が最終的に決めること
自己決定	自身の人生や生活のあり方について，本人が自分の意思を明確に有し，その意思を表明できる場合に，本人自らが決めること
アドバンス・ケア・プランニング（ACP）	人生の最終段階の医療・ケアについて，本人が家族等や医療・ケアチームと事前に繰り返し話し合うプロセス
意思決定の共有	人生の最終段階や死後のことに関する決定事項について，本人が何らかの理由で自ら決められなくなる場合に備え，家族等や専門職チームなど複数名が本人の意思をあらかじめ共有しておくこと．また，実際に本人が自分で決められなくなった時に，本人の意思を共有している複数名が共同で最終的な意思決定を行うこと．本書における「人生会議」の定義も同じとする．
意思決定の準備	『意思決定の共有』の前段階として，本人が自分の意思を伝えられるうちに専門職チームの窓口役と話しながら，人生の最終段階や死後のことに関する決定事項について自分の意思を固め，周囲の複数名と共有するための準備をすること．より丁寧に記述すれば，「『意思決定の共有』の準備」ということができる．

ング(ACP)」は本人がまだ意思表示できる時の話し合いという記述になっているが、本人が話し合いをできる状況ではなくなった後に、どのような対応が取られるのかが明確ではない。本研究で規定した「意思決定の共有」という概念では、事前の話し合いを経て、本人が自ら決めることができなくなった場合にどのような対応を取るかについても、「本人の意思を共有している複数名が共同で最終的な意思決定を行う」という形で明記している

　さらに、「家族等や専門職チームなど複数名」と話し合いを行う「意思決定の共有」の前段階として、「本人が自分の意思を伝えられるうちに専門職チームの窓口役と話し」合う、「意思決定の準備」という概念を置くことで、ACP が想定している複数名での話し合いに至るまでの道筋も示すことができる。

　さらに、話し合いの「内容」についても見ていく。「ACP」と「意思決定の共有」、「意思決定の準備」に含まれる話し合いの内容について、整理したものが

— 69 —

表 4-2　本研究で提示する概念に含まれる話し合いの内容

概念名称	各概念に含まれる話し合いの内容
アドバンス・ケア・プランニング（ACP）	将来受けたい医療・介護，代理人，療養の場所，最期を迎えたい場所など．本人の希望や家族環境等によって多少変わるが，メインは「医療・ケア」の話となる
意思決定の共有	「ACP」に含まれる内容に加え，葬儀，墓，財産処分など，人生の最終段階や死後のことに関する決定事項．本人の希望や家族環境等によって，重点を置く内容も様々である
意思決定の準備	「意思決定の共有」と同じ

表 4-2 である。

　第 3 章で述べた通り、ACP の先行研究の中には一部「葬儀、お墓」等の死後事務に触れているものもあるが（日本医師会 2018）、あくまで補足的な記述にとどまっており、やはり現在の ACP の話し合いの中心は「医療・ケア」であることに変わりはない。

　それに対し、「意思決定の共有」（内容面に着目した場合、その前段階としての「意思決定の準備」を含む。以下、「『意思決定の共有』等」とする）では、あらかじめどこかに重点を置くことは考えず、「人生の最終段階や死後のことに関する決定事項」について、あくまで利用者本人が必要と考え、望むことについて話し合う。「お墓」や「葬儀」について誰かと話しておきたい人とはそのような話を行う[5]。もちろん、「医療・ケア」について自分の希望を伝えたり、考えたりしたいと望む人には、そのような話し合いを行う。この意味で、「意思決定の共有」等で話し合う内容は、ACP よりも間口の広いものである。なお、「はじめに」でも述べたように、本書のタイトルにもある「人生会議」という言葉は ACP の愛称として誕生したが、本書では ACP と同義ではなく、ここで示した「意思決定の共有」と同じ意味で使用している。つまり、医療・ケアだけでなく死後のことなども含め、本人の希望に応じて具体的に話し合うのが、本書における人生会議である。

---

5) この「意思決定の共有」等に関わることが想定されているアクターのひとつが福祉専門職である。当然、利用者本人の親族によるサポートが充実していれば、「お墓」や「葬儀」等についてここで話し合うことの必然性は薄い。一方、親族のサポートが得られないケースでは、こうした内容を利用者本人にとっての重要な問題として話し合うことも考えられる。

ここで問題となるのは、「意思決定の共有」等で話し合う内容として、専門職チームの窓口役が想定し、場合によっては積極的に把握に努めるべき情報とは、どのようなものかということである。医学モデル的な見方が強いACPの取り扱う情報が「医療・ケア」に偏っていることはこれまで見てきた通りである。**表4-2**ではより広範な範囲を射程に入れる「意思決定の共有」等で取り扱う内容について、先行研究を参考に「葬儀、墓、財産処分など」としたが、実際にはこれで網羅しているかどうかは不明であり、実証的な研究が求められる部分である。

さて、本書の目的は、「単身高齢者が人生の最期の迎え方について考え、周囲と話し合いながら、将来の意思決定に備えて自らの意思を周囲と共有するための準備のあり方を、福祉専門職の役割に着目して明らかにすること」であった。これを上記の概念規定も踏まえて記述するとすれば、以下のようにまとめることができる。

　本書の目的は、単身高齢者の「意思決定の準備」のあり方を、福祉専門職の役割に着目して明らかにすることである。

先行研究も踏まえ、この目的を果たすために必要となるのは以下のような点である。

第一に、人生の最終段階や死後のことについて単身高齢者がどのような「意思決定の準備」を望んでいるのか、具体的に明らかにする必要がある（**図4-2**の「本人」の部分）。これはACPの研究が専門職にとって問題意識の強い「医療・ケア」に焦点化しているために見落とされてきた点である。また、専門職側にアプローチした研究に比べ、高齢者本人にアプローチした研究が圧倒的に少ないことからも、このような実証研究が求められる。

— 71 —

第二に、専門職チームの窓口役としての福祉専門職が、単身高齢者の「意思決定の準備」について現状どのような意識で支援にあたっているかを明らかにすることである（同「窓口」の部分）。本章でこれまで見てきたように現在、在宅高齢者支援の現場でチームの窓口役を担うことが多いのは介護支援専門員であるため、本研究では特に介護支援専門員による支援の現状に着目する。介護支援専門員がACPや死後事務に関することを含め、単身高齢者の人生の最終段階を意識した支援をどのように進めているかはほぼ実態が不明であり、実証的な研究により現状と課題を明らかにする必要がある。

　第三に、単身高齢者「本人」と、専門職チームの「窓口」役となる介護支援専門員が、現状「意思決定の準備」についてどのようなやり取りをしているのか明らかにする必要がある（同「②」の部分）。単身高齢者と介護支援専門員の関係性や、具体的な話し合いの実態を調べた研究がないため、現実のやり取りを明らかにする実証研究が必要である。

第5章

研究の枠組みと分析の視点：
希望、全人的な視点、
ソーシャルワークの機能

本章では第４章までの検討内容を踏まえた上で、研究目的を達成するための研究の枠組みと分析の視点、及び分析に用いたデータの元となる調査の概要について述べていく。

第１節　研究の枠組み

　本書の目的は、単身高齢者が人生の最期の迎え方について考え、周囲と話し合いながら、将来の意思決定に備えて自らの意思を周囲と共有するための準備のあり方を、福祉専門職の役割に着目して明らかにすることである。特に現在のACPで重要視されている内容に加え、近年社会問題化している単身高齢者の死後事務等の様々な側面を含む「意思決定の準備」に着目している（第４章参照）。この大目的を達成するため、本研究ではさらに以下に示す３つの小目的を設定した。

小目的１　単身高齢者が人生の最期に向けてどのような希望を抱いているかを明らかにする。

小目的２　福祉専門職が単身高齢者との人生の最期に関する話し合いをどのように感じているか（「意思決定の準備」に関する意識）を明らかにする。

小目的３　福祉専門職と単身高齢者は人生の最期をどのように話し合っているか（「意思決定の準備」に関する話し合いの現状）を明らかにする。

　本研究ではこれら３点の小目的を達成するために３つの調査分析を行った。①単身高齢者を対象とする個別インタビュー調査の分析、②介護支援専門員を対象とする個別インタビュー調査の分析、③単身高齢者とその担当介護支援専門員を

第5章 研究の枠組みと分析の視点：希望、全人的な視点、ソーシャルワークの機能

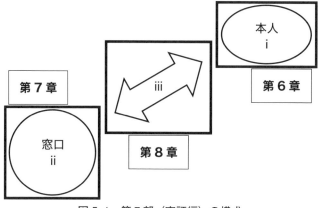

図5-1 第Ⅱ部（実証編）の構成
出典：図4-2をもとに筆者作成

対象に実施した個別インタビュー調査のペア分析、である。

①単身高齢者インタビューの分析は「小目的1」に対応しており、本書の第6章で述べていく。②介護支援専門員インタビューの分析は「小目的2」に対応しており、第7章で述べる。③単身高齢者とその担当介護支援専門員のペア分析は「小目的3」に対応しており、第8章で述べていく。

図5-1は、第4章で示した図4-2の中から本研究が焦点をあてる「意思決定の準備」に関する部分を抜きだし、第6章以降の「第Ⅱ部（実証編）」の構成を示したものである。なお、図5-1において「本人」とは「単身高齢者」を、「窓口」とは「福祉専門職（本研究においては特に介護支援専門員）」のことを指している。

まず第6章で、「単身高齢者本人の人生の最期に向けた希望」を明らかにする（図5-1の「ⅰ」）。第7章では「福祉専門職の『意思決定の準備』に関する意識」を明らかにする（同「ⅱ」）。そして第8章では「単身高齢者と福祉専門職の間における話し合いの現状」を明らかにする（同「ⅲ」）。

以上が第Ⅱ部（実証編）の枠組みである。

第2節　分析の視点

　本節では、第6章以降の実証研究が依拠する分析の視点について述べていく。ここで分析の視点として挙げていくのは、本書が考える「社会福祉学の視点」である。

　具体的には「ニーズの視点と『希望』概念への着目」、「全人的な視点」、「人生の最終段階を支えるソーシャルワーク機能」という3つの視点について検討する。このうち「ニーズの視点と『希望』概念への着目」については、福祉専門職が単身高齢者の「意思決定の準備」に関わっていく際の、実際的なアセスメントの視点として活用することが期待されるものである。「全人的な視点」については、「医療」など利用者の生活の一部に集中して焦点をあてるのではなく、本人の生活全体、さらには人生全体を捉える視点であり、いわゆる「医学モデル」的な見方に意識的になり、「生活モデル」的な見方を重視するといい換えることもできる。一方、「人生の最終段階を支えるソーシャルワーク機能」については、福祉専門職が単身高齢者の「意思決定の準備」を支える際、自らの専門性を発揮するため積極的に意識すべき視点である。以下、3つの視点について順を追って詳述する。

1　ニーズの視点と「希望」概念への着目

　はじめに、本研究では社会福祉学が伝統的に重視してきた「利用者のニーズ理解」という視点を分析に援用する。ただし、本研究が着目するのは「ニーズ」概念そのものではなく、その派生型ともいうべき「希望」という概念である。現代の社会福祉実践において「希望」という言葉は、社会福祉学の基本的な原理の1つ2つともいえる「ニーズ」と同等か、時にはそれ以上に重要な概念となりつつ

第 5 章　研究の枠組みと分析の視点：希望、全人的な視点、ソーシャルワークの機能

ある。以下ではこの点について簡潔に述べる。

　福祉の対象を語る上でまず問題となるのは、そこに「ニーズ」[1] が存在するか
どうかであり、これまで社会福祉のニーズは、支援対象となる人々が訴える種々
の要求（需要、デマンド）とは一線を画すものとして語られてきた（武川 2011:
21-41）。例えば岩田（2013: 76-77）は、「ニーズというのは、単に誰かがこうし
たい、それが欲しいというようなことではなくて、そう欲しなくても、満たされ
なければならないというような、何かもっと基礎的なもの、絶対的なものを根底
においた捉え方である」と述べ、支援を必要とする人が表明する「こうしたい」
「それが欲しい」という希望と、社会福祉が満たさなければならないニーズは、
あくまで別物であるとしている。社会福祉学のニーズ研究において長らく参照し
て来られている三浦（1985: 65）では、「ある種の状態が、ある種の目標なり、基
準から見て乖離の状態にあり、そしてその状態の回復・改善等を行う必要がある
と社会的に認められたもの」と定義している。ニーズの判定には何らかの「社会
的判断」が必要であるという指摘である。

　一方、近年は専門家判断による「客観的ニーズ」だけでなく、利用者本人が捉
える「主観的ニーズ」もまた重要であることが指摘されてきた（岡本 2005；武
川 2011: 63-81）。中西・上野（2003: 2-4）が提唱した、他者のケアを必要とする
当事者こそがニーズの最終的な判定者であるとする「当事者主権」の考え方も、
一定の影響力を持っている。出口（2013: 25）は「実際のところ、『ニーズ』は、
その人の＜望み＞と切っても切り離せない」と述べ、支援対象者の＜望み＞が、
ニーズと深い関わりを持つことを指摘している。実践レベルにおいては、各種介
護サービス計画やアセスメント項目の中に「利用者及び家族の希望」が含まれる
ようになり、「希望」が重要な位置を占めるようになっているように見える。「希
望」は、内容的にはデマンドと近い概念である[2]。

　例えば介護保険制度の条文を見てみると、以下のような記述がある（下線は筆

---

1)「ニーズ」という用語をめぐっては、「ニード」「必要」等、いくつかの表現方法がある。例えば三浦（1985）や平岡（2011）は、「ニー
ド」という表現を用いている。また、武川（2011: 36-40）は福祉領域における安易なカタカナ語の使用に警鐘を鳴らし、「必要」
という日本語を用いるべきであると述べている。一方で、社会福祉の現場においては現在も「ニーズ」という言葉が広く使われてお
り、関係者にとってはなじみ深いものとなっている。本研究では原文をそのまま引用する場合を除き、原則として「ニーズ」という
表現に統一して表記する。

者）。

　（第八条24）…この法律において「居宅介護支援」とは、（中略）当該居宅要介護者の依頼を受けて、その心身の状況、その置かれている環境、当該居宅要介護者及びその家族の希望等を勘案し、利用する指定居宅サービス等の種類及び内容、これを担当する者その他厚生労働省令で定める事項を定めた計画（中略）を作成するとともに、…（『介護保険法条文』1997 年 12 月；2020 年 6 月改正）

　介護保険法では、居宅介護支援を担う介護支援専門員が①「心身の状況」、②「置かれている環境」、③「要介護者及びその家族の希望」等を勘案して、支援計画を作成すべきことが規定されている。このうち①と②はいわゆる専門家視点に基づく客観的な「ニーズ」判断を、③は高齢者やその家族が表明する「希望」（これまでのニーズ論の観点でいえば「デマンド」にあたる）を指すものと考えられ、これらが並列に置かれている点が注目される。つまり、現在の介護保険制度を中心とする高齢者福祉システムは、専門家による「客観的」な「ニーズ」判断と、支援を受ける当事者による「主観的」な「希望」に基づいて運用されていると見ることができるのである[3]。後者をこれまでの慣例に従って「デマンド」や「主観的ニーズ」という言葉で表現する向きもあるかもしれないが、本研究では以下に述べる 3 つの理由から「希望」という言葉の使用が望ましいと考えている。

　第一の理由は、「デマンド」や「主観的ニーズ」に比べ、「希望」が日常語であり、より支援を受ける対象者の生活感覚に合っていると考えられるためである。ここで表現したいのは利用者自身が自分の生活を良くしていくための思いや訴えであり、これを「デマンド」や「主観的ニーズ」などの専門用語で殊更に表現す

---

2) より正確にいえば、希望は「デマンド」よりも経済学でいう「ウォンツ（欲求）」に近いものであるが、これまで社会福祉をめぐる議論においては慣例的に「ニーズ（必要）」と「デマンド（需要）」を対比して語られており、また「デマンド」と「ウォンツ」があまり明確に区別されずに用いられてきた傾向がある。経済学における「ニーズ」、「ウォンツ」、「デマンド」の定義は、Kotler & Armstrong（2001=2003: 10-11）を参照。

3)「希望」の概念が時に「（客観的）ニーズ」よりも重要となるのは、ミクロ実践の現場において、利用者と支援者の「信頼関係」が非

第5章 研究の枠組みと分析の視点：希望、全人的な視点、ソーシャルワークの機能

る必要はないと考える。第二に、「希望」は介護保険制度など現在の社会福祉システムの多くで理念として掲げられている「尊厳の保持」や「自立支援」と親和性が高いためである。「デマンド」や「主観的ニーズ」ではなく「希望」という言葉を用いることで、尊厳のある生活、自立した生活に向けて、福祉関係者は利用者が主体的に生活を送ることを支援するというニュアンスが明確になる。第三に、ニーズをめぐる近年の議論では「主観的ニーズ」という言葉に注目が集まるにつれて、元々の「社会的判断や専門家判断に基づいて、対象者の最低限度の生活を守る」という客観的ニーズの考え方が薄まり、「社会福祉におけるニーズとは何なのか」が見えにくくなっていた側面がある。ここで「主観的ニーズ」という言葉を「希望」の概念で置き換えることによって、「ニーズ」という言葉が指し示す範囲は元々の「社会的判断に基づく客観的ニーズ」としてのあり方に収束し、「人々の最低限度の生活を守る」という社会福祉の重要な使命が改めて見えやすくなるのである。

　ここで本研究における「ニーズ」の定義を確認しておくと、「主観的ニーズ」としての側面は本研究では取り扱わない。あくまで「客観的ニーズ」としてのあり方に焦点をあてるため、三浦（1985: 65）による「ある種の状態が、ある種の目標なり、基準から見て乖離の状態にあり、そしてその状態の回復・改善等を行う必要があると社会的に認められたもの」という定義を採用したい。

　社会福祉学において「ニーズ」が語られる時、様々な形で「ニーズの分類」が試みられてきた。これまで多くの文献や教科書で紹介されてきた Maslow（1970=1987: 55-90）、Bradshaw（1972）や、岡村（1983: 78-82）によるニーズの分類などは有名である。特に Maslow や岡村による論考は、人間の社会生活の中でどのようなニーズ[4] があるのかという観点から分類したものである。本研究ではこうした成果に倣い、将来的な「意思決定の準備」に関するアセスメントへの活用も視野に入れて、「希望」の概念の分類を試みていく。この分類の際に

常に重要な位置を占めていることとも関係している。目の前で支援の必要な人と向き合うミクロの実践では、本人との信頼関係を築かなければ、「最低限度の生活」を保障するために必要な支援さえ、拒否されてしまうという現実的な事情がある。専門職が様々な「本人の希望」を的確に知り、その実現のために助力することは、信頼関係を構築し、「最低限度の生活」保障に向けた支援を届けるためにも必要である（佐藤 2017）。

4）Maslow（1970=1987: 55-90）や岡村（1983: 78-82）が用いているのは、実際には「欲求」という言葉であるが、社会福祉学の

参考とするのが次項で述べる「全人的な視点」である。

2　全人的な視点

「全人的」[5]という言葉は、元々がん末期の患者のケアにあたる緩和ケアの文脈で注目された言葉である。1990年に世界保健機関（WHO）が発表した「緩和ケア」の定義で、「全人的ケア」という言葉が使用されていたことはその一例である（特定非営利活動法人日本ホスピス緩和ケア協会 2021）[6]。そのため、「全人的」という言葉自体は、必ずしも社会福祉学に限ったものではない。現代の医学では「患者中心の医療」、「全人的医療」への転換の必要性が認識され始めているし（加藤 2021）、「全人的ケア」の概念について分析している看護学の文献も出てきている（萩原ら 2020）。とはいえ、多くの医科大学が「全人的医療」を謳いながら、それを実践している医療施設は極めて少ないという指摘がある（永田 2018）。これは「医学モデル」という言葉にも代表されるように、医学というものがその元々の性質からして、患者の身体に生じた病変を探りあて、そこに多くの医療資源を投入して病を治療していくという一点集中的な側面が大いにあるからではないかと推察される。

その意味で、患者・利用者の生活全体、人生全体を視野に捉えてその人に合った支援を考えていくという「全人的な視点」は、社会福祉の実践と親和性の高いものであるということができる。では「全人的」という時にその具体的内容は何を指すかというと、多くの文献で言及しているのは「身体的」、「心理的（『精神的』とするケースもある。以下では原則として『心理的』とする）」、「社会的」という3つの分類である。例えば笠原（2014）は、ケアワーカーによる利用者の全人的理解（笠原は「ホリスティック」という言葉を用いている）に基づくアセスメントについて探求する際、「身体機能状況」「精神心理状況」「社会環境状況」という3つの分類に基づいて研究を進めている。あるいは現場の介護支援専門員

議論ではこれを「ニーズ」として扱うことが慣例化している（古川 2003: 120-136; 岡本 2013; 岩田 2016: 27-42 など）。

5)「全人的」の語源をたどれば英語の "holistic" となる。これを日本語に訳さず、カタカナでそのまま「ホリスティック」と記載している文献もあるが（笠原 2014）、本研究では原文を引用する場合を除き、福祉や介護の教科書にも記載され一般的な用法として定着していると考えられる「全人的」という言葉で統一していく。

向けにアセスメントのポイントを説いた白木（2019: 18-20）も、「アセスメント
にあたっては、利用者を『身体・心理・社会的存在として『全人的』に捉え」と
述べており、やはりこの3分類が基礎にあることがわかる。なお、これら「身
体」「心理（精神）」「社会」に「スピリチュアル（または実存）」を加えた4つの
分類で「全人的」という言葉を捉えている文献もある（藤井 2017; 永田 2018）。

　なぜこの3分類または4分類が多くの文献で採用されているのかをたどれば、
「全人的」という言葉が緩和ケア領域における「全人的苦痛（トータルペイン）」
という考え方から発展してきたという歴史に行き着く。近代ホスピスの祖として
知られ、看護師やソーシャルワーカーとしての職務経歴も持つ医師のシシリー・
ソンダースが「全人的苦痛」の考え方を提起したのは 1964 年のことである
（Saunders1964=2017）。ここでソンダースは、がんの患者が訴える痛みには「身
体的苦痛」のみならず、「精神的苦痛」、「社会的苦痛」、「スピリチュアルな苦痛」
という4つの側面があり、これらが絡み合って患者による様々な痛みの訴えを引
き起こしているとして、単に医学的な治療で身体の痛みを取るだけではない「全
人的ケア」の必要性を提起したのである。この考え方が前述の世界保健機関
（WHO）による緩和ケアの定義に反映され、その後保健・医療・福祉の様々な領
域に広がっていったものと考えられる[7]。

　一方、福祉専門職がこの「全人的」という概念を現状どのように捉えているか
に目を移すと、2020 年に改訂されたソーシャルワーカーの倫理綱領では、6つの
「原理」の1つとして以下のような記述がある。

　　Ⅵ（全人的存在）ソーシャルワーカーは、すべての人々を生物的、心理
　　的、社会的、文化的、スピリチュアルな側面からなる全人的な存在として認
　　識する。（日本ソーシャルワーカー連盟 2020）

---

6) なお、その後の定義改訂で 2002 年に世界保健機関（WHO）が発表した「緩和ケア」の定義からは「全人的ケア」という言葉はな
　くなっている。
7) その後一部の文献において「スピリチュアル」の部分が落とされ「身体」「精神または心理」「社会」という3分類が採用されている
　のには、「スピリチュアル」という概念の捉えにくさや、「精神または心理」との弁別の難しさが影響していると考えられる。

ここでは上で見てきた「身体的」、「心理的」「社会的」「スピリチュアル」という４つの側面から微妙な変更が加えられ、「身体的」は「生物的」という表記になり、新たに「文化的」という言葉が登場している。これは現代の社会状況も見ながら、ソーシャルワーカーの立場から改めて「全人的」という概念を捉え直した結果であろう。

　さて、福祉や医療の実践においてこうした「全人的な視点」が強調されているのは、専門職が患者・利用者の支援にあたる際、「その人の生活全体（あるいは人生全体)」を見る必要が叫ばれながら、実際には患者・利用者の身体面の困難にばかり目が行きがちで、他の生活側面が見落とされることが多いからである（笠原 2014: 1)。そこで、こうした情報の偏りや見落としを防ぐために、アセスメントの際には「全人的な視点」を「身体的」「心理的」「社会的」という３つの側面にいったん分解して、患者・利用者の様々な生活側面を意識的に見た上で、最終的にそれらの情報を統合して生活全体を把握する試みがなされている。例えば先に挙げた社会福祉学者の笠原（2014）は、高齢者領域で用いられている５種類のアセスメント・シートの検討から、ケアワーカーが行うアセスメント項目として「身体機能状況 16 項目」、「精神心理状況 20 項目」、「社会環境状況 20 項目」の計 56 項目を導き出し、各側面についてケアワーカーのアセスメントの特徴を分析した[8]。笠原は「全人的」とほぼ同じ意味で用いられる「ホリスティック」の概念について先行研究を丹念に検討した上で、「ホリスティック」とは「身体機能状況」「精神心理状況」「社会環境状況」が相互に関連し影響を与え合って成立するものであることに注意を促しつつ、情報の偏り・見落としを防ぐためにこれら３つの側面にいったん分解して情報を把握することの必要性を強調している（笠原 2014: 46)。医学者の平井（2018）もまた、患者を「生物学的側面」「心理学的側面」「社会学的側面」の３つの側面から見る「Bio-Psycho-Social Model」に基づいて「包括的アセスメント」を実施することを提案しているが、こうした

---

8) 笠原（2014: 95、111、129)はこの分析の結果、ケアワーカーによるアセスメントの得点は「身体機能状況」が全体的に高く、「精神心理状況」及び「社会環境状況」については相対的に低かったことを報告している。

対応を取る理由もまた「医学的対応が可能なものを見落とすリスクを小さくできる」ためだとしている。

　本研究では「全人的な視点」から、これまでの ACP で語られてきた内容を検討し直し、特に単身高齢者が「意思決定の準備」を進める上でどのような希望を有しているのか明らかにすることを目的の1つとしている。本研究が「全人的な視点」を重視するのもまた、「意思決定の準備」を支援する専門職の視点が従来の ACP が重視してきた「医療・ケア」の側面に偏り、単身高齢者の生活・人生にとって重要な他の側面が見落とされてしまうことを防ぐためである。

　上で見てきた「身体的」「心理的」「社会的」（ソーシャルワークの観点からは、「スピリチュアル」と「文化的」も改めて含めたい）というような分類は、上で紹介した平井（2018）も述べているように高度に抽象化された概念であり、包括的である一方、現場でのアセスメント実践においては利用者から聞き取った内容がどの領域に分類されるべきなのか、少々わかりにくい面もあると思われる。そのため実際の現場においては、それぞれの実践の目的に応じて、これら各側面をより具体的な項目に変換して記述する試みがなされている。例えば笠原（2014: 55）は、「身体機能状況」として「食事の状況」、「褥瘡・皮膚の状態」、「排泄」、「意思伝達能力」、「動作」の5つを、「精神心理状況」として「認知面・精神面」、「好み」、「他者への思い」、「パーソナリティ」の4つを、「社会環境状況」として「家族介護力」、「他者との交流」、「介護支援状況」、「生活環境」、「ターミナルケア環境」の5つを、各側面で注目すべき点をより具体化した下位項目として挙げている。平井（2018）も、「身体症状 ADL」として「痛み」、「倦怠感」、「消化器症状」など7項目を、「精神症状」として「不眠」や「認知機能」、「うつ病・うつ症状」など10項目を、「社会的問題」として「経済的問題」や「仕事」、「家族との関係」など8項目を挙げるなど、各側面について具体的な視点を示している（さらに平井は「心理的問題」5項目と「実存的問題」8項目

も挙げている）。こうした各側面の下位項目については、それぞれの領域や援助の視点に応じて検討すべきものであると考えられる。

　本研究が明らかにしようとする「意思決定の準備」の実践は、「将来、意思決定能力が低下した時に備えて自身の希望を周囲に明確に伝えておく」というものである。そこで本研究では、既存理論としての「全人的」概念を念頭に置きつつ、「意思決定の準備」の実践に有用となるよう、本研究の領域に即した、具体的な「全人的な視点」の分類を新たに検討する。

　まず「身体的」あるいは「生物的」視点に関するところでは、第3章第1節で述べたように、従来のACPでも重要な話し合い項目であった「**医療**」（厚生労働省2018cなど）が挙げられる。また、それと関連して「最期を迎えたい場所」や「どのようなケアを受けたいか」（東京都医師会2019など）といった「**介護・療養**」に関する内容もACPでは優先順位の高い項目として挙げられてきたが、これらも患者・利用者の心身の状態の衰えに左右されるという点では、「身体的（生物的）」の枠組みの中で考えることができる。

　次に順番が前後するが、「社会的」視点に関するところでは、第3章第2節で触れた内容のうち、成年後見制度の対象になるような「**財産・法律**」に関わる部分（山口・佐々木2010など）が多くの人の関心事として想定される。

　「文化的」視点に関わるところでは、第3章第2節で述べてきた墓や葬儀などの「**死後のこと**」（横須賀市2024など）がこの部分にあたるものとして考えることができそうである。

　「スピリチュアル」の視点については、現状研究者によって概念の捉え方に幅があり[9]、議論のあるトピックであるため、少し詳しく検討する。まず多くの研究者に共通する見解としては、この概念が「宗教」と深く結びついているということである（窪寺2000; 鶴若・岡安2001; 木原2016; 島薗2017; 大橋2019)[10]。「宗教」や「信仰」は死と密接に関わる緩和ケアの現場でしばしば重要性が指摘

---

9)「スピリチュアリティ」の概念について、木原（2016）は「アカデミックレベルに耐えうるような厳密な定義を未だなし得ない」と述べ、研究者間で十分な見解の統一がなされていない現状を指摘している。

10) 宗教学者の島薗（2017）は「スピリチュアリティは宗教と深い関係にある」と述べ、社会福祉学者の木原（2016）も「宗教とスピリチュアリティを独立した別物ではなく、密接なつながりある同じ根と理解して議論していく」と宣言して論述を進めている。また、「高齢者と宗教性」及び「高齢者とスピリチュアリティ」をテーマとした文献を幅広く渉猟しまとめた心理学者の大橋（2019）は、

第 5 章　研究の枠組みと分析の視点：希望、全人的な視点、ソーシャルワークの機能

されてきた。例えば日本国内のホスピスでは「チャプレン」と呼ばれる宗教職が活動していることが珍しくなく、患者のスピリチュアルな側面のケアにあたるとされている（鶴若・岡安 2001; 深谷・柴田 2013）。また、Miyashita et al.（2007）は日本における「望ましい死」の要素を探求した全国調査の結果、「信仰を持つこと」が、「人によって重要さは異なるが大切な要素」の1つとして抽出されたことを報告している。このように人生の最終段階や死後を見据えた「意思決定の準備」を考える上で「宗教」や「信仰」は1つ重要な視点であるが、一方、「スピリチュアル」とは「宗教」に限ったものではなく、より広い概念であるという指摘がある（村田 2003; Canda & Furman 2010=2014; 藤井 2010）。ここでは詳細な議論には立ち入らないが、先行研究において指摘されているのは自分自身の存在意義を問われるような人生の危機に瀕した時に、何か人間を超えた超越的な存在や、自らの信じる物・事が支えになるという点である[11]。すなわち、「宗教」に限らない自らの「信念」や「信条」のようなものが、個人のウェルビーイングに影響を与えていると捉えることができる。以上を踏まえ、本研究では「スピリチュアル」な側面をより具体化した視点として「**宗教・信条**」を設定したい。

　最後に「心理的」視点については、高齢期に人生を振り返ることにより、「人生の統合」という視点を持つことの重要性を Erikson ら（1986=1990）が指摘している。「回想法」（黒川 2005）や「自分史」（岩佐ら 2007）の導入による高齢者の心理面へのポジティブな影響が知られており、こうした「**人生・回想**」に関わる部分も、「意思決定の準備」の射程に含まれる可能性がある。

　以上の検討を踏まえ、既存理論としての「全人的な視点」と、本研究の領域に即したより具体的な視点としての「全人的な視点」の関係を**表 5-1** に示した。ここで示した「医療」、「介護・療養」、「財産・法律」、「死後のこと」、「宗教・信条」、「人生・回想」という6つの側面は、既存理論としての「全人的な視点」の各側面と同様、相互に関連し合って単身高齢者の生活全体を構成するものであ

「日本の場合は宗教とスピリチュアリティはかなりの連続性があり」、両者の分離が難しいことを指摘している。

11）例えば窪寺（2000: 14）は「自分の外にある絶対的な存在や、人間的限界や有限性を持たない世界に、新たな『生きる力』や『希望』を求めたりします。」と述べている。同様に藤井（2010）は「世界・宇宙・あるいは神の計画」など、「人間関係だけでなく人間を超える関係性」が生きる意味を支えると指摘している。

— 85 —

表 5-1 「全人的な視点」の分類

既存理論としての 「全人的な視点」	本研究における 「全人的な視点」
身体・生物	医療
	介護・療養
社会	財産・法律
文化	死後のこと
スピリチュアル	宗教・信条
心理・精神	人生・回想

　る。そのため、各側面が完全に相互に独立・排他的なものにはなっていない部分も出てくることが予測されるが、これはあくまでアセスメントにおける情報の偏りや見落としを防ぐための便宜的な措置だからである[12]。

　福祉専門職が単身高齢者の「意思決定の準備」に関わっていく際、このようなある程度具体化した「全人的な視点」の枠組みを持っておくことには、情報の偏り・見落としを防ぐ以外にも利点がある。それは、高齢者の希望に沿うために調整すべき「社会資源」との対応関係が見えやすくなることである。例えば「医療」に関する内容は医療職に、「財産・法律」に関する内容は法律職に、「死後のこと」に関する内容は葬祭事業者等に、といった具合である。詳しくは次項で述べていくが、福祉専門職が単身高齢者の「意思決定の準備」に関わる上で発揮すべきソーシャルワーク機能には「調整」や「連携・協働」が含まれると考えられ、つないでいくべき社会資源を具体的に意識できるようにしておくことは重要である。本研究の第 8 章では単身高齢者と担当介護支援専門員のペアのうち 3 組について詳しい事例検討を行っているが、ここでは介護支援専門員が福祉専門職として果たすべき役割を明らかにするため、社会資源との関係性についても確認していく。

---

12) 笠原（2014: 36-38）は一度各側面に分類して把握した利用者に関する情報を、最終的に「統合」することで、利用者に関する理解が深まり、問題状況や生活上の課題が明確になることを指摘している。本研究で「全人的な視点」を各側面に分類するのも同じ考えに基づくものであり、こうして把握した情報を最終的に全体として見ることで、単身高齢者の「意思決定の準備」に関する支援を適切に進められるものと考えている。

もちろん、ここで「6つの側面」を構想するに至るまでの議論も先行研究や既存理論等をもとにした予備的な検討に過ぎず、仮説的なものである。特に単身高齢者が実際にどのような種類の「希望」を有しているのかは、第6章で具体的に検証していく。インタビュー調査では佐藤（2008）の「質的データ分析」の考え方を参考に、ここまでの議論の内容を念頭に置いた演繹的なアプローチと、実際のデータから見えてくるものを重視する帰納的なアプローチを組み合わせて分析を行っている。

3　人生の最終段階を支えるソーシャルワーク機能

　本研究の第7章では、小目的2「福祉専門職の『意思決定の準備』に関する意識を明らかにする」という目的を達成するために介護支援専門員へのインタビューを実施している。このインタビュー調査を分析する際の視点として本研究が着目するのは「人生の最終段階を支えるソーシャルワーク機能」である。

　ソーシャルワークの機能をめぐっては、取り上げられ方や実践の方法等により多様な設定の仕方がなされ、体系的な研究はあまり見られず、カオスといっても良い状態にある（平塚2013）。しかも、社会の動きに連動して生起する生活課題の変化に合わせて、ソーシャルワーク実践のあり方も柔軟に変化する（岩間2016）。例えば、全米ソーシャルワーカー協会が1981年に示した『ソーシャルワーク実践の基準』では、ソーシャルワーク実践の4つの目標に対して「アセスメント（Assessment）」「管理・運営（Administration/Management）」「紹介（Referral）」「政策分析 Policy Analysis」など計23の機能が示されているが（北島2008: 52-55）、これらを即現在の日本社会の状況に適用できるとは限らない。こうした事情から現在の日本社会で実践されているソーシャルワークの機能を網羅的に示すことは容易ではないが、本研究と関連の深い「人生の最終段階を支えるソーシャルワーク機能」に焦点をあてて、先行文献から一定の示唆を得ること

は可能である[13]。

　空閑（2009）は、ソーシャルワークが取り組む4つの目標に対して①側面的援助、②代弁、③直接処遇、④教育、⑤保護、⑥仲介、⑦調停、⑧ケア（ケース）マネジメント、⑨管理・運営、⑩スーパービジョン、⑪ネットワーキング（連携）、⑫代弁・社会変革、⑬組織化、⑭調査・計画という14項目の「ソーシャルワーカーの機能」を挙げている。これらに加え、近年は異なる機関で働く社会福祉士同士、あるいは他の職種や関係者との「連携・協働」もまた重要な機能であるという。「連携と協働」については平塚（2013）や岩間（2016）もその重要性を指摘しており、現代のソーシャルワークを考える上で欠かせない機能である。

　山辺（2011: 30-54）は国内外の研究者による成果を参照しながら、ソーシャルワークの代表的な機能を①調整的機能、②開発的機能、③代弁的（弁護的）機能、④教育的機能という4点にまとめている。また、深刻な課題の顕在化を予測し早期対応等に努める「予防」も、現代社会において特に重要なソーシャルワーク機能であると述べている（山辺 2011: 11）。

　一方、「社会福祉の一般的機能」として①評価的機能、②調整的機能、③送致的機能、④開発的機能、⑤保護的機能という5つの機能を示した岡村（1983: 114-127）は、現実問題として社会福祉の各分野で「特殊化された機能」に焦点化させる必要も説く。そこで本稿が扱う「人生の最終段階」とそこにおける意思決定に関する議論に着目すると、武居（2009）と鵜浦（2011）によるソーシャルワーク機能の整理がある。

　武居（2009）はソーシャルワークの機能を「本人への働きかけ」と「環境への働きかけ」に二分し、「本人への働きかけ」として①精神的支援、②情報提供・助言、③物品提供・直接援助、④見守り、⑤関係調整（対本人）という5つの機能を、「環境への働きかけ」として⑥関係調整（対環境）、⑦代弁・権利擁護、⑧サービス利用調整という3つの機能を見出している。鵜浦（2011）は岩間伸之に

---

13) ソーシャルワークに求められる役割や活用の場は日に日に拡大しており、今後ソーシャルワークの技術や機能を検討する際にはソーシャルワークの定義を根底に置きながら、領域に特化した専門性を明らかにしていく必要がある。

第5章　研究の枠組みと分析の視点：希望、全人的な視点、ソーシャルワークの機能

よるパイロット調査の知見を参考に、後見人等との連携・協働によって強化されるソーシャルワーク機能として①援助関係の構築、②クライエント主体の援助、③医療・福祉サービスの活用、④希望・意向の明確化、⑤希望・意向の実現化、⑥権利侵害の防止、⑦被害回復の支援、⑧環境の変化の促進、⑨良好な相互作用関係の促進、⑩新たな生活環境の創造という10点を挙げている。

　このうち「人生の最終段階を支えるソーシャルワーク機能」として、本研究では多くの先行文献が言及する【調整】、【代弁】、【連携と協働】及び【開発・社会変革】、山辺が指摘する【予防】、岡村が示した【評価】、空閑や武居が挙げる【直接援助】と【精神的支援】、及び【情報提供・助言】[14]、鵜浦のいう【援助関係の構築】[15] 及び【希望・意向の明確化】という11種類の各機能に注目する[16]。これらを援助のプロセスも考慮して並べ替えたものが**表5-2**である。

　ACPや「意思決定の共有」の実践においては、**表5-2**に挙げたような11のソーシャルワーク機能がすべて着実に発揮されて初めて、「利用者」、「家族」、「専門職のケアチーム」といった関係者全員が納得し合意に至った上での意思決定が可能になると考えられる。このうち本研究が対象とする「意思決定の準備」は、「家族」や「専門職のケアチーム」との話し合いが展開される前段階として、「利用者」と「福祉専門職」の二者間で話し合う状況を想定している。この二者間での話し合いにおいて特に重視されるべきソーシャルワーク機能は【信頼関係の構築】、【予防】、【評価】、【情報提供・助言】、【希望・意向の明確化】、【代弁】、【直接援助】、【開発・社会変革】、【精神的支援】の9つが考えられる。利用者が「家族等」や「専門職のケアチーム」も含めた話し合いに臨む段階で重要となる【連携と協働】や【調整】という2つの機能にも目を配りつつ、第6章の分析においては前述の9つのソーシャルワーク機能に主に着目していく。

---

14) 空閑（2009）や山辺（2011）の「教育的機能」も内容的には同じであるが、武居のいうように高齢者分野においては「教育」よりも「情報提供・助言」という表現がより適切であると考えられる。同様に、空閑（2009）の「側面的援助機能」と武居（2009）の「精神的支援」も内容としては同じであるが、ここでも高齢者領域に焦点化した後者の表現を採用した。
15)「援助関係の構築」はいうまでもなくソーシャルワークの大原則であるが、これを「機能」として示しているのは取り上げた文献の中で鵜浦（2011）のみであった。

表 5-2 人生の最終段階を支えるソーシャルワーク機能

機能の名称	出 典	内 容
援助関係の構築	鵜浦（2011）	様々な気持ちの揺れを体験することになる利用者と確かな信頼関係を築く．利用者だけでなく家族との関係構築も同じくらい重要である．
予防	山辺（2011）	利用者本人による意思表明能力が失われるなど，深刻な状態になる前に意思決定の共有に向けた準備を始める．
評価	岡村（1983）	利用者の置かれている状況を全人的な視点から評価する．家族を含めた「生活場」のアセスメントを行い，利用者と家族の関係性にも気を付ける．
連携と協働	空閑（2009）；平塚（2013）；岩間（2016）	利用者及び家族と対話するにあたり多職種と信頼関係に基づく連携・協働体制を築いておき，情報共有を円滑に行う．最終的な意思決定の共有を行うための体制を作る．
情報提供・助言	空閑（2009）；武居（2009）；山辺（2011）	今後予測される経過について利用者と家族の心情に配慮しながら，明快に理解できる方法で情報提供を行い，必要に応じて助言も行う．
希望・意向の明確化	鵜浦（2011）	気持ちが揺れることもある利用者や家族が，自分達の希望・意向を固めていけるよう傾聴したり，自分の経験を伝えたりして支援する．
代弁	空閑（2009）；武居（2009）；山辺（2011）；鵜浦（2011）	利用者や家族が自分の本当の気持ちを表出できるように働きかけたり，利用者の尊厳を守るための意見を本人に代わり発信する．
調整	空閑（2009）；武居（2009）；山辺（2011）；鵜浦（2011）	利用者・家族・専門職など関係者の気持ちや意見に隔たりがある場合，お互い納得できる結論が得られるよう第三者として間に入り調整を行う．
直接援助	空閑（2009）；武居（2009）	利用者のニーズや希望があるにも関わらず，それを満たすサービス資源の調整がつかない場合に，自ら直接援助によるサービス提供を行う
開発・社会変革	岡村（1983）；空閑（2009）；山辺（2011）	利用者本人の希望を叶えられるような社会資源が存在しない場合，新たな社会資源の開発を行う．また，本人や家族が「意思決定の共有」を行いやすいような社会意識の醸成を行う．
精神的支援	空閑（2009）；武居（2009）	迷いながら結論を出した利用者と家族の決定を支持し，その意思決定をケアチームも共有していることを伝える．合意形成を行う中で下げざるを得なかった思いへの目配りも行う．

第5章　研究の枠組みと分析の視点：希望、全人的な視点、ソーシャルワークの機能

第3節　調査の概要

　以下では、本研究で分析に用いたデータのもととなる調査の概要について述べていく。

1　単身高齢者を対象とするインタビュー調査（【調査Ⅰ】、第6章）

　本調査は、関東地方にあるZ地域包括支援センターの協力を得て行った単身高齢者調査である。この【調査Ⅰ】では「単身高齢者が将来に関してどのような不安や希望を抱いているか」を明らかにすることを目的とした。「希望」のみならず「不安」についても尋ねているのは、日常的に人々が口にする「将来に対する不安」は、何らかの「将来への希望」の裏返しであるという、筆者の考えに基づくものである[17]。なお、調査協力者への侵襲性にも配慮して婉曲的に「将来」という表現を取っているが、この「将来」には「人生の最期」や「死後」に関することといった問題意識が研究開始当初から含まれていた。

　調査協力者の選定にあたっては、「65歳から90代までの単身高齢者[18]で、認知症の診断を受けておらず、基本的なコミュニケーションに問題のない方」という条件を指定してZ地域包括支援センターに調査協力者の紹介を依頼し、最終的に8名の協力を得て将来に関する意識調査を行った。

　インタビューは、調査対象者の自宅またはZ地域包括支援センターを運営する法人の施設内の一室で行った。その他調査の詳細については下記の通りである。

　【調査名】独居高齢者が抱える将来の生活への不安と希望に関する調査—意思決定のプロセスに焦点を当てて—

16) 本項におけるここまでの論述は、佐藤（2020）で展開した議論に加筆修正を行ったものである。

17) 例えば、「自分は孤独死するのではないか」という不安を抱えている人は、裏を返せば「孤独死ではなく、誰かにそばで看取ってもらうなどして、別の形で死を迎えたい」という希望を意識の底に持っていると考えることができる。同様に、「いつまでも健康で暮らしたい」という希望は、その実現が脅かされた時、「健康への不安」に転ずるといえる。

18) 調査名は「独居高齢者」としていたが、ここでは本書の表記に従い「単身高齢者」とした。以下の記述も同様である。

— 91 —

【調査目的】単身高齢者が抱く「将来の生活」に関する不安や希望の形成過程、②その不安が解消し、または希望が実現されるまでの変化の過程、および③不安の解消・希望の実現を阻害する要因を明らかにする事を目的とした。

【調査対象者】「65歳から90代までの単身高齢者で、認知症の診断を受けておらず、基本的なコミュニケーションに問題のない方」という条件を提示してZ地域包括支援センターに紹介を受けた単身高齢者8名

【調査方法】インタビューガイドを用いた半構造化面接による個別インタビュー

【調査項目】

（1）調査協力者の基本属性（年齢、ひとり暮らしの年数、ひとり暮らしになったきっかけ等）

（2）将来の生活に対する不安の有無とその内容

（3）将来の生活への希望の有無とその内容

（4）不安解消・希望実現に向けた自助努力の内容

【調査時期】2013年8月〜10月

【倫理的配慮】日本社会事業大学社会事業研究所研究倫理審査委員会の承認を受けた後に実施した（受付番号：13-0310、承認日：2013年7月25日）。

第6章で詳述するが、本研究ではこのうち「兄弟姉妹がキーパーソンとなっている人」、「甥・姪やそれ以上に遠い親族がキーパーソンとなっている人」、「キーパーソンとなっている子どもとの交流が月1回未満の人」、「キーパーソンとなる親族がおらず、身寄りのない人」といういずれかの条件にあてはまる単身高齢者7名を分析対象者としている。

2　介護支援専門員を対象とするインタビュー調査（【調査Ⅱ】及び【調査Ⅲ】、第7章）

　本研究で取り上げる介護支援専門員を対象とするインタビュー調査は、実施時期の関係で2つに分かれている。1つは2015年9月～2016年2月に実施した「【調査Ⅱ】ターミナル期を迎えた高齢者の『人生の最終段階における希望』に関する専門職調査」である。もう1つは「【調査Ⅲ】高齢者が人生の最終段階に抱く『希望』と『事前準備』に関する専門職調査」であり、2017年8月～2018年3月にかけて実施した。

　これは先に始めていた【調査Ⅱ】の、研究倫理審査委員会に申請していた研究期間が一度終了した関係によるもので、【調査Ⅱ】の継続申請をして実施に至ったのが【調査Ⅲ】である。そのため【調査Ⅱ】と【調査Ⅲ】で実際の調査項目等は大きく変わらない。ただし、【調査Ⅱ】では介護支援専門員に限らず医師や看護師、介護福祉士など様々な職種を対象とし、担当利用者（単身高齢者）の紹介等は依頼しておらず、専門職のみを対象としたインタビュー調査であった。一方、【調査Ⅱ】の継続申請を行って実施した【調査Ⅲ】は主な調査対象が介護支援専門員となり、同時に担当利用者である単身高齢者の紹介依頼も行ったため、当該利用者との実際の話し合いの状況などについても尋ねたという点で、インタビューの焦点の置き方に若干の違いはあった。

　【調査Ⅱ】、【調査Ⅲ】とも、インタビューは調査協力者が所属する支援機関の一室、または調査協力者が指定したオープンスペース等の比較的静かな環境で行った。

　調査協力者の選定方法は、【調査Ⅱ】と【調査Ⅲ】で若干異なる。まず様々な職種を対象に行った【調査Ⅱ】では、高齢者の看取りについて先進的な実践を行っているとして新聞や書籍等のメディアに取り上げられている全国の事業所を選定し、直接インタビューの交渉を行った上で、後述する調査対象者の条件を満

たす職員にインタビューを実施した。各事業所でインタビューを実施した職員は1～3名であり、複数名に実施できたところでは可能な限り職種の異なる職員（医師、看護師、介護支援専門員など）の紹介を依頼した。また、事業所の種別もできるだけ様々な形態の場所（在宅療養支援診療所、訪問看護ステーション、特別養護老人ホーム、ホームホスピス等）で話を聞けるよう、調査依頼先を選定する際に配慮した。本研究で分析対象とするのはこのうち介護支援専門員に話を聞けたケースである。

　一方、【調査Ⅲ】では介護支援専門員を主な調査対象として設定した。調査協力者の選定にあたっては、在宅での看取り実践を数多く行っているとしてメディア等に取り上げられることの多い在宅療養支援診療所に、日頃から連携することの多い介護支援専門員の紹介を依頼したほか、研究者が個人的に知り合った介護支援専門員や調査協力者からも、看取り経験の豊富な介護支援専門員の紹介を得て実施した[19]。なお、調査協力者となった介護支援専門員にはさらに担当している単身高齢者の紹介も依頼したが、条件を満たす利用者が見つからず、介護支援専門員のみにインタビューを実施したケースも5件あった。

　その他調査の詳細については下記の通りである。

【調査名】

（Ⅱ）ターミナル期を迎えた高齢者の「人生の最終段階における希望」に関する専門職調査

（Ⅲ）高齢者が人生の最終段階に抱く「希望」と「事前準備」に関する専門職調査

【調査目的】

（Ⅱ）人生の最期が目前に迫り、自由に体を動かしたり、自らの意思を周囲に伝えたりすることも困難になりつつあるターミナル期の高齢者が、人生の最終

19）本調査は「福祉専門職の『意思決定の準備』に関する意識」を明らかにすることを目的としており、特に在宅高齢者支援の現場で活躍する介護支援専門員の現状を探ろうとするものであった。そのため調査対象者の選定にあたっては「看取り」に関わった経験をある程度有しつつも、基礎資格等の割合はできるだけ今の社会の現状に近い形が望ましい。高齢者の看取り経験が豊富な介護支援専門員を探すプロセス自体に困難があったこともあり、本調査ではいわゆる機縁法による調査協力者選定となったが、第7章で詳しく述べるように、結果として概ね実情に近い形での聴き取りができた。

段階にどのような希望を抱くのか、また何が最期の心の希望となり得るのか
を、数多くの看取りに立ち会ってきた医療・福祉専門職へのインタビュー調
査により明らかにする。

（Ⅲ）「人生の最終段階」を意識し始めた高齢者が、①人生の最期の迎え方に関
してどのような希望を抱くのか、②そのような希望を周囲にどのように伝え
ていくべきか、③最期の瞬間には何が心の希望となり得るのかを、数多くの
看取りに立ち会ってきた医療・福祉専門職へのインタビュー調査から明らか
にする。

【調査対象者】

（Ⅱ）看取り実践の先駆的事例として知られるホスピス、医療機関、介護福祉施
設、NPO法人等に勤務する医療・福祉専門職で、①現在の職場で3年以上、
または前職と合わせ看取りに関わる仕事を3年以上経験している、②75歳
以上高齢者の看取りに関わった件数10件以上、③国家資格保持者（看護
師、介護福祉士、社会福祉士、医師等）およびそれに準じる者、という3点
を満たしている者

（Ⅲ）①現在の職場で3年以上、または前職と合わせ看取りに関わる仕事を3年
以上経験している、②75歳以上高齢者の看取りに関わった件数10件以上、
③国家資格保持者（看護師、介護福祉士、社会福祉士、医師等）またはそれ
に準じる者、という3点を満たす介護支援専門員等の福祉専門職

【調査方法】

（Ⅱ）（Ⅲ）インタビューガイドを用いた半構造化面接による個別インタビュー

【調査項目】

（Ⅱ）（Ⅲ）とも主に下記の内容を尋ねた。

（1）調査協力者の基本属性（年齢、保有資格、看取りに関する職務経験等）

　（2）人生の最終段階における高齢者の希望および課題

（３）高齢者の属性による違い

（４）高齢者が人生の最終段階に関する準備を始めるべき時期

（５）印象に残っている看取りの経験

【調査時期】

（Ⅱ）2015 年 9 月〜 2016 年 2 月

（Ⅲ）2017 年 8 月〜 2018 年 3 月

【倫理的配慮】

（Ⅱ）日本社会事業大学社会事業研究所研究倫理審査委員会の承認を受けた後に
　　実施した（受付番号：15-0308、承認日：2015 年 8 月 6 日）。

（Ⅲ）日本社会事業大学社会事業研究所研究倫理審査委員会の承認を受けた後に
　　実施した（受付番号：16-1203、承認日：2017 年 5 月 11 日）。

【研究助成】

（Ⅱ）本研究は平成 27 年度笹川科学研究助成による助成を受けて実施した。

（Ⅲ）本研究は平成 29 年度明治安田こころの健康財団による研究助成を受けて
　　実施した。

　第 7 章で詳述するが、本研究ではこのうち介護支援専門員として業務に携わっ
ている専門職 16 名を分析対象とした。

3　単身高齢者と担当介護支援専門員へのインタビュー調査（【調査Ⅲ】及び 【調査Ⅳ】、第 8 章)

　単身高齢者 12 名と、その担当介護支援専門員 12 名の計 12 組 24 名を対象に個
別インタビュー調査を行った。この調査では単身高齢者が人生の最終段階につい
てどのような希望を抱き、どのような準備を進めているのか、またそのような希
望を家族や福祉専門職など周囲の人とどのように話し合っているのかを明らかに

第 5 章　研究の枠組みと分析の視点：希望、全人的な視点、ソーシャルワークの機能

することを目的とした。

　調査協力者の選定にあたってはまず高齢者の看取りに関わった経験が豊富な介護支援専門員に調査協力を打診し、担当利用者の中で「ひとり暮らし」「75 歳以上」など条件を満たす利用者の紹介を依頼した。その上で、単身高齢者と介護支援専門員を対象に、それぞれ個別でのインタビュー調査を実施した。介護支援専門員を対象とするインタビューは支援機関の一室または喫茶店等の調査協力者が指定した環境で行い（【調査Ⅲ】）、単身高齢者を対象とするインタビューは調査協力者の自宅で行った（【調査Ⅳ】）。なお、単身高齢者の希望でインタビューの途中まで担当介護支援専門員が同席したケースが 3 件あった。

　その他調査の詳細は下記の通りである。

【調査名】

（Ⅲ）高齢者が人生の最終段階に抱く「希望」と「事前準備」に関する専門職調査（本節第 2 項の記述に同じ。以下、「介護支援専門員インタビュー」とする）

（Ⅳ）人生の最終章に抱く「希望」と「事前準備」に関する高齢者調査（以下、「単身高齢者インタビュー」とする）

【調査目的】

（Ⅲ）介護支援専門員インタビュー：本節第 2 項の記述に同じ

（Ⅳ）単身高齢者インタビュー：高齢者が①自身の最期の迎え方についてどのような希望を抱いているか、②その希望を叶えるための準備をどのように進めているか、③自身の最期の迎え方について、周囲の人や専門職とどのように話し合っているのかを、高齢者本人の語りから明らかにする。

【調査対象者】

（Ⅲ）介護支援専門員インタビュー：本節第 2 項の記述に同じ

（Ⅳ）単身高齢者インタビュー：（Ⅲ）の調査協力者となった専門職による支援
　　を受けており、75歳以上で認知症の診断を受けていない単身高齢者

【調査方法】

（Ⅲ）（Ⅳ）インタビューガイドを用いた半構造化面接による個別インタビュー

【調査項目】

（Ⅲ）介護支援専門員インタビュー：本節第2項の記述に同じ

（Ⅳ）単身高齢者インタビュー：

（1）調査協力者の基本属性（年齢、健康状態、家族・親族との交流等）

　　（2）「人生の最終章」や「終活」に関する意識と希望

　　（3）重要な他者の看取り経験・介護経験

　　（4）最期の迎え方に関する希望・不安と、周囲の方への意思表明について

　　（5）気持ちに明るさや穏やかさを与えてくれるものについて

　　（6）理想の最期の迎え方について

【調査時期】

（Ⅲ）（Ⅳ）2017年8月〜2018年3月

【倫理的配慮】

（Ⅲ）（Ⅳ）日本社会事業大学社会事業研究所研究倫理審査委員会の承認を受け
　　た後に実施した（受付番号：16-1203および16-1204、承認日：2017年5月
　　11日）。

【研究助成】

（Ⅲ）（Ⅳ）本研究は平成29年度明治安田こころの健康財団による研究助成を受
　　けて実施した。

　第8章で詳述するが、本研究ではこのうち「兄弟姉妹がキーパーソンとなって
いる人」、「甥・姪やそれ以上に遠い親族がキーパーソンとなっている人」、「キー

パーソンとなっている子どもとの交流が月1回未満の人」、「キーパーソンとなる親族がおらず、身寄りのない人」といういずれかの条件にあてはまる単身高齢者6名と、その担当介護支援専門員6名の計6ペア12名を分析対象者としている。

4　分析アプローチ（第6章〜第8章）

　なお、本研究で実施したインタビュー調査はすべて「アクティヴ・インタビュー」（Holstein & Gubrium1995=2004）の考え方を参考にしている。「アクティヴ・インタビュー」とは「すべてのインタビューで行われる会話は相互行為的な出来事である」（Holstein & Gubrium1995=2004: 18）という考え方に基づき、インタビューとはインタビュアーと回答者が協同で知識を構築していくプロセスであると見る、社会構築主義的な分析アプローチである。伝統的なインタビューでは、インタビュアーはできるだけ中立的な立場で、自分の話はせず、受動的な「回答の容器」としての回答者からいかに貯蔵されている知識や経験を引き出すかが重視されてきた。しかし「アクティヴ・インタビュー」ではインタビュアーと回答者がともに「アクティヴな存在」として意味を作り出す作業に関わるため、インタビュアー自身の自己開陳も、回答者側からインタビュアーに向けた「逆の質問」も、インタビューの重要な要素であると考える。それによりまた回答者の新たな語りが引き出されることも望ましい結果である。そしてインタビューの結果として得られる「内容」とともに、その「内容」が引き出されるまでの「プロセス」もまた同じくらい重要なものであると捉えている。こうした社会構築主義的な考え方をインタビューの実施からその後の分析に至るまで取り入れようというのがアクティヴ・インタビューの考え方である（Holstein & Gubrium1995=2004: 15-54）。

　本研究での具体例を挙げれば、例えば単身高齢者を対象としたインタビュー調査で、調査協力者の反応を見ながらインタビューを進めたため、人によっては

「延命治療」について研究者の側から多くの話題提供をしたケースもあれば、あまりそこには詳しく触れず別の話題を中心にインタビューが執り行われたケースもある。また介護支援専門員を対象としたインタビュー調査も同じインタビューガイドを用いてはいるものの、調査協力者との話の流れや時間的な制約も影響して、インタビューガイドには載っていない話題を深く掘り下げたり、逆にインタビューガイドに載っている質問でも十分に時間を割いて話ができなかったケースもある。あるいは、インタビュー当時の社会情勢やメディアによる報道がインタビュー内容に影響を与えているケースもある。こうした状況も不完全なインタビューが行われたと捉えるのではなく、あくまでインタビュアーである研究者と各調査協力者がその時々の状況の中で、協同で知識を構築する作業を行った結果であると捉えている。

第6章

単身高齢者は人生の最期に向けて
どのような希望を抱いているか

この章では単身高齢者が人生の最期に向けてどのような希望を抱いているかを、インタビュー調査から実証的に明らかにしていく。

第1節　調査の目的と概要

本調査の目的は、単身高齢者が人生の最期に向けてどのような希望を抱いているかを明らかにすることである。具体的には、将来意思決定に困難を抱える可能性がある単身高齢者が、自身の「死」や「意思能力が低下した時」に備え、どのような準備を進めたいと考えているのかを探索していく。

1　対象
第5章第3節に記載の通り。

2　調査内容と方法
第5章第3節に記載の通り。

3　分析方法
録音したインタビューの内容を逐語録に起こし、佐藤（2008）の「質的データ分析法」により分析を行った。①まず、逐語録の中から本研究と関わる部分に着目し、帰納的手法に基づいて、語りの内容を適切に表現するオープン・コーディングを行った。オープン・コーディングでは、可能な限り分析対象者の語った言葉をそのままコードとして採用し、語りが長い場合には日常語によるコーディングを行った。②次に、分析対象者間のデータを比較しながら、同様の内容であると判断したものを集合させ、オープン・コードの上位の意味を持つコードを付け

る焦点的コーディングを行った。ここでは、分析対象者自身が語った言葉も大切にしながら、各オープン・コードの内容をまとめあげるために先行研究で指摘されている概念も必要に応じて参考にしながら、コード名を付けた。③さらに、コード間の関係を検討しながら、より抽象度を上げてまとめられると判断したものについては、上位のカテゴリーとしてまとめ上げた。②〜③の作業においては、必要に応じて先行研究との比較検討を行った[1]。

　コードやカテゴリーの生成にあたっては、研究者の主観による解釈の歪みを避けるため、質的研究の分析を行った経験がある研究者、高齢者福祉の研究者及び実践家等に内容を確認してもらい、必要に応じて修正を行った。

第2節　単身高齢者インタビューの分析

1　分析対象者の属性

　分析対象者の属性を表6-1に示す。

　分析対象者の年齢は78歳〜88歳までで、性別は男性が4名、女性が3名である。キーパーソンは「弟」が3名、「甥・姪」が2名、「長男（交流なし）」が1名、「キーパーソンなし」が1名である。キーパーソンである親族と会う頻度は「月に1回」が2名、「年に数回」が1名、「不定期」が1名、「交流なし」が3名であった。このほか介護サービス等の利用状況については「訪問介護」が3名、「通所介護」が1名、「訪問看護」が1名、「利用なし」が3名である。

　分析対象者には「弟の妻」や「義弟」、「甥」などの親族と関係不良にある者3名が含まれていた。また、きょうだいがいるものの闘病中であったり、入院中であったりして十分に頼ることができないケースもあった。

---

1) この点で、本研究は帰納的手法を軸足に置きつつ、演繹的手法も組み合わせながら分析を行うものである（佐藤 2008; 91-109）。

表6-1　分析対象者の属性

ID	年齢	性別	キーパーソン （KP）	親族（KP） と会う頻度	住居の状況	介護サービス等 の状況	備　考
#1	88	男	弟	月に1回	公営住宅	利用なし（拒否に より利用中止）	弟の妻と関係不良
#2	87	女	弟	月に1回	公営住宅	通所介護　週1回	実弟は闘病中 義弟と関係不良
#3	83	女	弟	年に数回	持ち家	訪問介護　週6回 訪問看護　週1回	
#4	88	男	甥	なし	公営住宅	利用なし	甥（KP）と関係不良
#5	83	女	姪	不定期	公営住宅	訪問介護　週2回	
#6	82	男	なし	なし	持ち家	利用なし	90歳の姉が入院中
#7	78	男	長男	なし	民間賃貸 住宅	訪問介護　週2回	生活保護 子ども（KP）と交流なし

2　分析結果

　はじめに本調査を始める際の筆者の問題意識と、インタビュー調査を進める中で感じた所感を簡単に記しておく。筆者が調査に向かう上で最も関心を抱いていたのは、現在のACPが主要な論点として考えているような、人生の最終段階に受ける医療、いわゆる「延命治療」に関する問題を単身高齢者がどう考えているかということであった。これはかつて筆者自身が介護職員として特別養護老人ホームなどで勤務していた際に、「延命治療」のあり方に疑問を抱いた経験からきた問題意識でもあった。しかし、「延命治療」のような「死」を意識させる内容について高齢者本人に直接問うことは、侵襲的な質問になり得る可能性もあるという幾ばくかの遠慮と、「医療」に限らずより広い高齢者の「希望」を引き出したいという研究の観点から、この調査においては筆者の方から直接的に延命治療や最期に受けたい医療について尋ねることはしなかった。代わりに「将来に対する不安と希望」を尋ねることで、単身高齢者の様々な希望を明らかにするという手法を取ったが、結果として本研究でインタビューを行った7名の分析対象者から「医療」に関する内容が語られることはなかった。その一方で、「財産」や

第 6 章　単身高齢者は人生の最期に向けてどのような希望を抱いているか

表 6-2　単身高齢者の人生の最期に向けた希望

語りデータ（抜粋）	コード	カテゴリー
それ（有料老人ホーム）聞いてみたいんだよね．そうしたらね，入って，(#1) ／だから倒れてまるっきりもう歩けないと，こういう風になっちゃうと，そういう施設関係で，入れたり，強制的にね．もうそれしかないのかなあと，自分でそう思っているんですよ．(#7)	老人ホーム (2)	介護・療養に関する希望 (4)
ここ（自宅）でね，何とかまだのんのんとしていられて，気楽さもあるし，なんかいじけないですむからね．(#2) ／まだ足が悪いくらいでね，こうやって来られるんですからね．もうちょっと頑張ろうかなと思っていますよ．(#4)	自宅での生活 (2)	
電話番号と名前と，姪っ子と甥っ子のをきちっと書いて，もしものことがあったらこう，かけられるように．(#5) ／（不安な時の相談相手は）いないです．誰もいない．(#6) ／この先ここで倒れて，とか，それを連絡誰かして，そういう施設とか，何かそういうところに行く…そういう研究も私は何もしてないし．(#7)	緊急連絡・相談先 (3)	社会・交流に関する希望 (5)
お位牌はね．向こうに返したいし，（中略）私の方から下手に出て，これを返してね，って気になっちゃって思って，(#2) ／（和解したいという気持ちは）向こうがないからね．佐藤さんいいですよ．(#4)	親族との和解 (2)	
年金はおれ，使い道がねえよ，あれ，最後は Z さん（地域包括の職員）にみんな預けて行くよ．(#1) ／どうせ使わないあれ，誰にも予定していないお金っていうの，ない方に多少なりともあげたいっていう，そういうあれがある．(#3) ／財産なんかないですけど，それはこんな風にして下さいっていうこと (#5) ／この家をどうするかっていうのが，(#6)	財産の処分 (4)	財産・法律に関する希望 (11)
もしね，病院なんか入って，お金が少ししかないからそのお金で足りなくなったらどうしようかなあと (#2) ／今のところは何とかね，できますけど，（中略）生活保護のあれをね，そこまでは安の，家内と貯めたお金をね，ありますからね．(#4) ／年金だけで生活しなきゃならないので．あそこ（公営住宅）は出られないです，もう．安いから．(#5) ／（経済的不安は）ありますね．だから年金がどうなるかわからないからね．(#6)	生計に関すること (4)	
荷物だってこれ片づけないとね．もういつも思うの (#2) ／自分が死んだ時にどういう風にしたらいいのかっていうのが心配だったんですよ．あの荷物とかあんなのだって (#5) ／片づけるって言ったってね，ひとりじゃ片づけられないんですよ．(#6)	荷物の整理 (3)	
弟がね，姉ちゃん僕が生きている間は，墓へそこ（亡夫の家の墓）へ行きたくなかったらね，母親の墓へ入りなよといわれたの．(#2) ／あと，お墓の方も，やっぱり私もお坊さんにね，そういうお墓の方，お坊さんに顔出ししておかないとね (#2) ／自分が入るお寺の戒名，お墓を買ってあるから．(#3) ／お寺が○○にあるんですよ．そこへ，なんかあるとね，私はね，ちゃんと行ってますよ．(#4) ／私はほら，あれがないからね，あの，子どもがいないから，親の…お寺へ，入れるわけなんですよ．(#4) ／主人の方は永代供養できっとしてしまったから，私は実家にお骨を持って行って，お母さんたちと同じお墓に入れてちょうだいって姪っ子たちに頼んである．(#5)	お墓 (6)	死後のことに関する希望 (12)
まあお葬式代くらいはね，まあ一応，保険であれしてありますけど，(#2) ／私もひとりだしね．（中略）…だから，「おじさん，亡くなったら区でそういうの見てくれるあれがあるんだからね」「ああ，結構だよ」．(#4) ／姪っ子たちを呼んで，まあ「貯金はこれくらいしかないけど，これで，お葬式なんかはしないで」って．(#5)	葬儀と死後の手続き (3)	
このまま逝った時に，すぐ見つかればいいけど，見つかんないと，ここの人たちに迷惑かけるなと思うけどね．だからそれがいつも心配なの．孤独死でもすぐ見つかってくれてね，まああとは私は野となれ山となれだけど，(#2) ／ひとりだから不安はあるんですよ，（中略）先行き，あの…ひとりで死んじゃったらどうなるんだろうと，(#6) ／具合が悪くなったり，まあいわゆる病院に入るとか，その先命落とすとかなると，誰がどうする，どうなるのかなと，(#7)	孤独死に関すること (3)	

「生計」などの経済的な内容や、「お墓」や「葬儀」に関する思いが多数語られる結果となり、単身高齢者にとっては「医療」よりも「財産・法律」や「死後のこと」に関わる希望が、今の生活の中で重要な位置を占めているのだという事実を確認することとなった。

　以上は本調査に向かうにあたっての筆者の問題意識と、調査を進める中で明らかになった結果の概略である。以下、詳細な分析結果について述べていく。

　「単身高齢者の人生の最期に向けた希望」をテーマに分析した結果、10のコードを見出し、そこから4つのカテゴリーを生成した。生成したコード・カテゴリーの一覧を**表6-2**に示す。

　表中、各カテゴリー・コードの下に括弧つきで記載した数字は、コードやカテゴリーのもととなった語りの件数を参考までに示している[2]。以下、カテゴリー名を【　】で、コード名を＜＞で記した。フォントが変わっている部分（Meiryo UI体）はインタビューでの語りで、「Q」は研究者による発言を表し、（　）内は筆者による意味内容の補足である。

　生成したカテゴリーは【介護・療養に関する希望】、【社会・交流に関する希望】、【財産・法律に関する希望】、【死後のことに関する希望】の4つである。各カテゴリーの詳細を以下に記す。

2.1　【介護・療養に関する希望】

　【介護・療養に関する希望】は、＜老人ホーム＞、＜自宅での生活＞という2つのコードから構成される。

　＜老人ホーム＞は、今後の生活に不安を抱える単身高齢者が将来の選択肢として、老人ホームなどでの生活も考えたいという希望などから生成したコードである。

　一方、＜自宅での生活＞はひとりの暮らしであっても、老人ホーム等には入ら

---

2) なお、各コードやカテゴリーの下に括弧つきで記載した数字は発言者の数ではなく、コード・カテゴリーの元となった語りの数である。そのため一部同じ発言者の語りが複数回記載されているケースもある。同じ発言者の語りであるため内容が似通っている部分もあるが、インタビューの中で少々違う文脈で出てきた語りについては若干ニュアンスが異なる部分もあるため、別個にオープン・コーディングを行っている。

ずできるだけ自宅での生活を続けたいという単身高齢者の語りから生成したコードである。例えば以下のような語りがある。

> #2：うーん、私ね、老人ホーム…入ってどうかなあ。やっていけるかどうかわからないのよねえ。（中略）ここ（自宅）でね、何とかまだのんのんとしていられて。
> Q：一人暮らしの気楽さっていうのも…
> #2：気楽さもあるし、なんかいじけないですむからね。変なところ入っていじけるの嫌だしねえ。年を取るとやっぱりそういうのがあるのよね、どうしてもね。

　＜老人ホーム＞、＜自宅での生活＞はいずれもこの先介護などの支援が今以上に必要になった時の療養場所に関する内容であることから【介護・療養に関する希望】というカテゴリーとしてまとめた。

2.2　【社会・交流に関する希望】

　【社会・交流に関する希望】は、本研究では＜緊急連絡・相談先＞、＜親族との和解＞という2つのコードから生成した。
　＜緊急連絡・相談先＞は、ひとり暮らしでの生活に何か有事が起きた時の連絡先・相談先に関する語りから生成したコードである。この語りには「離れたところに住む親族の連絡先を福祉関係者などとも共有している」というあらかじめ準備がしっかりできているケースと、「いざという時にどこに連絡・相談すれば良いのかわからない」という頼る先が見つかっていないケースの2種類があった。例えば、以下の語りは本人が自ら様々な関係者に連絡先の共有を図っているケースである。

> #5：全部こう、電話番号と名前と、姪っ子と甥っ子のをきちっと書いて、もしものこと

があったらこう、かけられるように。それからその、何ていうんですか、今の来てくれる方。ケアマネージャーさんの電話番号とか名前とかもきちんと書いて、みんな電話の壁のところ（笑）。全部書いて。だから大丈夫だと思うんですけどね。

　一方、下記のようにいざという時の連絡先や頼るべき相談先がないと感じており、途方に暮れているケースもある。

　　　#7：これからね、1年か、3年か5年かわからないけど、この先ここで倒れて、とか、それを連絡誰かして、そういう施設とか、何かそういうところに行く…そういう研究も私は何もしてないし。と、そういうことです。

　上記の語りは自らの体調に異変が起こり倒れた時に備えた連絡先がないと感じており、何かあった時の見通しが立たない不安を抱えていた。
　一方、＜親族との和解＞は過去に関係を悪くしてしまった親族と、様々な事情から和解しておきたい様子がうかがえる単身高齢者の語りから生成したものである。例えば以下のような語りがあった。

　　　#4：甥っ子がね。甥っ子が2人、姪っ子が2人いるんですよ。（中略）私がね、子どもの時なんかあんた、自分の子みたいにね、お風呂に連れてね、町の風呂屋へ。それで、近所の人、知らない人が、「あんたの子ども？」なんつって、「毎日偉いね、お風呂に入れに」。そういうことをやっていて、…何が気に入らないかね。あるんでしょ、やっぱり。だからいいよって。（中略）
　　　Q：どうですか、何かね、そういうすれ違いがあったのかもしれないと思いますけど…
　　　#4：そうそう。
　　　Q：仲直りというかね、和解したいという気持ちはお有りですか。

#4：向こうがないからね。佐藤さんいいですよ。

　この語りでは、口では「（和解は）いいですよ」といいつつも、「向こうがないからね」という言葉から、相手（甥）が歩み寄ってくれる気持ちを持っていて、和解できるのであればしたいという心の奥底にある思いが感じ取れる。

　＜緊急連絡・相談先＞、＜親族との和解＞はいずれも、人生の最終段階における社会関係や、日頃疎遠になっている親族との交流に関する希望であることから、【社会・交流に関する希望】と名付けた。

2.3 【財産・法律に関する希望】

　【財産・法律に関する希望】は、＜財産の処分＞、＜生計に関すること＞、＜荷物の整理＞という3つのコードから構成される。

　＜財産の処分＞は、自らの死後に保有するお金や不動産等をどのように処分するか、自らの希望を有していたり、あるいはどうすればいいかわからないという単身高齢者の語りから生成した。例えば以下のような語りがあった。

　　#3：私もこれは、すごくあれ。誰かに会ったら相談したいと思う。（中略）一生懸命
　　　　働いて年取って、どうせ使わないあれ、誰にも予定していないお金っていうの、な
　　　　い方に多少なりともあげたいっていう。そういうあれがある。

　上記の語りからは財産の処分について「誰かに会ったら相談したい」と述べつつ、具体的な「誰か」の当てがついていないため準備が進んでいない様子がうかがえる。

　＜生計に関すること＞は、高齢期になり収入源が限られ経済的な不安も出てくる中での、高齢者の語りから生成した。自分の生計の範囲で今後の生活をどのよ

うにやり繰りしていきたいと考えているかを語ったものとなるが、それらの多くは「住まい」の問題とも直結するものであった。

> #4：私たちが、そういうの（老人ホームへの入居）を、できたらね。そりゃ、ね。マンション持っているとか、自分の家だとか、そういう人はね。入居金払うとか、保証金払うとかできるけど。（中略）公営にあんた、安い家賃で生活している人は、それできないですよ。

> #5：私はいられる間は、そこ（公営住宅）にいた方が、お家賃も安いし。（中略）年金だけで生活しなきゃならないので。あそこは出られないです、もう。

　＜荷物の整理＞は、身の回りの所持品等の整理を自分が元気な間に進めておき、後に残された人にかかる負担をできるだけ少なくしておきたいという単身高齢者の語りから生成した。＜荷物の整理＞を進めることは、時に高齢者本人の経済面に影響を与えることもあるため、本カテゴリーに含むこととした。
　＜財産の処分＞、＜生計に関すること＞、＜荷物の整理＞はいずれも各自の保有する貯金や資産に関わる内容であり、時に法律家の支援を得て進める必要がある内容も含まれることから、【財産・法律に関する希望】というカテゴリーとしてまとめた。

2.4　【死後のことに関する希望】

　【死後のことに関する希望】は、＜お墓＞、＜葬儀と死後の手続き＞、＜孤独死に関すること＞という３つのコードから構成される。
　＜お墓＞は自分の死後に入るお墓に関する希望や、寺院との関係に関する語りから生成したコードである。特に、単身高齢者からは単にお墓を準備していると

いうだけでなく、お墓を管理する寺院や僧侶との関係についての言及も度々あった。例えば以下のような語りがある。

> #2：やっぱり私もお坊さんにね、そういうお墓の方、お坊さんに顔出ししておかないとね、弟だけのあれじゃなくてね、私自体もね。

　＜葬儀と死後の手続き＞は、自身の葬儀代くらいは自分で準備しておきたいという希望や、葬儀とその後の様々な死後の手続きに関する単身高齢者の希望が感じられる語りから生成したコードである。例えば以下のような語りがある。

> #5：ただ子どもがいないから、いろんなこと心配して、そうやって自分で考えて、いろんな人にお願いしたり、姪っ子たちを呼んで、まぁ「貯金はこれくらいしかないけど、これで。お葬式なんかはしないで」って。（中略）いろんなことをお話して、頼んであるんです。だからそういう、死んだ後のことはやってくれるっていうこと。

　このケースでは「子どもがいない」ことから、自らの死後のことに関する様々な心配を抱き、実家にいる姪と甥に自らの葬儀に関する意向などを明確に伝えていた。一方、親族との関係が悪いため自身の死後のことを心配しつつ、結局は行政に頼るしかないと感じている下記のようなケースもあった。

> #4：「おじさん死んだらね、悪いけどね、○○区で見てもらってくれよ」って。（中略）まぁ、ね。…私も一人だしね。最期、どうなるかわからないけどね。そういうのはね、またわかるでしょう。…だから、「おじさん、亡くなったら○○区でそういうの見てくれるあれがあるんだからね」「ああ、結構だよ」。

＜孤独死に関すること＞は、孤独死による周囲への影響の心配や、そもそもひとりで倒れたり、死んでしまったりするとどうなるのだろうかという漠然とした不安に関する語りから生成したコードである。ここには以下のような語りが含まれる。

> #2：とにかく希望よりも一人だからね、なんかここであった時に、このまま逝った時に、すぐに見つかればいいけど、見つかんないと、ここの人たちに迷惑かけたくないと思うけどねえ。だからそれがいつも心配なのよ。
>
> Q：2軒隣で、前あったとおっしゃっていましたね。孤独死。
>
> #2：そんなの見ているからね。だから孤独死でもすぐ見つかってくれてね、まぁあとは私は野となれ山となれだけど。やっぱり皆さんに迷惑かけたくないのでねえ。

高齢で一人で生活している以上、孤独死自体は覚悟ができているが、発見が遅れることにより周囲の人に迷惑をかけたくないという思いが上記では語られていた。

＜お墓＞、＜葬儀と死後の手続き＞、＜孤独死に関すること＞はいずれも、自らの死後に関する様々な不安や希望を語ったものであることから、【死後のことに関する希望】というカテゴリーとしてまとめた。

3　事例検討

前項では7名の語りから単身高齢者の人生の最期に向けた希望を4つのカテゴリーにまとめたが、いうまでもなく高齢者一人ひとりのおかれた状況は多様である。特に「意思決定の準備」という観点からは、「兄弟姉妹」や「甥・姪」のサポートが比較的手厚く、ある程度コミュニケーションが取れているため専門職による支援の必要性が低いケースもあれば、関係が良くなかったり、頼る相手がい

第 6 章　単身高齢者は人生の最期に向けてどのような希望を抱いているか

なかったりするために専門職による関わりの必要性が高いと考えられるケースもある。

　以下では表 6-1 で挙げた単身高齢者のうち「#2」、「#6」、「#7」という 3 名を取り上げ、より深く掘り下げていく。

3.1　事例 #2（87 歳女性）

　#2 は 20 年弱前に夫と死別してから、ずっとひとり暮らしを続けている。4 人きょうだいだったが妹 2 人もすでに亡くなっており、14 歳離れた実弟が日頃から様々な面でサポートを提供してくれていた。お墓をどうするかなど自身の死後のことについても実弟に相談できているため、この点で専門職による「意思決定の準備」に関する支援の必要性は低く見えるが、問題はこの実弟に命に関わる大きな病気が発覚し、現在十分なサポートを受けられなくなっている点である。実際、#2 は下記のように語っている。

> Q：そういう風に（服などの荷物を）整理したいなと思いだしたのはいつ頃からなんですか。
>
> #2：それは、今年の春からです。結局弟が今まで来てくれてやってくれていたでしょ。それが今、弟はそれどころじゃないじゃない、自分の病気で。もう力が出ない。この間来てくれた時だってもうこんんになっていたんですよ、痩せちゃって。

　14 歳年の離れた実弟ではあるが万が一、#2 よりも先に実弟が病気のため長期入院をすることになったり、不慮の事態で #2 のサポートが全くできない状態になったりした場合、#2 の人生の最期に向けた希望を知る者が身近にいなくなってしまう状況になる。

　一方、#2 は義弟（亡くなった夫の弟）との関係についても語っているが、こ

— 113 —

ちらは数年来交流がなく、サポートを得ることは難しい状況である。

> #2：だからそれを電話でね、「もし僕がいなくなったら（夫の母の財産が）義姉さんの
> ものに全部なる」とか何とかって（義弟から）電話があったんで、悪いけど私ね、
> そういうもの一切いらないから、その代わりお付き合いできるかできないかね、あな
> た次第だからって電話切っちゃったんですよ。そしたらやっぱり向こうも面白くなかった
> らしくて、それっきりです。向こうも結婚していないから一人なんですけどね。だから
> もう60、70くらいになるでしょうね。
> Q：それはもうその、3年くらいは連絡を取られていないということですか。
> #2：はい、そうですね。

　#2は元気な間に夫の位牌を義弟に返したいという思いを持っているが、一度
電話をかけたもののつながらず、それっきり行動に起こせていないという。

> #2：弟がね、主人のあれがあるでしょ、お位牌。あれを面倒見きれないから、もう長
> く生きられないから、お義弟さんのところへ返せっていうんですよ、お願いしますっ
> て、持って行ってみろっていうの、話をして。だけど電話は一度かけたけど、通じな
> かったしねえ。

　こうした親族状況から、唯一のサポート源である実弟に不慮の事態が起こった
場合、#2は天涯孤独の身となり、本人の人生の最期に向けた希望を知る人がい
なくなってしまうというリスクを抱えていることがわかる。

3.2　事例 #6（82歳男性）

　#6は結婚歴がなく、子どももいない。2人の姉と一緒に暮らしていたが、次

第6章　単身高齢者は人生の最期に向けてどのような希望を抱いているか

姉が約2年前に亡くなり、8歳年上の長姉は現在入院中で、司法書士の後見人による支援を受けている。2人の姉も結婚していなかったため甥や姪もおらず、入院中の姉によるサポートも期待できないことを考えれば、#6は天涯孤独に近い身である。そのため、このまま一人で死を迎えるようなことになった時に、どうなってしまうのだろうという漠然とした不安を抱えている。

　　Q：お子さんもいらっしゃらないということなんですね。

　　#6：いない、いない。だから一人だから不安はあるんですよ。

　　Q：どんな不安がありますか。

　　#6：いや、先行き。先行き、あの…一人で死んじゃったらどうなるんだろうと。誰もいないんだから。

　#6からお墓や葬儀に関する具体的な思いを聞くことはできなかったが、そうした点も含めて「先行き」に関する不安を抱えている様子が見て取れる。#6にはそうした様々な不安を相談できる相手もいないという。

　　Q：不安がやっぱりいろいろお有りだってことで、お聞きしましたけど。何かね、1つ1つ不安をどこかに相談してね、解決できるといいなと思いますけど。

　　#6：だけど相談するところがないんですよ。誰か相談するところがあればね、相談するけど、相談するところがないからね。

　#6へのインタビューは地域包括支援センターの紹介で実現したことから、実際にはセンターの職員が#6の元をしばしば訪ねているはずであるが、本人の様々な不安を払しょくするところまではインタビュー実施当時には至っていなかったようである。

— 115 —

人生の最期をどこで、どのように迎えたいかや、死後の諸事に関する #6 の希望を知る者は周囲におらず、専門職による関わりの必要性が高い事例であるといえる。

3.3 事例 #7（78 歳男性）

#7 には結婚歴があり、長女と長男の 2 人の子どもがいるが、いずれも籍は別になっている。長女とは全く交流がなく、長男は 1 年に 1 回、年賀状でのみかろうじて交流がある状況である。また、きょうだいは #7 を含めて 5 人いたが、そのうち 3 人はすでに亡くなっており、唯一残っている下の妹は電車で 1 時間ほどの距離にいるものの現在はほとんど交流がないという。インタビューを行った当時、#7 はここ 1 年ほど体調に不安を抱えていると語った。そのため、自分の身に何かあった時に誰がどのようにサポートしてくれるのか、わからない不安があるという。

> Q：じゃあ今、ご家族やご親戚でね、特別連絡を取り合っているという方は、あまりいませんか。
>
> #7：ないですね。ですからこれ私、具合が悪くなったり、まぁいわゆる病院に入るとか、その先命落とすとかなると、誰がどうする、どうなるのかなと。
>
> Q：あ、そういう不安がある…
>
> #7：それは、ざっくばらんにね。お宅か、いわゆる△△さん（地域包括支援センターの職員）の方で、こういう…最終的にね。そういう面倒見てくれるのかな。それは、僕は聞いたことないんですよ。

#7 は生活保護を受給しているため、万一本人が亡くなり親族が交流のないことを理由に引き取りを拒んだ場合、生活保護のケースワーカーが支援に入ること

になる可能性が高いが、#7からケースワーカーに関する言及はなかった。

　一方、#7は長男と年賀状のやり取りだけはしているため、連絡を取ろうと思えば取れないことはないという。しかし将来のことについて子どもには相談したことがないと語る。

> #7：子どもにも相談はしたことないんですよ、まだ。だから子どももおそらく、縁は切れてね、戸籍上はないけども、でも、年に1回くらい、年賀状は来ますよ。だから、親と思っているのか知らんけど、親と思っているんだろうと思うんだけど。その、先行きは、子どもに真剣にね。そんなこと聞いたことないし、聞きづらいしね。

　一方、子どもに相談すれば返事くれるのではないかという見通しも#7は語った。

> Q：どうですか、お子さん。やっぱりね、もし相談できるならしたいなあというお気持ちというのはあるんですか。
>
> #7：子ども？　いやそれは、何らかの返事はよこすでしょ。相談には乗ると思うんですよ。（中略）まぁそういう風にもう何年前の、いわゆる戸籍上のね。あれは縁が切れているから。だからそのような事が、ここで私が倒れて病気で病院へ行ったとか、行って入院するとか言った時に子どもがどういう風に動いてくれるか。それで連絡があるわけだけどね。そんなこと聞けないじゃない。俺のことどう思っているかとか。
>
> Q：そうですか、聞けないですかね、なかなか。聞きたいところですけどね。
>
> #7：聞きたいところだけど。まぁ、それは相応のね、処理は、というか考えは持っていると、私は想像しているんですよ。

　#7は現在、子どもやきょうだいとの交流はほぼなく、日常的なサポートや、

本人が感じている思いの共有等は難しい状況にある。長男には相談すれば何らか
の返事がもらえるのではないかという見通しを持っているが、実際には #7 から
連絡することはしていない。

　このまま #7 が倒れて自分の意思を表出できない状況で入院することになった
り、あるいは亡くなったりしてしまった場合、本人の希望や思いを知る人がいな
いまま様々な意思決定や手続きを、周囲の者は進めなければならないことが予測
される。

第3節　小括

1　全人的な視点と単身高齢者の希望

　この章では、単身高齢者の人生の最期に向けた希望を明らかにすることを目的
とし、将来意思決定に困難を抱える可能性がある単身高齢者が、自身の「死」や
「意思能力が低下した時」に備え、将来に向けてどのような種類の準備を進めた
いと考えているのかをインタビュー調査の分析から明らかにしてきた。

　分析の結果、【介護・療養に関する希望】、【社会・交流に関する希望】、【財
産・法律に関する希望】、【死後のことに関する希望】の4つのカテゴリーを見出
し、高齢者が様々な希望を抱いていることが明らかになった。単身高齢者の中に
は、こうした希望の一部について月に1回ほど交流のある親族と相談しながら準
備を進めている者もいたが、「兄弟姉妹がキーパーソンになっているケース」で
は頼りにしていた兄弟姉妹が体調を崩し、十分なサポートを得られなくなってい
るケースもあった。また、そもそも頼るべき親族がいなかったり、いたとしても
交流がほぼ途絶えていたりするケースでは、単身高齢者本人の希望を身近で知る
者がいない状況にあることも明らかになった。

表 6-3　単身高齢者の人生の最期に向けた希望と「全人的な視点」

既存理論としての 「全人的な視点」	本研究における 「全人的な視点」	インタビューデータ から生成したコード
身体・生物	医療	
	介護・療養	老人ホーム 自宅での生活
社会	社会・交流	**緊急連絡・相談先** **親族との和解**
	財産・法律	生計に関すること 財産処分 荷物の整理
文化	死後のこと	お墓 葬儀と死後の手続き 孤独死に関すること
スピリチュアル	宗教・信条	
心理・精神	人生・回想	

　ここで改めて第5章第2節の「2　全人的な視点」で検討した、本研究における分析の視点と比較検討してみる。**表 6-3** は、「既存理論としての『全人的な視点』」、「本研究における『全人的な視点』」及び「インタビューデータから生成したコード」の対応関係を示したものである。「本研究における『全人的な視点』」は、**表 6-2** において「カテゴリー」の命名に活用している。

　この表にもある通り、本研究で明らかにできたのは当初想定していた「全人的な視点」の一部である。例えば既存理論でいう「身体・生物」のうち、本研究で特に具体的な視点として挙げた「医療」については、今回の分析対象者7名から語られることがなかった。同様に、既存理論でいう「スピリチュアル」及び「心理・精神」、本研究に即した視点としての「宗教・信条」と「人生・回想」に関する希望についても、直接的な語りは得られなかった。

　今回のインタビューで得られたデータのうち、「お墓」に関連するところでは例えば、「何かあれば、お寺へ私は行ってますよ。」（#4）という語りもあり、見方によってはこれが「宗教・信条」と関わる内容であるといえるケースもあるか

もしれない。しかし、本研究のインタビューにおいては、分析対象者の発言が「宗教・信条」に関する希望について語ったものであるとは捉えられなかったため、今回**表5-3**において「宗教・信条」の枠内にデータの位置付けは行わなかった。

一方、先行研究の検討などからは当初想定できていなかった点として、新たに「社会・交流」という視点の存在（**表6-3**の太字の部分）を本研究の分析から明らかにすることができた。「社会・交流」に関わる高齢者の希望は、福祉専門職による支援が期待される領域であるともいえ、先行研究では十分に言及されていなかったものを本研究の分析で明らかにできた意義は大きい。

2 本研究の限界

本研究の限界として、インタビュー調査に協力してくれる単身高齢者の一定期間内での選定には困難があり、分析対象者の数が十分とはいえなかったことが挙げられる。質的研究の場合、インタビューを実施する上で必要な人数や回数について必ずしも標準的な基準があるわけではなく（徳田2019）、各々の研究目的に応じて必要な分析対象者の数は変わってくるが、基準となる考え方の1つに「理論的飽和」[3] の概念がある。「理論的飽和」とは、「あるカテゴリーの特性をそれ以上発展させることができるようなデータがもう見つからない状態」（Glaser & Strauss1967=1996: 86）を指す。あるテーマでのインタビューを何度も重ねるうちに、それ以上新しい話題が出てこなくなる状態と言い換えることができるかもしれない。

本研究では「単身高齢者が人生の最期に向けてどのような希望を抱いているかを明らかにすること」を目的とし、「全人的な視点」を概念枠組みとして参照しながら分析を進めたが、研究者が当初想定していた「医療」に関する希望をはじめ、「宗教・信条」や「人生・回想」に関する希望が本研究の分析対象者から語

3）「理論的飽和」と対になる概念に「理論的サンプリング」（Glaser & Strauss1967=1996: 64-112）がある。質的研究の考え方についてまとめた大谷（2018: 126-127）は、「理論的サンプリング」や「理論的飽和」はグラウンデッド・セオリー・アプローチ（以下、「GTA」とする）に固有の概念であり、GTA以外の質的研究でこれらの概念を用いることは「問題」であると述べている。Flick（2007=2011: 636-637）もまた、「理論的サンプリング」や「理論的飽和」の用語説明において「グラウンデッド・セオリー研究において」と前置きしており、この概念がGT研究に限定されるものであるような記述をしている。一方、同じ文献の中でFlickは「こ

られなかったことは既述の通りである。この7名の語りの結果をもって、現代の単身高齢者が「『医療』や『宗教・信条』、『人生・回想』に関する希望を有していない」と結論付けることはできないと考えている。なぜなら、第8章で述べていく単身高齢者への調査では「医療」に関する希望が語られたほか、筆者が別途実施したインタビュー調査に回答した高齢者や、筆者がデイサービスで勤務していた頃に接する機会の多かった高齢者の中には、「宗教・信条」や「人生・回想」に関する希望を有していると感じられる事例が複数あったためである。

　例えば、本研究では直接データとして採用できるような「人生・回想」に関する希望（自分史の作成希望など）の語りはなかった。ただし、調査を進める中でこれに近い希望があるのではないかと感じた経験はあった。それは分析対象者のうちの何人かが、本調査のテーマは「将来に対する不安と希望」であったにも関わらず、自身の過去の出来事や人生について、インタビューの中でかなりの時間を割いて語ったことである。亡き夫と共に商売をしていた頃の思い出や、かつての駆け落ちの経験について語ってくれた分析対象者もいる。本研究の「将来に対する不安と希望」という調査テーマと直接関連する内容ではなかったものの、これらの語りについては調査者も関心を持って耳を傾けたし、このような語りを聞かせてもらえることは驚きでもあった。しかもこのような経験は筆者がその後に実施した高齢者を対象とする類似のインタビューでも度々起こった。「将来」や「人生の最終段階」をテーマにしたインタビューで、「過去の人生」に関する語りがかなりのボリュームを持って現れたという事実は、一部の単身高齢者の中に「人生・回想」に関する希望が潜在していると感じられる出来事であった。これらの視点に関連する希望を単身高齢者がどの程度有しているのかについては、今後の検討課題であるといえる。

　なお、＜財産の処分＞の例として挙げた分析対象者#3の語り（p.109）は、「表6-3」との対応関係でいえば、「社会的側面」に分類されることとなる。これ

のサンプリング（筆者注：理論的サンプリング）は事例の代表性ではなく、浮かび上がりつつある理論との関連性に従って進められるのである。この原則は、質的研究におけるデータ収集の戦略一般の特徴といえる。（中略）理論的サンプリングの基本原則が、質的研究に純正かつ典型的な資料選択のやり方であることがわかるだろう。」であると述べており、「理論的サンプリング」やそれに連なる「理論的飽和」の考え方がGTAに限らず多くの質的研究に適用できるものと考えているようにもとれる（Flick2007=2011: 147-148）。本研究が採用した「質的データ分析法」の考案者である社会学者の佐藤（2015: 250-258）や、質的研究に関する初学

は第5章第2節でも述べた通り、あくまで情報の偏りや見落としを防ぐための便宜的な分類であり、実際には単身高齢者が語る1つひとつの希望には「全人的な視点」の様々な側面が関わってくる。例えば、今回分析対象者 #3 が「お金」に関する希望を語った背景には、「文化的側面」や「スピリチュアルな側面」、「心理・精神的側面」等も絡み合ってくるかもしれない。ここでは #3 とのインタビュー全体を見渡したところ、弁護士等の具体的な法律職への言及もあったことから、社会資源との関係も加味して【財産・法律に関する希望】という「社会的側面」に記載したが、この例に限らず高齢者から語られた希望をどの側面に分類し記載するかは、実際に現場でアセスメントを行う福祉専門職の裁量による部分もある。同様に、＜親族との和解＞の例として挙げた分析対象者 #4 の語り（p.108）も、**表6-3** との対応では交流をつくるという側面に着目して「社会的側面」に分類したが、「スピリチュアルな側面」や「心理・精神的側面」に関わる部分も大いにあるかもしれない。いずれにしても重要なのは、単身高齢者にとって大切な「人生の最期に向けた希望」を見落とすことのないよう、一定の「希望」に関する枠組みを専門職が備えておくことである。

前述の「理論的飽和」の判断は研究者自身が下すことになるが（Glaser & Strauss1967=1996: 90）、筆者自身が本章での分析結果について、「十分に理論的に飽和した」とまでは感じられなかった。この点は当時の筆者が置かれていた状況における時間的な制約及び調査協力先の開拓における限界があったため、今後さらなる調査研究による検証が必要な点である。

3 本研究の意義

ただし、本研究が方法として採用した有意抽出のケース選定によるインタビュー調査においては、その成否は必ずしも分析対象者の数に依存するものではなく、既存の知見やある領域での考え方と比して、これまで十分に知られていな

者向けの書籍を執筆した教育学者の太田（2019: 132-134）も、GTA 以外の質的研究における「理論的サンプリング」や「理論的飽和」の考え方に言及している。これらはいずれも質的な研究を進める際に先行研究などから導かれた一定の「枠組み」との比較で、調査対象者の選定・追加等の判断をしていく必要性を述べたものである。本研究は GTA の手続きに則ったものではないが、第5章第2節で検討した「全人的な視点」の概念枠組みに沿ってデータ分析を進めており、本研究における分析対象者数を検討する上で「理論的飽和」の概念は参照すべきものであると考えている。

かった新しい知見をもたらすことができているかどうかが肝要である[4]。その点では、本研究の成果は次の2点において有用であると考えている。

第一に、先行研究を検討した際には想定できていなかった【社会・交流に関する希望】が、インタビューデータの分析から浮かび上がってきたことである。このカテゴリーが浮上する元となったコードは、＜緊急連絡・相談先＞と＜親族との和解＞である。＜緊急連絡・相談先＞については、特別「意思決定の準備」について意識していなくても、高齢者を支援する立場の専門職が一般的に把握する情報に含まれる部分はあるかもしれない。しかし本研究で見てきたように、「どこに連絡・相談すれば良いかわからない」という単身高齢者がいる現状を考えれば、単に「緊急連絡先を把握する」ということにとどまらず、単身高齢者が頼れる先を一緒に探し、他者との関係性をつないでいくようなアプローチにまで視野を広げる必要がある。一方、＜親族との和解＞については、かつて緩和ケアの文脈において、しばしば死を迎える前の周囲との「和解」について言及がされてきた（柏木2010など）。しかし、本研究で検討した近年のACPの先行研究や、身寄りのない高齢者の死後事務に関するいくつかの報告や自治体の取組み等には、こうした「和解」についての視点がほとんど見られない状況であった。本研究で改めて＜親族との和解＞という視点をインタビュー調査から実証的に明らかにしたことは、今後の「意思決定の準備」に関する福祉実践を考えていく上で重要な知見である。

第二に、本研究ではACPに関する先行研究で多数取り上げられ、筆者自身も当初話を聞けると想定していた「医療」に関する希望が、単身高齢者の側から語られなかったことである。代わりに単身高齢者の側から豊富に語られたのは、福祉や医療の分野で研究蓄積が十分とはいえない【財産・法律に関する希望】や【死後のことに関する希望】であった。先ほど述べた「理論的飽和に至っていない」という限界はあるにしても、7名の高齢者へのインタビューで1人も「医療」

---

4) 大谷（2018: 114）は、分析に用いた概念的・理論的枠組みが適切で、精緻な分析がなされていれば、分析対象者が1人である「n=1の研究」も十分成り立つ事を指摘している。

については語らず、研究蓄積の少ないカテゴリーに関する希望が多く語られたという結果は、研究・実践を進める専門家の側と、支援を受ける立場にある単身高齢者の側との、「意思決定の準備」に関する意識の違いが示唆されるものであり、研究者の予測とは違った形で、貴重な知見を得られたと考えている。

　なお、本研究の分析対象者について補足しておくと、「将来の意思決定に困難を抱える可能性がある単身高齢者」という限定された条件の中でも、本研究では「兄弟姉妹がキーパーソンとなっている人」（#1、#2、#3）、「甥・姪やそれ以上に遠い親族がキーパーソンとなっている人」（#4、#5）、「キーパーソンとなっている子どもとの交流が月1回未満の人」（#7）、「キーパーソンとなる親族がおらず、身寄りのない人」（#6）と比較的多様な背景の対象者の語りを分析しており、この点でも一定の成果は示すことができたと考えている。

　ここまで何度か述べてきた通り、2013年に行われたこの調査では、現在ACPに関する中心的なテーマの1つともいえる「延命治療」に関する話は、単身高齢者の側から語られることがなかった。高齢者にとってあまり身近な問題ではないために語られなかったのか、念頭にはあったものの「この問題については語りたくない」という思いが先行して語られなかったのか、この調査の結果だけでは判断ができないが、実際にインタビューを行った筆者の実感としては「あまり身近な問題ではないために語られなかったのではないか」という感触があった。本調査は筆者にとって関連するテーマで初めて実施した調査であり、本章第2節でも述べた通り侵襲性に配慮して調査者の側からはあまり踏み込んだ質問や情報提供を行わなかったが、「死」や「死後」に関する話は高齢者自身が様々な関心を抱き、話をしてくれることが確認できた。そのため第8章で記述する単身高齢者への調査では、「延命治療」に対する希望や思いなども調査協力者の反応も見ながら必要に応じて尋ねていくことで、本章でこれまで述べてきたことを発展させる内容となっている。

第7章

介護支援専門員は人生の最期に関する
話し合いをどのように感じているか

この章では福祉専門職である介護支援専門員が単身高齢者との人生の最期に関する話し合いをどのように感じているか（「意思決定の準備」に関する意識）を、インタビュー調査から実証的に明らかにしていく。

第1節　調査の目的と概要

本調査の目的は、福祉専門職が単身高齢者との人生の最期に関する話し合いをどのように感じているかを明らかにすることである。具体的には、将来意思決定に困難を抱える可能性がある単身高齢者等の支援にあたり、介護支援専門員が利用者の人生の最終段階を見据えた話し合いをどのように進めようとしているのか、話し合いによる「意思決定の準備」を進める上での課題は何かを探索していく。

1　対象
第5章第3節に記載の通り。

2　調査内容と方法
第5章第3節に記載の通り。

3　分析方法
録音したインタビューの内容を逐語録に起こし、佐藤（2008）の「質的データ分析法」により分析を行った。①まず、逐語録の中から本研究と関わる部分に着目し、帰納的手法に基づいて、語りの内容を適切に表現するオープン・コーディングを行った。オープン・コーディングでは、可能な限り分析対象者の語った言

— 126 —

葉をそのままコードとして採用し、語りが長い場合には日常語によるコーディングを行った。②次に、分析対象者間のデータを比較しながら、同様の内容であると判断したものを集合させ、オープン・コードの上位の意味を持つコードを付ける焦点的コーディングを行った。ここでは、分析対象者自身が語った言葉も大切にしながら、各オープン・コードの内容をまとめあげるために先行研究で指摘されている概念も必要に応じて参考にしながら、コード名を付けた。③さらに、コード間の関係を検討しながら、より抽象度を上げてまとめられると判断したものについては、上位のカテゴリーとしてまとめ上げた。②～③の作業においては、必要に応じて先行研究との比較検討を行った[1]。

　本章で扱う専門職を対象とするインタビューの語りは、「介護支援専門員から見た『意思決定の準備』に関する単身高齢者の課題」と「『意思決定の準備』に関する介護支援専門員自身の課題」という大きく2つの軸に沿って分析した。コードやカテゴリーの生成にあたっては、研究者の主観による解釈の歪みを避けるため、質的研究の分析を行った経験がある研究者、高齢者福祉の研究者及び実践家等に内容を確認してもらい、必要に応じて修正を行った。本章の分析結果については第5章第2節で示した「人生の最終段階を支えるソーシャルワーク機能」の視点から、最終的に解釈を行った。

第2節　専門職インタビューの分析

1　分析対象者の属性

　はじめに分析対象者16名の属性を**表7-1**に示す。

　分析対象者の年代は30代が1名、40代が7名、50代が4名、60代が4名であった。性別は女性が10名、男性が6名である。

---

1) この点で、本研究は帰納的手法を軸足に置きつつ、演繹的手法も組み合わせながら分析を行うものである（佐藤 2008; 91-109）。

表 7-1　分析対象者の属性

ID	年代	性別	職種・役職	主な保有資格	看取りの経験年数	75 歳以上看取り数	所属
a	40 代	男	介護支援専門員	介護福祉士	10-19 年	約 10-29 件	居宅介護支援事業所
b	50 代	女	主任介護支援専門員	介護福祉士	10-19 年	約 100-199 件	居宅介護支援事業所
c	60 代	女	主任介護支援専門員 管理者	介護福祉士	20-29 年	約 50-99 件	居宅介護支援事業所
d	30 代	男	介護支援専門員	介護福祉士	6-9 年	約 10-29 件	居宅介護支援事業所
e	50 代	女	主任介護支援専門員 管理者	介護福祉士	6-9 年	約 10-29 件	居宅介護支援事業所
f	40 代	女	介護支援専門員	准看護師	20-29 年	約 10-29 件	居宅介護支援事業所
g	40 代	男	介護支援専門員 管理者 独立型社会福祉士事務所 管理者	社会福祉士	10-19 年	約 50-99 件	居宅介護支援事業所 独立型社会福祉士事務所
h	60 代	女	介護支援専門員 管理者	介護福祉士	10-19 年	約 10-29 件	居宅介護支援事業所
i	60 代	女	介護支援専門員	介護福祉士	10-19 年	約 10-29 件	居宅介護支援事業所
j	60 代	女	介護支援専門員	介護福祉士	10-19 年	約 30-49 件	居宅介護支援事業所
k	50 代	男	主任介護支援専門員 管理者	介護福祉士	20-29 年	約 200-299 件	居宅介護支援事業所
l	40 代	女	主任介護支援専門員	看護師	20-29 年	約 50-99 件	地域包括支援センター
m	40 代	男	主任介護支援専門員 管理者	介護福祉士 社会福祉士	20-29 年	約 30-49 件	居宅介護支援事業所
n	50 代	女	主任介護支援専門員 管理者	看護師	10-19 年	約 200-299 件	居宅介護支援事業所
o	40 代	女	介護支援専門員	介護福祉士 管理栄養士	3-5 年	約 10-29 件	居宅介護支援事業所
p	40 代	男	介護支援専門員	介護福祉士	10-19 年	約 10-29 件	居宅介護支援事業所

　職種は主任介護支援専門員が 7 名、介護支援専門員が 9 名である。16 名のうち居宅介護支援事業所の管理者を務めている者が 7 名おり、さらに独立型社会福祉士事務所の所長を兼任している者が 1 名いた。介護支援専門員を取得する前の基礎資格は介護福祉士が 12 名、看護師が 2 名、准看護師が 1 名、社会福祉士が 1 名であった。

　看取りに関する職務の経験年数は「3-5 年」が 1 名、「6-9 年」が 2 名、「10-19 年」が 8 名、「20-29 年」が 5 名であった。75 歳以上の高齢者の看取りに関わっ

第7章　介護支援専門員は人生の最期に関する話し合いをどのように感じているか

表7-2　介護支援専門員から見た「意思決定の準備」に関する単身高齢者の課題

語りデータ（抜粋）	コード	カテゴリー
大概の人が，まぁそのストレートに聞いても「別にない」っていうんですよ．（b）／ストレートに聞いても何も出て来ないので，やっぱり「こういうことを望んでいるんじゃないかな」と推測していくってことが，とても難しいことなのかなぁと思うんですよね．（m）	ストレートに聞いても将来の希望は出てこない（2）	本人から将来の希望が語られない（8）
最終的にどうしたいかっていうことを，あの，さりげなくお尋ねしても，あの，語ろうとしない方っていうのは多いですから．（j）／もう，あの，「どんどんいえばいい」というふうには思ってらっしゃらないような感じはしますね．（l）／まだまだあんまり言っちゃいけないのかなぁっていう年代が今上にいらっしゃるのかなって気はします．（l）	自分の希望を語ろうとしない（3）	
要介護とかになっていると，そしたらこう，かなり諦めちゃってる部分って日頃あると思うんですね，ご本人たちが．（l）／"希望で言ってもなぁ"っていう空気は感じますね．「なんかないんですか？」って言っても，「いや，言ってもしょうがないし」っていう答えが返ってくることもやっぱりありますので．（l）／死が近づいていることを感じている中で，できること…叶えられる希望ってとても限られてくると思うんですよね．（m）	希望を言っても仕方ないと諦めている（3）	
終活のような流れじゃない人も，やっぱりいますよね．次の，希望と言っても…わかんないっていうか…（g）／なかなかできないですね．「わかんないよ」っていわれてしまう．（l）	本人も自分の希望がわからない（2）	本人も自分の希望がわからず決められない（6）
そんなに死は遠くはないんだけど今すぐ目の前ではないっていう方にとっては，こうちょっとまだ曖昧だったりする…（b）／自分の中でもはっきりしてないっていう方も多いかなとは思うんですねぇ．（b）	明確な希望がなくはっきりしていない（2）	
"自分はこう最期はこういうふうにしたいんだ！"っていう思いを，固める時期っていうんですかね．（中略）そんなすぐにはたぶん決められないと思うんですよね．（e）／発達課題ということであれば，自分の最期をこう決めていくみたいなこと，かな．（e）	最期の希望はすぐには決められない（2）	
どういうふうに最期を迎えるかっていうのはご本人の中ではあんまりなかったんじゃないかなっていう，気がするんですねぇ．（d）／本当に最期の方になってくると，あの，認知症の症状が多いので，そういったことも全く考えない方も増えてきます．（h）／本当にターミナルになってくると，もう何も考えられない方が多い．（h）／そんなに考えてない方も増えてますね．あとはなん…，勝手にそっちでいいようにしてくれって，いうふうな方も多いですね．（j）	死や死後について考えない人もいる（4）	死や死後について考えていない（8）
ご本人たちが「そんなことは考えたくないし，考えてない」というのが課題かな．（a）／「死後のことについては考えられない」っていう人もいますから，まだ，（g）／認知症の方っていうのはとっても不安に思っていらっしゃるので，あんまり考えたくないというか…（h）／「今そんなこといわれても」っていう，普通の人がなんかそうされると嫌だなっていう反応をされる方もいます．（n）	死や死後について考えたくない人もいる（4）	
医療的な措置をしても体がそういうふうに，なんていうのかな，あの，老化していくと吸収できないのに点滴を打ったりとか，そういったことね，で，それって私たちはもう何度も何度も見てきてるので，でもそういったことはわからないんですよ，たぶん，家族も本人も（h）／人生のしまい方っていうことが…う〜ん…たぶん，誰もこう…教育する人がいなかったので，イメージできていないわけ，だから…あの〜…なんとなく先送り先送りにしたりとかいう方が結構多いなっていうのは感じますけどねぇ．（m）	亡くなる過程や人生のしまい方がわからない（2）	亡くなる過程や最期を迎える準備について知る機会がない（4）
高齢になるとこういうふうな感じでこういうふうに亡くなっていきますっていう話を知る機会があってほしいなぁとは思います．（h）／亡くなる為の準備をするっていうことの教育とかっていうのが，あの，どこでもされていなかったということが，今，とっても課題になっているのかなと思いますね．（m）	最期を迎える準備について知る機会がない（2）	

た件数は、「約10-29件」が8名、「約30-49件」が2名、「約50-99件」が3名、「約100-199件」が1名、「約200-299件」が2名であった。

　現在の所属は「地域包括支援センター」が1名、「居宅介護支援事業所」が15名で、このうち1名は前述の「独立型社会福祉士事務所」も兼務していた。

2　「意思決定の準備」に関する単身高齢者の課題

　「介護支援専門員から見た『意思決定の準備』に関する単身高齢者の課題」をテーマに分析した結果、10のコードを見出し、そこから4つのカテゴリーを生成した。生成したコード・カテゴリーの一覧を**表7-2**に示す。

　第6章と同様に表中、各カテゴリー・コードの下に括弧つきで記載した数字は、コードやカテゴリーのもととなった語りの件数を参考までに示している[2]。以下、カテゴリー名を【　】で、コード名を＜＞で記した。フォントが変わっている部分（Meiryo UI体）はインタビューでの語りで、「Q」は研究者による発言を表し、（　）内は筆者による意味内容の補足である。

　生成したカテゴリーは【本人から将来の希望が語られない】、【本人も自分の希望がわからず決められない】、【死や死後について考えていない】、【亡くなる過程や最期を迎える準備について知る機会がない】の4つである。各カテゴリーの詳細を以下に記す。

2.1　【本人から将来の希望が語られない】

　【本人から将来の希望が語られない】は、＜ストレートに聞いても将来の希望は出てこない＞、＜自分の希望を語ろうとしない＞、＜希望を言っても仕方ないと諦めている＞という3つのコードから構成される。

　＜ストレートに聞いても将来の希望は出てこない＞は、人生の最期をどのように過ごしたいと思っているのかを利用者にはっきり直接尋ねても、本人の希望を

---

2) 各コードやカテゴリーの下に括弧つきで記載した数字は発言者の数ではなく、コード・カテゴリーの元となった語りの数である。そのため一部同じ発言者の語りが複数回記載されているケースもある。同じ発言者の語りであるため内容が似通っている部分もあるが、インタビューの中で少々違う文脈で出てきた語りについては若干ニュアンスが異なる部分もあるため、別個にオープン・コーディングを行っている。

聞き取れることは稀であるという福祉専門職の実感である。例えば以下のような語りがある。

　　　b：大概の人が、まぁそのストレートに聞いても「別にない」っていうんですよ。だか
　　　　ら、それはあの、まぁストレートに聞いてもほとんど意味がないなって私は思っていて、

　そのため、専門職として本人の希望を把握するには様々な工夫が必要になるが、さりげなく尋ねるなど少しアプローチを変えても、利用者が＜自分の希望を語ろうとしない＞現状がある。

　　　j：最終的にどうしたいかっていうことを、あの、さりげなくお尋ねしても、語ろうとしない
　　　　方っていうのは多いですから。家族との関係を自ら切ったのか切られたのかそこらへ
　　　　んが見えてこない方、だけど預貯金があるから生活保護にはなれてないっていう、
　　　　そういう方たちの場合は難しいと感じて。

　生活保護を受けている高齢者の場合はケースワーカーと連携して支援にあたるが、預貯金があるために生活保護は受けておらず、家族との関係が見えてこない単身高齢者の支援で課題が生じていることを、上記の語りは示している。
　単身高齢者からなかなかはっきりとした自分の希望が語られないのには、＜希望を言っても仕方ないと諦めている＞という人も多いからではないかと、感じている福祉専門職もいる。

　　　l：おひとりってなってくると、近くに親族いないとか、あるいは天涯孤独の方ってなってく
　　　　るとこう、"希望って言ってもなぁ"っていう空気は感じますね。「なんかないんです
　　　　か？」って言っても、「いや、言ってもしょうがないし」っていう答えが返ってくること

— 131 —

もやっぱりありますので。

このように利用者との関わりの中で＜ストレートに聞いても将来の希望は出て
こない＞、＜自分の希望を語ろうとしない＞、＜希望を言っても仕方ないと諦め
ている＞という状況に福祉専門職は直面しており、これらを【本人から将来の希
望が語られない】というカテゴリーとしてまとめた。

2.2 【本人も自分の希望がわからず決められない】
　【本人も自分の希望がわからず決められない】は、＜本人も自分の希望がわか
らない＞、＜明確な希望がなくはっきりしていない＞、＜最期の希望はすぐには
決められない＞という３つのコードから構成される。
　＜本人も自分の希望がわからない＞は、利用者に人生の最期に関する希望を尋
ねても、利用者から「わからない」という答えが返ってきてしまった福祉専門職
の経験についての語りである。

　　　g：そういう終活のような流れじゃない人も、やっぱりいますよね。次の、希望と言って
　　　　　も…わかんないっていうか…

一方、＜明確な希望がなくはっきりしていない＞は、人生の最期の過ごし方に
ついて誰もが明確な希望を持っているわけではなく、はっきり答えられない人も
いるのではないかという専門職の見解である。

　　　b：希望を叶えたいって自発的に思う人は、やっぱり発信してくれるし自分で動きたい
　　　　　んだけど、"何かすればいいんだ？"みたいなことになるんですけど、うーん…、じゃぁ
　　　　　その、全部の人がそういう明確な希望持ってるかっていうと、まぁその時点で、こう

— 132 —

自分でこうなかなかねぇ、自分の中でもはっきりしてないっていう方も多いかなとは思うんですねぇ。

　＜最期の希望はすぐには決められない＞は、人生の最期の迎え方という大きな問題については、すぐには自分の希望を決められない人もいるのではないかという専門職の語りである。専門職 e は、「人生の最終段階を迎えようとしている高齢者にとっての発達課題とはどういうものだと思うか」という話題の中で、下記のような話をしている。少し長くなるが、「意思決定の準備」をテーマとする本研究においては特に重要な語りであるため、インタビューでのやり取りを下記に引用する。

　　e：自分の、まぁその最期をどうしたいのかという考えを、こう、気持ちをこう決めるというか、なんていうのかな、"自分はこう最期はこういうふうにしたいんだ！" っていう思いを、固める時期っていうんですかね。

　　Q：あぁ、なるほど。

　　e：うん、そんなすぐにはたぶん決められないと思うんですよね。先ほどすみません、あの、うちのお舅のお話をちょっと出したのでそれをちょっと引き合いに出すんだけど、常日頃からそういう、あの、構われたくない方だったんですけど、わりと早い段階から、「自分はこうしたい」ということを言っていて、少しずつそれが変わってきたんですけど、でも最終的にはもう言ってらっしゃることは 5 年ぐらい変わらなかったので。

　　Q：じゃぁその間に固まっていったっていうことで…。

　　e：そう。そうするとやっぱり家族も "本音なんだな" って思えるじゃないですか。永らく言ってきて、最期はこの話で、この願いで固定したよね、じゃぁそれが本意であればそれに沿おうと、思えたのでその通りにしたので、えーと、発達課題ということであれば、自分の最期をこう決めていくみたいなこと、うん、かな。

＜本人も自分の希望がわからない＞、＜明確な希望がなくはっきりしていない＞、＜最期の希望はすぐには決められない＞というように、周りからの聞き方の問題ではなく、単身高齢者本人が自分の心を決めきれずにいるケースもあるという福祉専門職の見方から、これらを【本人も自分の希望がわからず決められない】というカテゴリーにまとめた。

2.3 【死や死後について考えていない】

【死や死後について考えていない】は、＜死や死後について考えない人もいる＞、＜死や死後について考えたくない人もいる＞という2つのコードから構成される。

＜死や死後について考えない人もいる＞は、今の生活を良くすることだけを考えて、先のことに関しては考えていない人もいるという福祉専門職の実感である。

　d：ついこの間ちょっとあの、お亡くなりになった方、お一人暮らしの男性の方が、やっぱり一度路上生活で、長く暮らしてた方なので、まぁどういうふうに最期を迎えるかっていうのはご本人の中ではあんまりなかったんじゃないかなっていう、気がするんですねぇ。

　j：それと、そんなに考えてない方も増えてますね。あとはなん…、勝手にそっちでいいようにしてくれって。いうふうな方も多いですね。

一方、＜死や死後について考えたくない人もいる＞は、人生の最期をどのように過ごしたいか本人の思いを聞きたくても、そのような話題を避けたり、拒否し

第7章　介護支援専門員は人生の最期に関する話し合いをどのように感じているか

たりする高齢者もいるという福祉専門職の経験に基づく語りである。

> a：まあ、高齢者の人は、そういう話題は避けがちかなと思うんですよね。（中略）やっぱり自分が元気な前提でいらっしゃるので。だから僕らが考える最期に向かっての準備期間っていう…僕らの認識と、ご本人たちが「そんなことは考えたくないし、考えてない」というのが課題かな。

> n：やっぱり…「今そんなこといわれても」っていう、普通の人がなんかそうされると嫌だなっていう反応をされる方もいます。

　死や死後について「考える気がない人」も、「考えたくない人」も、いずれもそうした話題について「考えていない」という点では共通していることから、＜死や死後について考えない人もいる＞、＜死や死後について考えたくない人もいる＞という2つのコードを【死や死後について考えていない】としてまとめた。

2.4　【亡くなる過程や最期を迎える準備について知る機会がない】

　【亡くなる過程や最期を迎える準備について知る機会がない】は、＜亡くなる過程や人生のしまい方がわからない＞、＜最期を迎える準備について知る機会がない＞という2つのコードから構成される。

　＜亡くなる過程や人生のしまい方がわからない＞は、老衰の過程のような人生の最期に心身に起こる変化や、「人生のしまい方」に関するイメージを持てないために様々な準備を進めることができず、いざという時に高齢者本人も残される家族も困難に直面しているのではないかという福祉専門職の見解である。

> h：できるだけ自宅でっていうことを、自宅で思ってる方ははっきり仰らないと病院に行き

— 135 —

ますよ、と思うので、（中略）例え医療的な措置をしても体がそういうふうに、なん
ていうのかな、あの、老化していくと吸収できないのに点滴を打ったりとか、そういっ
たことね、で、それって私たちはもう何度も何度も見てきてるので、でもそういったこ
とはわからないんですよね、家族も本人も。

　m：人生のしまい方っていうことが…たぶん、誰もこう…教育する人がいなかったので、
　　　イメージできていないから、だから…なんとなく先送り先送りにしたりとかいう方が結
　　　構多いなっていうのは感じますけどねぇ。

　さらに、＜最期を迎える準備について知る機会がない＞は、人生の最期の迎え
方に関する「教育」がどこでもなされていないことも、状況を難しくしている要
因なのではないかという福祉専門職の語りに基づくものである。

　m：もうそろそろ終わるから、いろんなこと片づけて準備を…していこう、例えば持ってい
　　　たものを捨てていこうとか。遺された人が困らないようにこういうことをしておこうって…
　　　亡くなるための準備をするっていうことの教育とかっていうのが、あの、どこでもされて
　　　いなかったということが、今、とっても課題になっているのかなと思いますね。

　さらに専門職 m は、家族関係がしっかりしている人はこうした準備を進めや
すい一方、特に「身寄りがない人」は相談相手がいないために準備が困難になり
やすいと語る。現状、そうした単身高齢者の相談相手となり得るのが介護支援専
門員であるという。

　m：家族…関係がやっぱりしっかりしている方は、希望…要望も、事前準備もとても
　　　はっきりして明確で、誰に何を希望するとか要望するっていうのは…とか、あの人に

準備としてこういうことを頼もうというのは、とってもはっきりしているような印象があります。身寄りがない人は誰にどう頼んでいいかが、あの…イメージも付きにくいっていう感じですね。その先どういうふうに手続きを踏んでいいかっていうことを、結局相談する相手がいないので。（中略）相談して、…その答えをもらいながらどんどん準備って進められるものだと思うんですけど、相談相手がいないと、結局自分で考えが…頭の中で考えるしかない。だけど…病気も手伝って、なかなかこう頭も回らなかったりとかっていうことがあると…うん、とてもこう…抽象的だったり、具体的ではない…かなぁと思いますねぇ。

Q：そういう方の場合はまあ…例えば、ｍさんがケアマネとして関わっている場合は、ｍさんが相談相手になる…？

ｍ：そうですね。私が相談相手になる、っていうところですね。

　＜亡くなる過程や人生のしまい方がわからない＞、＜最期を迎える準備について知る機会がない＞という２つのコードは、【亡くなる過程や最期を迎える準備について知る機会がない】としてまとめた。

　このように、介護支援専門員から見た「意思決定の準備」に関する単身高齢者の課題としては、【本人から将来の希望が語られない】、【本人も自分の希望がわからず決められない】、【死や死後について考えていない】、【亡くなる過程や最期を迎える準備について知る機会がない】という４つのカテゴリーが見出された。

3　「意思決定の準備」に関する介護支援専門員自身の課題

　次に、「『意思決定の準備』に関する介護支援専門員自身の課題」をテーマに分析した結果、13のコードを見出し、そこから５つのカテゴリーを生成した。生成したコード・カテゴリーの一覧を表7-3に示す。

　生成したカテゴリーは【死に関する意識の課題】、【死に関するコミュニケー

表7-3 「意思決定の準備」に関する介護支援専門員自身の課題

語りデータ（抜粋）	コード	カテゴリー
例えばご本人が大きな病気で入院しちゃったりする時、ご本人自身がもう自分が先が長くないなって悟りだした時に初めてするって感じで、それより前にすることはないし、こちらから「どうですか」って聞くこともないかなぁ。(a) ／最期の話ってあんまり最初からは出来ないので、正直あんまり聞き出しては、ないです。(o)	最期に関する話はあまりしない(2)	死に関する意識の課題(5)
僕の妄想もあると思うんですけど、そんな死に対して聞くっていうことは、なんかタブーじゃないかっていう…(a)／やはりこの最終段階のお話というのは、なかなかしづらいテーマであるなぁというのが1つです(e)／やっぱりさっき言ったように重いテーマなんですよね。(e)	死や最終段階の話は重いテーマ(3)	
なかなかやっぱりこう…終末期をどう迎えたいかっていう質問って、本当難しいなって。(a)／難しいんですけど、あの、なるべくは意識するようにはしていますねぇ。(b)／このテーマ非常に難しいのよ、現場、今のこの実務の上でも、聞かなきゃいけないんだけど、聞きづらい(f)／難しいですよ、これ、本当でも…大事なことですよねぇ、一番…(i)／ちゃんと話ができてるといいんですけど、言ってくれない方もいらっしゃるので、難しいですね。(j)	最期の話は大事だが難しい(5)	死に関するコミュニケーション技術の課題(8)
ターミナルであったり、それとあと、まぁ本当に末期ガンであったりすると、どこでいつここを聞き出すかがすごく自分中のテーマって、難しい(c)／ご入所っていうものが念頭にご家族や本人におありだと、まぁ最終的にはそこでお迎えになることになってしまうので、我々はそこまでのこう、お繋ぎという役割になるので、なかなかこういう話は…、しづらいです。(e)／ほんとにもう、ターミナルですって帰ってきた人には、ちょっと聞けないんですけど。(o)	ターミナルや入所を考えている人と最期の話をするのは難しい(3)	
これまであしてきた、こうしてきたっていう、これまでの振り返りをすると、うーんと…皆さん、どんどんどんどん、で、その後「じゃあ今後、どうして行きましょうか」ってことになれば…おのずと、「こうしていって、最期はこうして逝きたい」っていう話になるんですよ。(g)／訪問看護はやっぱり…その時の苦しいこととか痛いこととかっていうのだけど…だから…それよりかもその人の人生全部をこう…見ているような感じがするので、なのでまあケアマネの専業でやっているんですけど。(n)	その人の人生を知ること(2)	利用者との関係形成に関する課題(7)
関係性を作っていければ、私たちみたいな者がこういう話をね、独居のお客様とするっていうのは、彼らにとってもなんか心強い話なんだと思うのね。(e)／信頼関係っていうかまぁケアマネジャーと本人、家族との関わり合いの濃密さみたいなのも、関係してきますよね。こういう話って、だから向こうも、私のことを信用してくれないところの話は当然しないですし。(f)／「本当にあなたみたいな人に会えて良かったわぁ」って別れて「嫌なこといわないでよ」って言ったら、その日の午後に急変で亡くなっちゃった。(中略) 安心したかなって言うね、やっぱり…で、それまでのいろんな紆余曲折の人生、すべて聞いていたし。(g)	信頼・安心してもらえる関係を築くこと(3)	
ケアマネとして関わり始めて、その体調が悪くなるまでの、ある程度の期間があるから、まぁその間の間に…まぁ信頼関係作りっていうか、あんちょと話ができる雰囲気は作られているんじゃないかなって。(a)／もう普段から、いつもお話を、その、なんていうのか、まぁ雑談みたいなことして、そういうところで、話をしやすいようにもっていくところが、で、必ず訪問したら1時間話を伺ったりとかして、はい。(h)	時間をかけること(2)	
中心静脈栄養を始めるのに、ご家族が障害がある人だから、息子さんが障害者で他に頼れる方がいないから、「それをやっていいですか？ケアマネジャー」っていうの、ここに承諾を求めてくることがあるんです。(d)	医療処置の承諾はできない(1)	制度外のニーズに関する課題(5)
告別式とかですねぇ、まぁお墓とかっていう話まで我々はちょっとやっていなくて、だいたいあの一、生活保護の地区担当、ケースワーカーとかに引き継いでしまうので、(d)／本来はお骨を運ぶとかっていうのは僕の仕事じゃないので、あんまり公にすると怒る人もいるかもしれないけども、まぁ骨、持ってってほしいとかって話も、(中略) ケアマネはそこまでやっちゃ…いけないっていって怒られることもありますけど。(p)	告別式やお骨の手配は本来の仕事ではない(3)	
実際にケアマネジャーって公っていうか法的には亡くなったらそこで支援終了なんですよ。(中略) 死後のこと、まぁグリーフケアをする場合もありますけれども、それは別に法令に基づいたものでなく実際に介護報酬も1円も発生しないものじゃないですか。(f)	死後のことは法令外(1)	
私たち、本当に信頼関係の上でのって、あの、成り立っていく商売なんで、崩したくない一心でここまで踏み込めてない。(e)／例えば、実はケアマネジャーというか、専門職が、壁になっちゃって、その人とのもう少しこう、接点がうまく入らない、うまく関われないっていうところが、もちろんあるんですよ。(f)	専門職であることによる葛藤(2)	福祉専門職としての立ち位置に関する課題(8)
私たちは頑張れ、頑張れっていう…、「頑張ってこうやってやりましょう、リハビリも頑張りましょう」(中略)「こんなに生活が豊かになりますよ」って言ってる反面、全く逆のこと、「死ぬ時、どうしますか？」っていうのが頑かなきゃいけないのは、反比例する役割なんですよね。(f)／どう解決できるのかがわからないし、まぁあとはそのケアマネジャーって介護保険のことが主でしょ、というところでは、まぁこちらがあえて聞かなければご自分からあんまり伺らないですって。	制度上の役割との葛藤(2)	
ケアマネ勉強会でも、医療との連携がすごくあって、いつ誰がどこでするかっていうのを課題にしてます。(c)／医療機関がバタバタ入る前に、ケアマネが聞くべきだと、最近思いました。(c)／「それは医療機関に任せた方がいいわよ」っていう意見がすごく多いので、とはいえ、在宅に戻られたら生活なので、あの、ケアマネがその力を付けなくちゃいけないとは思ってるんですね。(c)／死ぬ話なので、他人がどこまで踏み込んで聞いていいのかな？とか、私に聞く権利があるのかな？とか、そういうことすごく常々考えているんですね。(e)	医療職との役割分担(4)	

— 138 —

ション技術の課題】、【利用者との関係形成に関する課題】、【制度外のニーズに関する課題】、【福祉専門職としての立ち位置に関する課題】の5つである。各カテゴリーの詳細を以下に記す。

3.1 【死に関する意識の課題】

　【死に関する意識の課題】は＜最期に関する話はあまりしない＞、＜死や最終段階の話は重いテーマ＞という2つのコードから構成される。

　＜最期に関する話はあまりしない＞は、福祉専門職の支援時における姿勢として、「死」や「人生の最期をどう迎えるか」といった話にはあまり積極的に関与していないという語りである。例えば以下のような語りがある。

　　Q：最期の迎え方に関する希望というと、やっぱりどうしても医療的なことと、あとまあどこで過ごすかということが出てきやすいと思うんですけども、そういう話をあらかじめされることっていうのは多いですか？

　　a：う〜ん…少ないですね。う〜ん、本当にそういうタイミングが、まあ例えばご本人が大きな病気で入院しちゃったりとか、ご本人自身がもう自分が先が長くないなって仰りだした時に初めてするって感じで。それより前にすることはないし、こちらから「どうですか」って聞くこともないかなぁ。

　　＜死や最終段階の話は重いテーマ＞は、こうした話題について利用者と話したい気持ちはあるものの、「重いテーマ」であるという意識からなかなか話ができない福祉専門職の状況についての語りである。例えば以下のような語りがある。

　　e：やっぱりさっき言ったように重いテーマなんですよね。うん。もしかしたら今私は83〜84、85だけども、あと10年生きられるかもしんない、105まで生きられるの

かもしれないって結構みなさん希望っていうか、やっぱ長生きしたい思いがあるじゃないですか。なので、毎回このへん、このテーマを出してしまうと滅入っちゃうかなぁ。

　＜最期に関する話はあまりしない＞、＜死や最終段階の話は重いテーマ＞はいずれも福祉専門職の「死」や「最終段階」という話題に関する意識の問題であることから、【死に関する意識の課題】というカテゴリーにまとめた。

3.2　【死に関するコミュニケーション技術の課題】

　【死に関するコミュニケーション技術の課題】は＜最期の話は大事だが難しい＞、＜ターミナルや入所を考えている人と最期の話をするのは難しい＞という2つのコードから構成される。

　＜最期の話は大事だが難しい＞は、利用者が人生の最期をどのように迎えたいと考えているのか、ぜひそうした話をしておきたいと思いつつも、なかなか聞くのは難しいと考えている福祉専門職の悩みに関する語りから生成したコードである。

　　f ：このテーマ非常に難しいですし、現場、今のその実務の上でも、聞かなきゃいけないんだけど、聞きづらい、経済問題のことだったりとか、こういう特に死生観みたいなのは、もうこれ二大巨頭ぐらいで聞きにくいっていう…（中略）まぁ実際にね、ムッとされる方も。いますのでね。

　　i ：「こういう状況になったら…」。もうね…救急車行って、体中に管付けられたり何だりするのは嫌だ、みたいな？何かねぇ…あればいいかなぁ、とか。難しいですよ、これ。本当でも…大事なことですよねぇ、一番…。

第7章　介護支援専門員は人生の最期に関する話し合いをどのように感じているか

　一方、＜ターミナルや入所を考えている人と最期の話をするのは難しい＞は、比較的元気であったり、「できるだけ自宅で過ごしたい」と考えている利用者であれば最期に関する話がしやすいと感じている福祉専門職も、より死が差し迫っていたり、入所を前提に考えていたりする利用者の場合は、こうした話をするのが難しいという、相手の状況によりコミュニケーションの困難さが増すことを指すコードである。

　　　ｃ：お元気な方は、比較的アプローチする時に、こういったことを聞きやすいんですけれ
　　　　　ども。
　　　Ｑ：あ、聞きやすい。
　　　ｃ：はい。で、やっぱり前向きでらっしゃるので、あの、一人暮らしであっても意外と聞き
　　　　　やすいですね、お元気な方で。ただあの、関わりが、もう例えばターミナルであっ
　　　　　たり、それとあと、まぁ本当に末期ガンであったりすると、どこでいつここを聞き出す
　　　　　かがすごく自分中のテーマです。

　　　ｅ：私たち在宅のケアマネージャーですので、ご入所っていうものが念頭にご家族や本
　　　　　人におありだと、まぁ最終的にはそこでお迎えになることになってしまうので、我々は
　　　　　そこまでのこう、お繋ぎという役割になるので、なかなかこういう話は…、しづらいで
　　　　　す。

　＜最期の話は大事だが難しい＞、＜ターミナルや入所を考えている人と最期の話をするのは難しい＞はいずれも、利用者と「人生の最期の迎え方」について話し、本人の思いを聞き取りたいと思いながらも、話を切り出したり、どのように聞いたりすれば良いのか、コミュニケーションの方法に悩んでいると捉えられることから【死に関するコミュニケーション技術の課題】としてまとめた。

3.3 【利用者との関係形成に関する課題】

【利用者との関係形成に関する課題】は＜その人の人生を知ること＞、＜信頼・安心してもらえる関係を築くこと＞、＜時間をかけること＞という３つのコードから構成される。

＜その人の人生を知ること＞は、人生の最期の迎え方や死後のことについて利用者がどう考えているか、その希望を引き出すためには、相手のこれまでの人生をきちんと知ることができるかどうかが課題になるという福祉専門職の語りから生成した。例えば、次のような語りがある。

> g：いきなり「どうやって最期逝きたい？」なんていわないですからね。
>
> Q：なるほど。ええ…でもそう話すと、結構いろいろ、語られるわけですか。
>
> g：うん。これまでああしてきた、こうしてきたっていう、これまでの振り返りをすると、うーんと…皆さん、どんどんどんどん、出てくるので。で、その後「じゃあ今後、どうして行きましょうか」ってことになれば…おのずと。「こうしていって、最期はこうして逝きたい」っていう話になるんですよ。これを「最期、どうしたい？」っていうとこから話をすると、「何て失礼な話だ」ってなるでしょ。

＜信頼・安心してもらえる関係を築くこと＞は、「意思決定の準備」で話し合うような人生の最期に関する話題は、何よりも利用者からの信頼を得ていないと、十分に聞くことができないという福祉専門職の実感である。例えば、以下のような語りがある。

> f：やっぱり信頼関係を築いた上で、こう、ほぐしていかなきゃいけない問題なので時間もかかりますし、タイミングを逸しちゃうとそのまま聞けなくなっちゃいますし。聞き出すタイミングだったりとか、信頼関係っていうかまぁケアマネジャーと本人、家族と

の関わり合いの濃密さみたいなのも、関係してきますよね、こういう話って。だから
向こうも、私のことを信用してくれないとこの話は当然しないですし。

　<時間をかけること>は、上の語りとも関連する部分であるが、「人生の最期」
や「死」に関する話題はある程度の時間をかけて、生活の場でじっくり聞いてい
くべき話であるという福祉専門職の思いから生成したコードである。

　　a：医療職はまあ…ねぇ？ご自分の仕事として聞くんでしょうけど、なんかそれが、いい
　　　のかなって思ったりはするんです。なんか、ねぇ？さっき言ったように、ある程度期
　　　間を置いて、こういった話が…こういった話もできるとかって関係を作ってから聞いた
　　　方がいいんじゃないかっていうのが僕の、ずっと…（中略）考えていたことで。

　　Q：最期の、希望を叶えて見送ってあげるってやはり一番だと思うんですけども、そうい
　　　う希望、本音のようなものをですね、引き出すために何か工夫されてることとかって
　　　ありますか？
　　h：そうですね、それはもう普段から、いつもお話を、その、なんていうのか、まぁ雑談
　　　みたいなこととか、そういうところで、話をしやすいようにもっていくようには。で、必
　　　ず訪問したら1時間話を伺ったりとかして、はい。
　　Q：その雑談も含めてゆっくり話を聞くと。
　　h：そうです、はい。話が、こう、ちゃんと受けて止めてもらえる人だっていうのを、引き
　　　出すために、そういうことは心がけています。

　<その人の人生を知ること>、<信頼・安心してもらえる関係を築くこと>、
<時間をかけること>はいずれも、「人生の最期の迎え方」や「死後のこと」と
いった、センシティブな話をできるようになるための関係形成に重要な課題であ

ることから、【利用者との関係形成に関する課題】としてまとめた。

3.4 【制度外のニーズに関する課題】

【制度外のニーズに関する課題】は＜医療処置の承諾はできない＞、＜告別式やお骨の手配は本来の仕事ではない＞、＜死後のことは法令外＞という３つのコードから構成される。

＜医療処置の承諾はできない＞は、利用者本人が侵襲性の高い医療処置の実施について自ら意思決定することができなくなった際に、親族等のキーパーソンがいないケースや、あるいは親族もまた意思決定のできない状況の場合に、医療機関から福祉専門職宛てに承諾依頼が来るケースに関する語りから生成したコードである。

> ｄ：例えば、実質直近あった話だと、あの、中心静脈栄養を始めるのに、ご家族が障害がある人だから、息子さんが障害者で他に頼れる方がいないから、「それをやっていいですか？ケアマネジャー」っていうの、（医師が）ここに承諾を求めてくることがあるんです。（中略）ただそれは私は「はい」とはいえないので、もう「先生のご判断で」っていうような、はい。

医療機関としては処置の実施に際して本人の同意能力がない場合、本人に代わる人の承諾が必要だが、介護支援専門員をはじめ福祉専門職には同意する権限はない。結局本人の意思がわからないままで医師の判断により治療の実施の有無が決まるしかない現状がある。

＜告別式やお骨の手配は本来の仕事ではない＞に関する語りでは、単身高齢者の死後、親族がいない場合に告別式やお墓に関することが問題になるケースもあるが、福祉専門職がそこに関わることはないという。

第 7 章　介護支援専門員は人生の最期に関する話し合いをどのように感じているか

　d：要するに告別式とかですねぇ、まぁお墓とかっていう話まで我々はちょっとやっていな
　　　くて。だいたいあのー、生活保護の地区担当、ケースワーカーとかに引き継いでし
　　　まうので。ケアマネジャーがそこまで考えて話し合うってことは、あまり。
　Q：は、ない。
　d：ないですねぇ。

　一方、本来の仕事ではないと知りつつも、単身高齢者の「人生の質」に対する
思いから、そうした支援を買って出ている福祉専門職もいる。

　p：僕はケアマネジャーなので、ケアプランを立てて、こう、サービスの橋渡しをする、
　　　要は仕事だけでしかないので、で、本来はお骨を運ぶとかっていうのは僕の仕事
　　　じゃないので、あんまり公にすると怒る人もいるかもしれないけれども、まぁそれは別
　　　にこう、なんていうのかな、ケアマネジャーの仕事を超えたところに本来のその人の
　　　人生の質とかってあるんだろうなって、かねがね思っていて、

　このケースでは「最期はぜひケアマネにお骨を運んでほしい」という直接いわ
れたことから、その依頼を引き受けることを約束している。ただし、そのような
活動をしている福祉専門職は少数であるため、「そこまでやっちゃいけないって
怒られる」こともあるという。

　p：例えばその、骨、持ってってほしいとかって話も、家族いないので、いや、まぁ家
　　　族いるんですけれども、娘が病気だから（中略）「ケアマネさんだから最期はそうし
　　　てほしいのよ」って、僕にダイレクトにきたので「いいよ」、だけれども、その、「娘
　　　さんが元気だったら娘さんも一緒に連れてってあげるから心配しなくていいよ」ってい

— 145 —

うのは、ケアマネ当初の時はやっぱりいえなかったでしょうし、うん、たぶんそれは社
会的には認められないと思うけれども、別にケアマネジャーでもいいんじゃないのか
なって、僕個人は思いますけどね。

Q：思われる。

p：ええ。で、そう思ってないケアマネはたくさんいると思うんで、ケアマネはそこまでやっ
ちゃ…いけないって怒られることもありますけど。

　実際、＜死後のことは法令外＞であるため、遺族へのグリーフケア等を除け
ば、利用者の死後への関わりは最小限に抑えているという福祉専門職もいる。

f：実際にケアマネジャーって公っていうか法的には亡くなったらそこで支援終了なんです
よ。

Q：あ、そうですね、死後のことは入らないですよね。

f：死後のこと、まぁグリーフケアをする場合もありますけれども、それは別に法令に基
づいたものでもなく実際に介護報酬も１円も発生しないものじゃないですか。利用
者さんが死んだその日でケアマネっていうのは契約終了になりますので。

　＜医療処置の承諾はできない＞、＜告別式やお骨の手配は本来の仕事ではな
い＞、＜死後のことは法令外＞というような内容の話が分析対象者から語られた
のには、制度に規定された業務の範囲外ではあるものの、単身高齢者への支援に
関わる上ではそのようなニーズが発生していることの裏返しでもあるため、【制
度外のニーズに関する課題】としてカテゴリー化した。

3.5　【福祉専門職としての立ち位置に関する課題】

　【福祉専門職としての立ち位置に関する課題】は、＜専門職であることによる

葛藤＞、＜制度上の役割との葛藤＞、＜医療職との役割分担＞という３つのコードから構成される。

＜専門職であることによる葛藤＞では、単身高齢者の「意思決定の準備」に関わる思いを聞き取るためには、できるだけ近い関係で相手のこれまでの人生に関する話などもゆっくりと聞けることが望ましいが、現実には専門職であるということ自体が壁になって、そのような関係作りに至らないまま別れが訪れることもあるという語りが聞かれた。

Q：自分の生きてきた様を、知ってくれている人がいるっていうのは、大きい…

g：そうですねえ。だからそういう風な話が聞ければ、こういう風にいえるんだけど。ところが、いろんなあの、障壁が出てくる。例えば、実はケアマネジャーというか、専門職が、壁になっちゃって、その人とのもう少しこう、接点がうまく入らない、うまく関われないっていうところが、もちろんあるんですよ。っていうのはやっぱり、それは、職業…職種というか、そういういろんな立つ位置の、役割分担の中で…それだけ本人との接点が、うまく図れないで、終わっていっちゃう人も、いますよね…

また、福祉専門職として介護支援専門員の仕事が「信頼関係」の上で成り立つものであるがために、その関係を崩しかねない「死」に関する話がなかなかできないと語る者もいた。

e：マイナスイメージの話になってしまいがち。"あんた、どうせ老い先短いんだから" みたいなことを、と捉えられると、信頼関係が崩れちゃうから。やっぱり私たち、本当に信頼関係の上ででのみ、あの、成り立ってる商売なんで、崩したくない一心でここまで踏み込めてない。

＜制度上の役割との葛藤＞では、介護支援専門員は介護保険制度に基づいて業務にあたるが、そこに規定された役割が「意思決定の準備」に関わる話をする上で壁となるケースがあるという、以下のような語りがあった。

> f ：そういう（成年後見人の支援を受けている）方だと、そういう財産とかを管理していくのに付随して、ま、「最期、どうしますか？」みたいな話題にも振りやすいと思うんですけど、私たちは頑張れ、頑張れっていう…、「頑張ってこうやってやりましょう、リハビリも頑張りましょう」「通所も行きましょう」「そうしたら明るい未来が…」じゃないですけど、「こんなに生活が豊かになりますよ」って言ってる反面で、全く逆のこと、「死ぬ時、どうしますか？」っていうのを聞かなきゃいけないのは、反比例する内容なんですよね。そうすると、だからタイミングを誤ると怒られちゃう。

「リハビリを頑張りましょう」、「通所も行きましょう」と伝えながら支援を行うのは、介護保険法でいわゆる「自立支援」が重要な理念として掲げられているからである。一方で「死ぬ時、どうしますか」というのは「自立支援」とは相反する内容であるために、話がしにくいという。

また、介護支援専門員の場合はそもそも「介護保険のことが主」というイメージから、それ以外の話題について利用者からあまり話が出て来ないという実感を持っている者もいる。

> Q ：ちょっと実現可能性低い希望っていうのはやっぱりなかなか思っててもいわないというところがあるんでしょうか。
>
> I ：そうですね。なんか、どう解決できるのかがわからないし、まぁあとはそのケアマネジャーって介護保険のことが主でしょ、というところでは、まぁこちらがあえて聞かなければご自分からあんまり仰らないですね。

＜医療職との役割分担＞は、いわゆる「死」についての話は医療職が担当するべきという見解と、福祉専門職ならではの強みを生かして関わるべきという思いとの間で葛藤が生じている状態である。例えば、以下のような語りがある。

> c：ケアマネはそこの登場場面が難しくて、「それは医療機関に任せた方がいいわよ」っていう意見がすごく多いので。とはいえね、在宅に戻られたら生活なので、あの、ケアマネがその力を付けなくちゃいけないとは思ってるんですね。あの、変な話、そこで急に関わった先生よりも私たちはこの人のもっと前を知ってるんだぞっていう感じで、もうちょっと前に聞いといた方がいいのかなって。
>
> Q：もうちょっと前というと、どれくらいですか？
>
> c：まだお元気な時に、まぁこれから先ちょっとこう、「そういったご病気になられた時にどこで過ごされたいですか？」っていうのは、医療機関がバタバタ入る前に、ケアマネが聞くべきだと、最近思いました。

上記の語りにあるように、「在宅に戻ったら生活」であり、「そこで急に関わった先生よりも利用者のことをもっと前から知っている」という関係性からも、介護支援専門員が本人の思いを聞き取る上で果たしうる役割は大きいと見ることもできる。ただし、専門職cが「力を付けなくちゃいけない」と述べていることから、介護支援専門員の間でそうした役割を担う気運はまだ低い現状がある。

さらに、次のような語りもある。

> e：やっぱり…死ぬ話なので、他人がどこまで踏み込んで聞いていいのかな？とか、私に聞く権利があるのかな？とか、そういうことすごく常々考えているんですね。ケアマネジャー、医者じゃないから、病気治して差し上げることもね、家を買って差し上

げることもできないわけじゃない。何もで…、力がない自分たちに、ここまで人の
ね、お気持ちやその生き死にを聞くっていうのは、すごく、難しいんですが、お話下
されればいくらでも一緒に悩んで考えて差し上げたいと思っている。

　病気を治す医者のように「力がない」、「他人」である介護支援専門員に、「死
について聞く権利」があるのだろうかという前記の語りからは、こうした話題に
対する介護支援専門員の立ち位置の難しさが感じられる。
　以上のように＜専門職であることによる葛藤＞、＜制度上の役割との葛藤＞、
＜医療職との役割分担＞はいずれも介護支援専門員が福祉専門職として置かれた
立場に関するものであることから、【福祉専門職としての立ち位置に関する課題】
というカテゴリーとしてまとめた。

第3節　小括

　本章では、福祉専門職である介護支援専門員の「意思決定の準備」に関する意
識を明らかにすることを目的とし、将来意思決定に困難を抱える可能性がある単
身高齢者等の支援にあたり、介護支援専門員が利用者の人生の最終段階を見据え
た話し合いをどのように進めようとしているのか、話し合いによる「意思決定の
準備」を進める上での課題は何かをインタビュー調査から明らかにしてきた。以
下では本研究における分析の視点の1つである「人生の最終段階を支えるソー
シャルワーク機能」との関連から、分析結果に対して考察を加えていく。

1　「意思決定の準備」に関する単身高齢者の課題とソーシャルワーク機能

　「介護支援専門員から見た『意思決定の準備』に関する単身高齢者の課題」と

第7章 介護支援専門員は人生の最期に関する話し合いをどのように感じているか

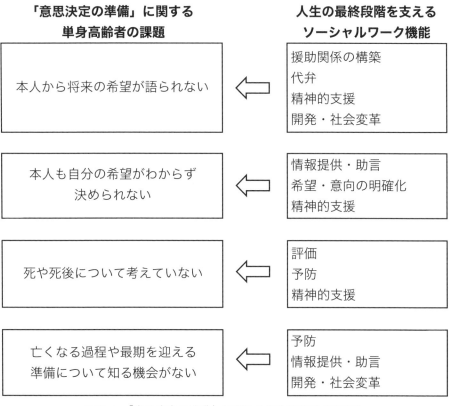

図 7-1 「意思決定の準備」に関する単身高齢者の課題とソーシャルワーク機能の関係

して、【本人から将来の希望が語られない】、【本人も自分の希望がわからず決められない】、【死や死後について考えていない】、【亡くなる過程や最期を迎える準備について知る機会がない】という4つのカテゴリーを抽出した。これら4つのカテゴリーで構成される「課題」に対して、第5章第2節で提示した「人生の最終段階を支えるソーシャルワーク機能」が発揮されることで、状況の解決や改善に向けた道筋が見えてくる可能性があることを、以下では述べる。

図 7-1 は、「介護支援専門員から見た『意思決定の準備』に関する単身高齢者

の課題」の４つのカテゴリーと、各課題に対応できると考えられる「人生の最終段階を支えるソーシャルワーク機能」の関係を示したものである。

　まず【本人から将来の希望が語られない】という課題の背景には、単身高齢者本人と、支援者の関係性の問題が影響している可能性がある。そのため「**援助関係の構築**」というソーシャルワーク機能を何より重視していく必要がある。さらに、本人が心の中に何らかの希望を秘めているにも関わらず、それをなかなかいい出すことができないのではと支援者が察するケースもあるかもしれない。そのような時は、「このように思っているのではないですか」と本人の心中にあると推測される希望を「**代弁**」して本人自身に伝えてみたり、心の奥の希望を表出しやすいような「**精神的支援**」の機能が発揮されることで、【本人から将来の希望が語られない】という状況に変化が起こる可能性がある。さらに、本カテゴリーに含まれるコードの１つであった＜希望を言っても仕方ないと諦めている＞という単身高齢者にとっては、介護支援専門員などの福祉専門職に自身の希望を伝えたところで、現実的に実現する可能性がないと判断できる場合には、希望を語りにくいに違いない。その意味では、本人が「希望を伝えてみれば叶うかもしれない」という見通しを持てるような社会環境を作っていくことも必要であり、「**開発・社会変革**」の機能もここに関係してくるものである。

　【本人も自分の希望がわからず決められない】という課題に対しては、まずその分野に関する知識や情報がないために、どう決めれば良いかわからないという単身高齢者の存在が予測される。そのため、「**情報提供・助言**」の機能を意識して支援者は関わっていく必要がある。そしてその延長で、「**希望・意向の明確化**」という機能も支援者が発揮することで、少しずつ自らの希望を明確にして、周囲に伝えることができる高齢者が増えることが期待される。さらに、本人が自らの希望を固めていく上で「**精神的支援**」の機能を意識し、エンパワメントによる支援を行うことが重要であることは、前のカテゴリーと同じである。

【死や死後について考えていない】という単身高齢者の課題に対しては、本人が単に「考える気がない」のか、それとも否定的な感情が強く「考えたくない」のか、そしてそのような状況・心情にあるのはなぜなのかなど、時には侵襲的になり得る話題でもあるだけに、利用者の状況をしっかりと「評価」するという機能を支援者は意識する必要がある。その上で、「死」や「死後」についての準備を全く考えておかないことで将来本人も周囲も悲惨な状況に陥ることがないよう、支援者が「予防」の観点から本人に何らかの働きかけを行うことも、検討に値する。ここでも、「死や死後について考えていない」利用者に何らかの形で少しずつでも意識を向けてもらうよう働きかける過程では、本人の「精神的支援」を意識していく必要がある。

最後に、【亡くなる過程や最期を迎える準備について知る機会がない】という課題に対しては、前のカテゴリーと同様に「予防」の観点から、「情報提供・助言」の機会を作っていくことも支援者の役割である。このような情報提供や学びの機会は、内容によっては福祉専門職一人ではなかなか難しいケースも多いと考えられ、そのような場合には「開発・社会変革」の機能により単身高齢者にとっての学びの機会を創出していくことも必要である。

このように、本研究で明らかにしてきた「介護支援専門員から見た『意思決定の準備』に関する単身高齢者の課題」については、ソーシャルワーク機能と結び付けることで、状況の改善に向けた道筋が見える可能性がある。ただし、ここでの検討は特に結び付きが強いと考えられる機能を対応させた暫定的なものであり、実際に各課題に対してソーシャルワーク機能がどのように効力を発揮するかについては今後検証が必要である。

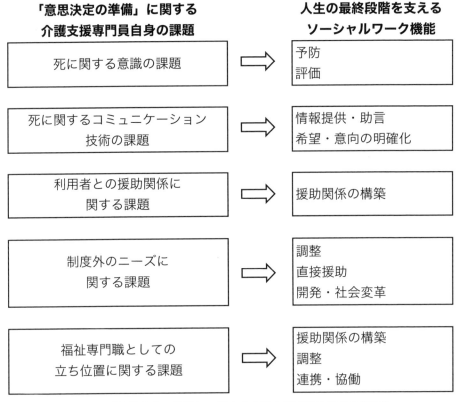

図7-2 「意思決定の準備」に関する介護支援専門員自身の課題と
ソーシャルワーク機能の視点

2 「意思決定の準備」に関する介護支援専門員自身の課題とソーシャルワーク機能の視点

「『意思決定の準備』に関する介護支援専門員自身の課題」としては、【死に関する意識の課題】、【死に関するコミュニケーション技術の課題】、【利用者との関係形成に関する課題】、【制度外のニーズに関する課題】、【福祉専門職としての立ち位置に関する課題】という5つのカテゴリーが見いだされた。これら5つのカテゴリーで示された課題についても、前項と同じく「ソーシャルワーク機能」の

視点が参考になる。

　図7-2は、「『意思決定の準備』に関する介護支援専門員自身の課題」の5つのカテゴリーと、これらの課題について考える上で参考となる「人生の最終段階を支えるソーシャルワーク機能」との関係を示したものである。各課題と機能をつなぐ矢印の向きが「図7-1」と逆になっているのは、「図7-1」では各課題に対してソーシャルワーク機能による直接的な働きかけが期待されるのに対して、「図7-2」ではそうではなく、福祉専門職が自らの課題を認識した時に振り返って参照すべきソーシャルワークの視点として、図右側の「人生の最終段階を支えるソーシャルワーク機能」を提示しているからである。

　まず【死に関する意識の課題】については、介護支援専門員がこうした話題について対応する必要性をあまり強く感じていないケース（＜最期に関する話はあまりしない＞）と、こうした話し合いの必要性は感じているが重いテーマの話だという意識からなかなか踏み込めないケース（＜死や最終段階の話は重いテーマ＞）がある。この点については、先に話をしておかないと後々利用者がより悲惨な状況に陥るかもしれないという「予防」の視点を持つことで、介護支援専門員自身の意識にも変化が生じる可能性がある。また、目の前の利用者がこの話題についてどう考えているかという「評価」の視点を持つことも重要である。これまでであればこうした話題の提供を考えていなかった利用者に対しても、評価の結果問題なく話ができると判断できれば、話し合いが進むケースが増える可能性がある。

　【死に関するコミュニケーション技術の課題】については、まずこうしたコミュニケーション技術についての研究を社会全体で進めた上で、高齢者支援の現場に関わる介護支援専門員向けの研修に、今後取り入れていく必要がある。その上で、「情報提供・助言」や「希望・意向の明確化」という機能をソーシャルワークが有していることを念頭に置いて、特に将来の意思決定に困難を抱える可

能性がある高齢者に介護支援専門員はうまく話題提供していく必要がある。

　【利用者との援助関係に関する課題】については、「**援助関係の構築**」という
ソーシャルワーク機能を改めて十分に意識した上で、単身高齢者の「意思決定の
準備」に関わっていくことが望まれる。

　【制度外のニーズに関する課題】については、実践の現場で支援者が最も頭を
悩ませる課題の１つであろうが、ソーシャルワーク機能の視点から見た時、そこ
にはいくつかの対応の選択肢が考えられる。まず１つは、そのニーズに対応可能
なサービスを何らかの形で探しあて、「**調整**」することである。また、調整でき
るサービスが見あたらない時には、介護支援専門員自身が「**直接援助**」の機能を
発揮すべきケースもあるかもしれない。ただし、多くの担当利用者を抱える介護
支援専門員にとって、そうした「制度外」での直接援助による支援には限界がく
ることも容易に予測される。その場合には、そうした「制度外のニーズ」を解決
できるような新たな制度や社会資源の「**開発・社会変革**」に向かうべきであるこ
とが、ソーシャルワーク機能の視点からは示唆される。

　【福祉専門職としての立ち位置に関する課題】については、いくつかの論点が
あった。＜専門職であることによる葛藤＞や＜制度上の役割との葛藤＞という部
分を考えれば、改めて「**援助関係の構築**」という機能に立ち返り、現在の「援助
関係」とは何なのかについて問い直す必要も出てくるかもしれない。その上で、
自らによる支援に限界を感じるのであれば「**調整**」の機能を意識して、専門職で
はないインフォーマルな人材による支援や、市場サービスによる支援の積極的な
活用を検討すべきである。＜医療職との役割分担＞については、利用者の状況
や、各職種と利用者自身の関係性によっても、役割分担は変わってくるであろ
う。このような場面で「**連携・協働**」の機能は非常に重要であり、他の職種と適
切にコミュニケーションを取りながら支援を進めていく姿勢が望まれる。

　以上は「『意思決定の準備』に関する介護支援専門員自身の課題」を考えてい

くにあたって、参照すべきソーシャルワーク機能の視点との関係性について述べてきたものである。前項と同様、あくまで各課題と結び付きが強いと考えられる機能を暫定的に対応させたものであるため、今後別稿による検証が必要である。

3　研究の限界

　本章で扱った研究では16名の介護支援専門員にインタビュー調査を実施したが、看取り経験の豊富な介護支援専門員を探すためのデータベースなどは存在していないため、調査対象者の選定は在宅療養支援診療所や、調査協力者となった介護支援専門員の紹介によるところとなった。結果として本研究でインタビューを実施した介護支援専門員の保有資格は全国統計と近い割合となり[3]、実情に近い形での聴き取りができたが、本研究の関心を踏まえれば社会福祉士資格を有する者への調査をさらに実施できることが望ましかった。この点は本研究の限界であり、今後の調査研究による発展を期する部分である。

　ここまで75歳以上の高齢者の看取りに関わった経験が一定程度ある介護支援専門員の視点から、単身高齢者の課題と、介護支援専門員自身の課題を明らかにしてきたが、実際の両者の関わりについては個々の性格や価値観によって千差万別であると考えられる。そこで次章では試みに、単身高齢者と担当介護支援専門員のペアで実際にどのような「意思決定の準備」に関するやり取りがなされているのかを探っていく。

3）厚生労働省（2019c）の調査結果によれば、2018年11月時点での介護支援専門員の保有資格は、居宅介護支援事業所に勤務する者で介護福祉士が72.0%（本研究では75.0%）、看護師が9.7%（同12.5%）、准看護師が4.2%（同6.3%）、社会福祉士が14.6%（同12.5%）であった。ただし、本研究での割合は居宅介護支援事業所の職員15名と、地域包括支援センターの職員1名を含んだ数値である。

第8章

介護支援専門員と単身高齢者は
人生の最期をどのように話し合っているか

この章では介護支援専門員と単身高齢者は人生の最期をどのように話し合っているか（「意思決定の準備」に関する話し合いの現状）を、インタビュー調査から実証的に明らかにしていく。

第1節　調査の目的と概要

　本調査の目的は、介護支援専門員と単身高齢者が人生の最期についてどのように話し合っているかを明らかにすることである。具体的には、単身高齢者とその担当介護支援専門員が、単身高齢者本人の人生の最終段階を見据えてどのような話し合いを行っているのか、お互いにどのような思いを抱いているのかを、単身高齢者と担当介護支援専門員それぞれへの個別インタビューから探索する。

1　対象
　第5章第3節に記載の通り。

2　調査内容と方法
　第5章第3節に記載の通り。

3　分析方法
　録音したインタビューの内容を逐語録に起こし、単身高齢者と担当介護支援専門員の間での「意思決定の準備」に関する話し合いの実際がうかがえる語りを抽出して、その内容を分析した。具体的な分析の視点として、単身高齢者へのインタビューについては（ア）人生の最期に向けてどのような準備や意思表示をしたいと考えているか、（イ）その準備の内容を担当介護支援専門員に伝えている

― 160 ―

か、（ウ）担当介護支援専門員以外で、準備の内容について伝えている相手はいるか、等を中心に分析した。介護支援専門員へのインタビューについては（エ）人生の最期までの支援を見据えて、高齢者にあらかじめどのような意思表示や準備をしておいてほしいと考えているか、（オ）今回紹介を依頼した担当の単身高齢者と具体的にどのような話をしているか、を分析の視点とした。

　分析は質問項目に応じて2つの方法で行った。まず、上記の（ア）と（エ）については、佐藤（2008）の「質的データ分析法」を参考に分析を行った。①逐語録の中から本研究と関わる部分に着目し、帰納的手法に基づいて、語りの内容を適切に表現するオープン・コーディングを行った。オープン・コーディングでは、可能な限り分析対象者の語った言葉をそのままコードとして採用し、語りが長い場合には日常語によるコーディングを行った。②次に、分析対象者間のデータを比較しながら、同様の内容であると判断したものを集合させ、オープン・コードの上位の意味を持つコードを付ける焦点的コーディングを行った。ここでは、各オープン・コードの内容をまとめあげるために先行研究で指摘されている概念や、第6章でのインタビューの分析結果も必要に応じて参照しながら、コード名を付けた。

　一方、（イ）（ウ）（オ）の項目については、木下（2003: 144-186）や佐藤（2008: 91-109）、戈木（2013: 106-113、172-184）等の質的研究の具体的な分析手順について記述した文献を参考に、各分析対象者の語りにその内容を端的に表すためのオープン・コードを付与している。ただし、ここでの分析では複数の分析対象者の話をまとめあげることを目的としておらず、分析対象者一人ひとりの語りの内容に着目するため、分析作業としてはオープン・コーディングまでで終了し、その先のコード化やカテゴリー化は行っていない。なお、（イ）（ウ）（オ）の項目では一部の分析対象者についてレコーダーで録音したインタビューの最中ではなく、インタビューの前後でのやり取りの中で得た情報をもとに分析を行っている

ケースがある[1]。こうしたケースではここで述べた「逐語録の作成→テーマに関連した語りの抽出→オープン・コードの付与」といった手順を必ずしも踏めていないが、研究者がインタビュー前後に聞き取った話をメモした内容から分析や表の作成に至っていることをあらかじめ述べておく。

第2節　分析対象ペアの属性及び結果の概要

1　分析対象ペアの属性

　はじめに分析対象ペアの属性と結果の概要を**表8-1**に示す。なお、以下「高齢者」と書く時は「単身高齢者」を、「専門職」と書く時は「単身高齢者の担当介護支援専門員」を指す。

　はじめに今回分析対象とした高齢者の属性を見ると、年代では70代が1名、80代が4名、90代が1名となっている。性別は男性が1名、女性が5名である。要介護認定は要支援2が1名、要介護1が3名、要介護2が2名で、いずれも認知症の診断は受けていない。キーパーソンは「兄弟姉妹」が3名、「甥・姪」が3名、「なし」が1名である（高齢者Eは「兄弟姉妹」と「甥・姪」で2回カウントした）。このうち、高齢者Aのキーパーソンである弟には精神疾患がある状況であった。また、生活保護を受給している者は1名であった（高齢者D）。

　次に、今回分析対象とした専門職の属性を見ると、年代では30代が1名、40代が2名、50代が2名、60代が1名である。性別は男性が2名、女性が4名である。資格は「主任介護支援専門員」が3名、「介護支援専門員」が3名である[2]。

　高齢者と専門職の関わり年数についても確認したところ、「6か月-1年」が1組、「1-2年」が1組、「2-3年」が2組、「3-5年」が2組という状況であった。

---

1) 具体的には、専門職bの話の分析がこうしたケースとして挙げられる。専門職bにはインタビュー終了後、担当利用者である高齢者Bを紹介してもらったが、当初は別の利用者を紹介してもらう予定であった。専門職bへのインタビューでは当初紹介してもらうことを予定していた利用者との話し合いの状況について聞いていたが、その後当該利用者が入院する運びとなったため、急遽高齢者Bを紹介してもらうこととなった。そのため専門職bには高齢者Bとの話し合いの状況について録音を実施したインタビューでは聞くことができず、後日電話にて聞き取る形となった（2018年2月26日17:00頃）。同様に、時間の関係で専門職cと専門職dに

第8章　介護支援専門員と単身高齢者は人生の最期をどのように話し合っているか

表8-1　分析対象者の属性と結果の概要

ID	年齢	性別	要介護度／資格	キーパーソン（会う頻度）	ACPに関する意識	関わり年数	希望を話し合い、お互いに合意済みのこと	ⅰ．準備しておきたいこと／ⅱ．意思表示してほしいこと	備考
A	83	男	介護1	弟（週1回）	書面準備中／親族への伝達なし	1-2年	なし	①お墓 ②延命治療 ③葬儀や死後の手続き	・キーパーソンである弟には精神疾患がある。 ・高齢者Aには子どもが2人いるが交流なし ・専門職aは高齢者Aから「いつ死ぬんだろう」とか「どうにでもなっちゃって」といったやや自暴自棄な発言を訪問時に聞いているが、感情の波があるためそのままは受け取れないと感じている。
a	40代	男	介護支援専門員	-				①最期を迎えたい場所 ②遺言・財産の処分	
B	89	女	介護2	甥、姪（不定期）	考えない	3-5年	①緊急連絡先・代理人	①お墓 ②遺言・財産の処分	・高齢者Bと専門職bが9年前に関わりが始まった。途中4年ほどは要支援認定となり別のケアマネが担当していた時期あり。再度bが担当になってからは半年弱である。 ・「最期を迎えたい場所」について、専門職はこれまでの関わりからある程度の見立てがある。高齢者は希望を伝えてあるという認識なし。
b	50代	女	主任介護支援専門員	-				①最期を迎えたい場所	
C	96	女	支援2	姪（月1回以下）	考えない	3-5年	①緊急連絡先・代理人	①お墓 ②遺言・財産の処分	・「最期を迎えたい場所」について、専門職cはこれまでの高齢者Cとの関わりからある程度の見立てがある。高齢者Cは周囲に希望を伝えてあるという認識なし。 ・「お墓のこと」については高齢者Cが親族にも誰にも伝えずに準備していることがあり、専門職cとの間で認識に違いあり
c	60代	女	主任介護支援専門員	-				①緊急連絡先・代理人 ②お墓 ③最期を迎えたい場所	
D	78	女	介護1	なし	考えない	6か月-1年	①緊急連絡先・代理人	①葬儀と死後の手続き ②お墓 ③延命治療	・高齢者Dへのインタビューは本人の希望により、途中まで専門職dが同席した。 ・高齢者Dは生活保護を受給している。 ・専門職dは日頃の会話で「こんなに生きたから、もう死んでもいいの」という高齢者Dの言葉を聞いているが、あまり真剣に「最期どうするか」というところまでは至っていない。
d	30代	男	介護支援専門員	-				①遺言・財産の処分 ②緊急連絡先・代理人 ③延命治療	
E	86	女	介護2	甥、末妹（年に数回）	親族に伝達済み（書面なし）	2-3年	なし	①お墓 ②荷物の整理 ③葬儀と死後の手続き ④延命治療	・「延命治療」について、高齢者Eは専門職eに自らの希望を伝えてあると話す。一方、専門職eの側では明確に聞けていないと考えている。 ・専門職eは高齢者Eに対し「自宅で最期まで過ごせるよう支援する」という方針を立てているが、高齢者Eは一番最期は「病院で亡くなりたい」と話す。
e	50代	女	主任介護支援専門員	-				①最期を迎えたい場所	
F	83	女	介護1	妹（月2,3回）	考えない	2-3年	なし	①お墓	・「最期を迎えたい場所」について、高齢者Fは「特に自分の希望はない」と話すが、専門職fにはこれまでの関わりからある程度の見立てがある。 ・専門職fは「お墓」や「葬儀」のことについて、近年高齢者宛の営業電話等も多くトラブルになった時に責任が取れないため、あまり立ち入らないようにしていると話す。
f	40代	女	介護支援専門員	-				①最期を迎えたい場所 ②荷物の整理	

ついても一部インタビューの中で聞き取れなかった内容があったため、後日電話にて追加で聞き取りを行った。これらについては研究者が電話での聞き取りの際に行ったメモをもとに分析に組み込んだ。

2) なお、表8-1には記載しきれなかったが各分析対象者の介護支援専門員の基礎資格は「介護福祉士」が5名、「准看護師」が1名であった。ただし、本研究においてはこれらの基礎資格の違いがインタビューでの語りの内容に影響を与えていると感じられる部分はなかった。

— 163 —

このうち高齢者Bと専門職bは関わりが始まったのが9年前であったが、途中高齢者Bの介護認定が要介護から要支援に変わったため一時、専門職bが担当を外れることとなり、インタビューの半年前に「要介護2」の認定が出たことをきっかけに再び専門職bが担当につくこととなった。高齢者Bと専門職bの「3-5年」という関わり年数は通算での期間である。

2 「意思決定の準備」に関する分析結果の概要

　各高齢者に「延命治療の希望」や「最期の療養場所の希望」など、いわゆるACPに関する意識を尋ねたところ「書面の準備中だが、親族等には特に伝えていない」が1名、「親族等には伝えてあるが、書面は準備していない」が1名、「特に考えていない」が4名という結果であった。「特に考えていない」という高齢者の語りには、例えば次のようなものがあった（以下、逐語録からの発言の引用にあたっては、発言内容に影響がない形で研究者による相槌や、発言者の間投詞を適宜削除している）。

【高齢者B】

　B：だって余分なこと考えたって、イライラするだけでしょう？　で、私の場合は何かさぁ、胸につかえていることがあるともう…ずーっと具合悪くなっちゃうのよ。だからね、あの…なるべく考えないことにしてます。うん。私はね。

【高齢者D】

　D：病院で死んじゃったかもわからないし、途中で道路の真ん中で…ね？あれしてもしょうがないし。そんなこと、考えたことありません。のほほーんとしてるのかしら（笑）。

　ACPを含む「意思決定の準備」に関する高齢者の希望をお互いが話し合い、

第 8 章　介護支援専門員と単身高齢者は人生の最期をどのように話し合っているか

合意しているかどうかについて高齢者と専門職それぞれに尋ねたところ、両者ともに「話し合っている」と回答して一致している項目があったのは 3 組で、このほか「話し合っていない」が 1 組、「高齢者と専門職の認識が一致していない」が 2 組という結果であった。

　「話し合っていない」という結果になったのは高齢者 A と専門職 a のペアで、それぞれ下記のような語りがあった。

【高齢者 A】

Q：あの、ケアマネジャーの a さん、いらっしゃいますよね。

A：a さん、うん。

Q：a さんとはそういう（延命治療に関する）お話とかは…。

A：いや、まだしてないよ。

Q：んー、なんかあるいは主治医の、かかりつけ医の先生とかに。

A：主治医もいわねえんだよ。

【専門職 a】

a：A さんはあの…レアなケースで。ご自分で「いつ死ぬんだろう」とか「これから俺は長生きしないな」とか、結構仰る。自分から仰る。私から聞かずとも。（中略）

Q：最期の医療の話とかそういうことを…も、何かお話されたことはあります？

a：いや〜…本当に、その、自分が…むしろ、その、「死にたい」とか「これから俺はそんな長生きしたくない」とかってレベルの話で。じゃあ具体的に「お家で看取りですね」とか「どういったところ…」、まぁ「施設に考えているんですか？」とかそこまでは、具体的な話はしていません。

高齢者 A は「延命治療はしてほしくない」という思いを持っており、事前指

— 165 —

示書の準備も検討しているが、担当の介護支援専門員である専門職 a とも、主治医ともそのような話をしたことがないと話した。一方の専門職 a もまた、高齢者 A は自ら「死」に関する話をしてくる「レアなケース」だとしながらも、延命治療や最期を迎えたい場所に関する具体的な話はしていないと語った。

「高齢者と専門職の認識が一致していない」という結果になったのは「高齢者 E と専門職 e」のペア、「高齢者 F と専門職 f」のペアである。このうち「高齢者 E と専門職 e」のペアについては次節で詳しく取り上げる。「高齢者 F と専門職 f」のペアについては、それぞれ下記のような語りがあった。

【高齢者 F】

Q：1番最期は、自宅がいいとか、病院がいいとか、老人ホームがいいとか、何かそういうご希望がありますかね？

F：やっぱり、あたしは、医者に連れていかれちゃうと思う。

Q：あぁ、病院に。

F：病院に。病院に連れて行かれて、「はい、ご臨終です」っていわれて、それで、妹が来るなり、弟が来るなりして、あのー、お葬式をやるだろうと思うの。

【専門職 f】

Q：F 様とのですね、コミュニケーションのところもお聞きしておきたいんですけど、まぁまず1つ目、家がいいか病院がいいかっていうところから、この辺っていうのはお話になられたことはありますか？

f：F さん、入院、大っ嫌いなんです。

Q：あ、なるほど。病院が嫌い…。

f：「もう、嫌！」って言って。（笑）（中略）

Q：じゃぁ、もうなんとか家でっていうような感じなんでしょうね。

f ：そうですね。それにあの、在宅医が、○○診療所が入ってますので、ま、なんか
　　の時には、まぁ在宅医に相談ができますのでね、体制的には。

　専門職 f はこれまでの関わりの経験をもとに、高齢者 F が「入院は嫌」と強く
話していたことから自宅での最期を望んでいるだろうと感じ、在宅医も入るよう
にして自宅で看取りができる体制も整えていた。一方、高齢者 F は最期は「病
院に連れていかれちゃうと思う」と話し、必ずしも自宅で最期を迎えるだろうと
は認識していなかった。
　以上は「お互いに合意している内容がない」という結果になったペアに関する
記述であったが、「希望を話し合い、お互いに合意済みのこと」があった 3 組を
見てみると、お互いが合意している内容は「緊急連絡先・代理人」であった。
「緊急連絡先・代理人」は介護支援専門員にとって、単身高齢者を担当する上で
把握しておくべき基本的な事項であるが、これを挙げた専門職と言及しなかった
専門職がいたのは、「緊急連絡先・代理人」の把握をいわゆる ACP などの「意
思決定の準備」に関する内容に位置付けているかどうかという違いであったと考
えられる。一方で ACP の代表的な内容の 1 つであるといえる「延命治療」につ
いてお互いに話し合い合意しているケースはなく、高齢者側からは例えば以下の
ような語りがあった。

【高齢者 B】

Q ：ケアマネジャーの b さんとそういう（胃ろうなどの延命治療に関する）話っていうのは
　　…？

B ：も、やったこともない。（中略）ケアマネジャーさんっつっても 1 ヶ月に 1 遍ぐらい顔
　　出すだけでしょう？

表 8-2　高齢者があらかじめ準備や意思表示をしておきたいこと

語りデータ（抜粋）	コード
講演を聞いてさ，お墓も今2万円から組み立て式で．（中略）10万もありゃ，できんじゃねぇかって．(A)／火葬場行って焼いてもらって，骨にしてもらって，仏様…まあ…なんていうのかしら…お墓へと，入れてもらえばそれでいい．(B)／お墓はね，ちゃんとお参りには行くけど，そこへは入らないで，別のようなところへ，お寺さんを頼んで．（中略）それは用意してあるの．(C)／お墓もあるしね．もしあれならね，電車賃ぐらいはね，残しておいてね．(D)／「私はお墓の石の中へは入りたくないから，あの，土の方にしてもらいたい」っていって，言ってあるの．(E)／妹にね，「私が死んだらね，お骨を細かく粉にして山に撒いてくれ」とは言った．(F)	お墓 (6)
まぁどっちにしても，都民葬かなんかでもいい．(A)／「どれぐらい掛かるの？」って言ったら，一番安いのでもう…（中略）7万円で焼くだけはできるんだそうです．(D)／お葬式はね，しなくていって．(E)	葬儀と死後の手続き (3)
(延命治療を拒否するという文書は) やっぱ書いてた方がいいでしょ．(A)／(延命治療は) したくないです．私の体は病魔で冒されているから．(D)／延命治療は受けたくありません．(E)	延命治療 (3)
土地と家のことでまた揉めるといけないと思って…いたのを，一応ほら…遺言書で，ああいうのを皆決めちゃってくれて (B)／お金はね．最期はね．だからその準備は私，ちゃんと遺言でね．(C)	遺言・財産の処分 (2)
足が悪かったり，なんかして歩けなくなったりね，いろいろあったでしょ．だからね，ぼちぼちね，あの，片付けとかないとなぁ，なんにもできないからと思って，死に支度と思ってね．(E)	荷物の整理 (1)

　「1ヶ月に1遍ぐらい顔を出すだけ」の存在である介護支援専門員は現状，延命治療や最期の迎え方などの「意思決定の準備」に関わる話をする相手として，高齢者に認識されていない様子もうかがえた。

3　高齢者と専門職が望む「準備・意思表示」の内容

　本調査では高齢者に「人生の最期に向けて準備や意思表示をしておきたいこと」を尋ねており，今回分析対象とした6名の回答をまとめたものが**表8-2**である。以下，抽出したコード名を＜　＞で記す。

　高齢者6名が「準備や意思表示をしておきたいこと」として語った内容として，＜お墓＞が6名，＜葬儀と死後の手続き＞が3名，＜延命治療＞が3名，＜遺言・財産の処分＞が2名、＜荷物の整理＞が1名であった。高齢者の分析対

象者6名全員が言及した「お墓」については、例えば以下のような話があった。

【高齢者F】

F ：妹にね、「私が死んだらね、お骨を細かく粉にして山に撒いてくれ」とは言った。でも妹が自分の○○っていうんだけど、「○○家のお墓に姉さんのあれするところをもう場所を取って、言ってあるからお寺に、そんなこと心配しなくたっていいわよ」って言ってくれているんだけどね。私、別にそこに入りたいとは思わない。私、もう粉にしてね、それこそ山に撒いてもらっても、海に撒いてもらっても風にまわしてもって、それの方がね、あとあとお参りに行かなかったらとか、そんなことが後の人に迷惑をかけるのが嫌だからね。

　お墓に関しては親族である妹とよく話している高齢者Fであるが、自身の思いと、妹の思いが少々異なる部分もあるようである。しかも、高齢者Fがこうした自分の思いを伝えているのは妹のみであるため、万一妹が高齢者Fのサポートをできなくなる事態が起きた場合、高齢者Fの思いを知る人はいなくなってしまう可能性がある。

　一方、専門職には「高齢者にあらかじめ意思表示や準備をしておいてほしいこと」を尋ねており、今回分析対象とした6名の回答をまとめたものが**表8-3**である。

　専門職6名に「高齢者にあらかじめ意思表示や準備をしてほしいこと」を尋ねたところ、＜最期を迎えたい場所＞が5名、＜緊急連絡先・代理人＞が2名、＜遺言・財産の処分＞が2名、＜お墓＞が1名、＜荷物の整理＞が1名、＜延命治療＞が1名であった。

　専門職の分析対象者6名中5名が挙げた＜最期を迎えたい場所＞は、高齢者の側で言及されることがなかった項目である。専門職側の語りには例えば以下のよ

表8-3　介護支援専門員が高齢者にあらかじめ意思表示や準備をしてほしいこと

語りデータ（抜粋）	コード
自宅で亡くなりたいか，まあ家族に面倒をかけずに亡くなりたいかっていうのは示しておいてほしいなぁって．(a) ／ご本人からしっかり発信して，もうご家族がやっぱり共通の理解をしていて，初めて在宅で看取って，それが本人の願いだったからまぁ良かったんじゃないかっていうようなところに行きつくんですけど (b) ／やっぱり，"どこで最期を迎えたいか"っていうのは一番，一番のポイントです．(c) ／やっぱりそれが叶うかどうかはわからないけれども，このまま家で過ごしたいのか，家で看取り…，看取られたいのか，ということかな．(e) ／もう絶対に，家で死にたいのか病院で死にたいのかだけはハッキリさせてほしいですね．(f)	最期を迎えたい場所 (5)
遠く離れたごきょうだいに，「例えばご病気されて，あのー，救急の時にはどなたに知らせたらいいですか？」とか，その時は，まぁ弟さんだったら「弟さんが看ていただけますか？」とか，それは確認しときますね．(c) ／かろうじてこう，連絡が取れるご親族とかですねぇ，まぁ，そこをちょっと詳しく教えてもらうこと (d)	緊急連絡先・代理人 (2)
やっぱりお金に関することはなんかこう…ある程度，はっきりさせてもらえると助かるなぁって．(a) ／（高齢者に意思表示しておいてほしいことは）お金のこととかですかねぇ．(d)	遺言・財産の処分 (2)
「お墓ってどこにあるんですかぁ？」みたいな感じで．で，「あ，じゃあもしあれだったらそこに入るんですか？」って聞くのは，やっぱりまだお元気なうちじゃないと聞けないかなぁと．(c)	お墓 (1)
お家の中の整理しといてほしいな．（中略）結構，残された，会ったこともない親族の方が呼び出されて，結局その人に片付けが全部いっちゃったりとかするので．(f)	荷物の整理 (1)
まぁあの，一般的にはそのあれですよね？延命治療のこととかもありますけどねぇ．(d)	延命治療 (1)

うなものがあった。

【専門職 e】

e：私たちは、私がケアマネジャーだからですけど、在宅にいたいのか、いたくないのかってところだけでいいです。

【専門職 f】

f：もう絶対に、家で死にたいのか病院で死にたいのかだけはハッキリさせてほしいですね。（中略）私たちは在宅のケアマネジャーなので、家で死にたいってなった時には、それ相応のやっぱりプランを組んで、サービスを入れて、で、亡くなった時には

どういう、どこに連絡をしてとかっていうのいろいろ考えるんですね。で、それをしっかりやっといてくれれば、家で、例えばお一人暮らしの人でもそうなんですが、朝ヘルパーさんが入ったら亡くなっていたと、いった時に、みんなあたふたしないで済むんですよね、準備してれば。

「私がケアマネジャーだから」、「私たちは在宅のケアマネジャーなので」という表現にも見られるように、福祉専門職の中でも介護支援専門員として利用者と関わる立場に置かれた場合は特に、「最期を迎えたい場所」に関して高齢者本人の思いを知ることの重要性が高いようである。「どこで過ごしたいのか」という本人の思いを知ることで介護支援専門員は在宅ケアチームの窓口役として、様々なサービスの調整を行い、本人の希望の実現を助けていく。

　一方で＜最期を迎えたい場所＞について高齢者に尋ねた時には、インタビューの中で下記のような答えがあった。

【高齢者 B】

B：うちと病院とって…んな、わかるものじゃないですよ。ねえ？もうそうなれば。(中略)

Q：それもまあ自分で選ぶというよりは、まあ…？

B：そうですねぇ、お任せっていう感じですねぇ。

【高齢者 D】

Q：医療以外ですと、最期は絶対家がいいとか最期は病院がいいとか。あるいは老人ホームみたいなところがいいとか。そういう場所についても…あの、結構皆さん悩まれるんですけど、Dさん、その辺はどうですかね？

D：私はねぇ、ここで死んだらもうここでしかないんだし、病院なら病院で。どうしようも…あの、私自身のあれはありません。

高齢者にとって最期を迎える場所は全く予想のつかない問題であり、周囲に「お任せ」するしかないもの、自分の希望を述べるような対象ではないという意識を持っているようである。

　＜緊急連絡先・代理人＞もまた、高齢者があえて言及することのなかった内容である。専門職からは以下のような語りが聞かれた。

【専門職 d】

　d：まぁ今回のこのテーマだと、おひとり暮らしとかだったりすると、意思表示…そうですね、かろうじてこう、連絡が取れるご親族とかですねぇ、まぁ、そこをちょっと詳しく教えてもらうことと、あとは、直接私が電話をかけるっていうのも失礼になるかもしれないので、まぁ、こういう人がもしかしたら電話いくかもしれないよ、とか。そういうのは、ある程度了解を取らずに私も電話できないので。特にちょっと最近はそういうのは、おひとり暮らしの方で多くて、意外と、あの、例えば「○○の方に、別れた妻がいる」とか、あの、「息子夫婦が住んでる」とか、すごいこう…。

　Q：遠いんですね。

　d：通常の中では登場しない人の名前とかが出てくることがあるので、じゃあまぁあの連絡取るようなことがあれば、あの、「こういう人が今担当に、ケアマネジャーがいてとか、なんかの時は電話いくかもしれない」っていうような…ことが、ありますねぇ。

　「通常の中では登場しない人の名前」が出てくることもあるため、単身高齢者を支援する上では特にこうした＜緊急連絡先・代理人＞を聞いておくこと、また高齢者本人から介護支援専門員の存在について一度伝えておいてもらうことが重要であることがわかる。

　一方、高齢者の側では言及の多かった＜お墓＞や＜延命治療＞について、本研

究では介護支援専門員が「本人の意思表示をしてほしい」と明確に言及したケースはそれぞれ 1 名のみであった。＜お墓＞については以下のような語りがあった。

【専門職 c】

c ：まぁ認知症であっても、あの、やっぱり軽度なうちっていうのは、絶対くみ取れると思うので。（中略）「お墓ってどこにあるんですかぁ？」みたいな感じで。

Q ：あ、やっぱり聞かれますか？

c ：はい。で、「あ、じゃあもしあれだったらそこに入るんですか？」って聞くのは、やっぱりまだお元気なうちじゃないと聞けないかなぁと。

　一方、こうした＜お墓＞などの問題には「あえて立ち入らないようにしている」という介護支援専門員もいる。

【専門職 f】

Q ：お墓とか葬式の話、こういうのを、なんかケアマネとしてなんか聞いておく必要性とかって感じることはありますか？あんまりないですか？

f ：んーとねぇ、むしろ、立ち入らないようにします。（中略）営業電話も多いですよね。で、そこに下手にケアマネが、例えば「あそこのお墓、いいらしいですよ」「あそこの石材屋さん、いいらしいですよ」なんてなった時に、トラブルになった時、責任が取れないので、やっぱり一事業所、まぁお墓にしても葬儀屋さんにしても「あそこがいいですよ」とか「ここがいいですよ」っていう一ヵ所をお勧めするっていうことは基本的にはしません。

　お墓や葬儀についての話は「トラブルになった時、責任が取れない」という面

— 173 —

もあり、「立ち入らない」という専門職 f の語りからは、介護支援専門員の仕事の範囲から外れる部分であるという意識も感じられる。

一方、＜延命治療＞について介護支援専門員から言及が少なかったのには、下の専門職 e の語りにもあるように、介護支援専門員を含む福祉専門職の立ち位置にも関係する部分が大きそうである。すなわち、福祉専門職のみが本人の意思を聞いていても実際の医療の現場で、福祉専門職の聞いた内容が「効力を発揮」できないのではないかという見解である。この点については医療職との役割分担意識にも関わっている可能性がある。

【専門職 e】

e：私だけで聞いても、結局はその、それをこう書面に医療…、現場で、医療の現場でね、うん、伝えたりとか書面に起こすことできないじゃないですか。いえないじゃないですか。だから、それが効力を発揮する人と一緒に聞きたいわけですね。

Q：なるほど、それがまぁキーパーソン。

e：つまり家族と一緒。そうです、そうですね、はい。

本研究はインタビュー調査による質的研究であり、いわゆる量的調査のように高齢者や専門職が重要と考えている項目すべてを選択してもらう形式ではなく、インタビューの話の流れの中で出てきた話をカウントしたのみであるため、上記で示した発言者の数はあくまで参考値である。しかし、インタビューの中で分析対象者自ら語ってくれた内容は、語り手が特に重要と考えている項目であることは間違いない。本研究では高齢者本人が「準備や意思表示をしておきたいこと」として、6名全員が＜お墓＞を挙げる一方、専門職の中で＜お墓＞に触れたものは1名であった。一方、専門職は6名中5名が「高齢者に意思表示や準備をしてほしい内容」として＜最期を迎えたい場所＞を挙げたのに対し、高齢者側でその

ような意思表示の必要性を自ら述べた者はいなかった。こうした点も踏まえると、「意思決定の準備」に関わる内容について高齢者側と専門職側でやや関心の違いがある可能性が示唆された。

　以上は今回分析対象とした6組12名の状況の概観であるが、高齢者一人ひとりの状況、専門職一人ひとりの意識、さらには高齢者と専門職の関係性によって、両者間の話し合いの実態が大きく異なってくるであろうことが予測される。そこで次節では3つのペアを事例として取り上げ、それぞれの話し合いの状況をより詳細に検討していく。

第3節　事例検討

　この節では本章の分析対象者となった高齢者と担当介護支援専門員のペアのうち、特に「高齢者Cと専門職c」、「高齢者Dと専門職d」、「高齢者Eと専門職e」という3つのペアを取り上げ、「意思決定の準備」に関わる話し合いの実態を明らかにしていく。

1　分析対象ペア①高齢者Cと専門職c

1.1　事例の概要

　高齢者Cはインタビュー当時96歳の女性で、姉と義兄を看取ってからひとり暮らしを続けている。結婚歴はなく、子どもはいない。キーパーソンは電車で30分ほどの距離に住む姪であるが、交流は月に1回以下で、何か用事のある時に来てもらうという状況である。ここ10年ほどの間に、3回ほど転倒などが原因で入退院を繰り返しているが、自宅に戻ってからは要支援2の認定を受けて、ヘルパーも利用しながら元気に暮らしている。96歳の現在も不動産会社を経営

し、社長を務めている。

　専門職 c は高齢者 C の担当になって 3-5 年ほどである。主任介護支援専門員の資格を有し、＜最期を迎えたい場所＞だけでなく、利用者がある程度元気なうちに＜お墓＞について確認しておくこともあるという。

1.2　「意思決定の準備」に関する話し合いの状況

　高齢者 C があらかじめ準備を進めている内容として語ったのが＜お墓＞と＜遺言・財産の処分＞に関することである。このうち＜遺言・財産の処分＞については税理士とも相談しながら 5 ～ 6 年前に準備したということであるが、キーパーソンの姪には内緒にしているという。

　さらに、＜お墓＞について高齢者 C は次のように述べる。

【高齢者 C】

　C：お墓はね、C 家のお墓はね、ちゃんとお参りには行くけど、そこへは入らないで、
　　　別のようなところへ、お寺さんを頼んで。10 年ぐらい前から。

　Q：ああ、もう頼まれたんですね。

　C：うん。それは用意してあるの。誰もわからないと思う。（笑）

　Q：そのことは姪御さんなんかはご存知なんですか？

　C：わからないと思うね、そこまでは。

　高齢者 C は実家のお墓があるが、そこへは入らず、自身で頼んだお寺のお墓を別に準備してある。そしてそのことは「誰にもわからない」ということで、姪には伝えていない。担当の介護支援専門員である専門職 c にも、このことは伝えていないという。

【高齢者 C】

Q：さっきのお墓の話とかっていうのも、その…姪御さんはご存知ないということでしたけど…。

C：うん。知らない、知ら…。

Q：なんか周りで…まあ c さんとか何か…。

C：いや、まだ誰にもそれは…。

Q：あ、お話なさっていない？

C：お寺さんだけとの約束。

Q：じゃあもう直接のやり取りということなんですね？

C：そうです。

　専門職 c にこの点について後日尋ねると、高齢者 C は死後、キーパーソンである姪の援助で実家のお墓に入るつもりであると認識していた（2018 年 2 月 23 日 14:00 頃／電話による聞き取りメモより）。高齢者 C が自身のお墓について「お寺さんだけとの約束」としており、他の誰にも伝えていない理由を尋ねると、以下の語りにあるように大きな理由はない様子であった。

【高齢者 C】

Q：こういう、お寺さんに頼んであるよという話とかっていうのは…？

C：いや、誰にも。

Q：やっぱりちょっとしにくい気持ちっていうのがあるんでしょうか？

C：いや、そんなことはないけどね。まだそこまでね。周りも…わからないわよね、私が今こうやって元気でいるんだから。

　他方、いわゆる ACP などの「意思決定の準備」において問題になりやすい

＜延命治療＞について、高齢者Ｃはあまり考えたことはないという。

　　【高齢者Ｃ】

　　Ｑ：延命医療はしてほしくないとかっていう文章を書いておかれる方というのもいらっしゃ

　　　　るんですけど、そういうのを書いてみようと思ったことっていうのは…？

　　Ｃ：いや、そんなことは…。

　　Ｑ：今のところないですか？

　　Ｃ：感じたことない。うん、うん。

　病院や老人ホーム等には入らず、できるだけ最期まで自宅で過ごしたいという
思いを持っている高齢者Ｃであるが、こうした自身の希望について専門職ｃや
姪とは話したことはないと語る。

　　【高齢者Ｃ】

　　Ｑ：そういう話っていうのは、ｃさんとされたことってあります？

　　Ｃ：いや、まだそこまでは。自分だけ、描いているだけ（笑）。

　　Ｑ：あぁ、自分で描いている？

　　Ｃ：うん、うん。

　　Ｑ：姪御さんともそういう話というのは…？

　　Ｃ：したことない、したこと…もう絶対、それは。

　　Ｑ：絶対にしない？

　　Ｃ：うん、うん。

　このように、人生の最期に関する「意思決定の準備」の話し合いを専門職ｃと
行ったことはほとんどないと語っている高齢者Ｃであるが、専門職ｃの方では

— 178 —

高齢者Cの思いについて、以前退院を支援した際の経験からある程度把握している旨を語っている。

【専門職 c】

c：その事前準備っていうのは、もうあの、この方は、そこで死にたいと。

Q：それは家でということですね。

c：家で、はい。で、今はもう月に1回来る税理士さんともちゃんとお話をされているし、で、その後1回また肩を脱臼して入院したんです。で、病院にいた時に「約束覚えてますよね？」っていわれて、「在宅だから」って。天涯孤独の方なんですね。あの…。

Q：お子さんはいらっしゃらない。

c：いらっしゃらない。独身の女性。で、96才まで1人で。そういった方であれば、あの、とてもそれに寄り添える。

　専門職 c は高齢者Cが「税理士さんともお話をされている」という点や、＜お墓＞のことも含め高齢者Cの人生の最期の迎え方についてかなり広い視点から捉え、「意思決定の準備」を進めようとしていた。しかし、高齢者Cが「誰にもわからない」ように自分自身で別途お墓の準備を進めていたり、最期をどのように迎えたいかという話はしたことがないと語ったことから、必ずしも高齢者Cと専門職 c の間で十分な合意に至っているとはいいきれない状況が生じていた。

1.3　高齢者Cの人生の最期に向けた希望と社会資源

　ここで、高齢者Cの人生の最期に向けた希望と、それに対応する社会資源、及び介護支援専門員の立ち位置を考えてみる。**表8-4**は、第6章の**表6-3**で示した「本研究における『全人的な視点』」の枠組みに沿って、本研究のインタ

表8-4　高齢者Cの「人生の最期に向けた希望」と社会資源

本研究における 「全人的な視点」	人生の最期に向けた 本人の希望	社会資源
医療		
介護・療養	自宅での生活	介護支援専門員 訪問介護員ほか
社会・交流		姪 信用金庫の職員
財産・法律	財産処分	税理士
死後の事	お墓	お寺
宗教・信条		
人生・回想		

ビュー中に聞き取れた高齢者Cの人生の最期に向けた希望を配置し、関連する社会資源を示したものである。

　高齢者Cは「できる限り自宅での生活を続けたい」という意思を示しており、この点については在宅で過ごすためのサービス調整を担う介護支援専門員や、訪問介護の職員による関わりがある。

　また＜財産処分＞に関する希望については、高齢者Cは自分自身で「税理士」とやり取りして、準備を済ませている。同様に＜お墓＞の希望についても、人の手は借りず自分自身で「お寺」と相談を済ませている状況である。

　インタビューの中で本人から語られた希望は以上であるが、本人の希望と直接関わらない部分では「社会・交流」の面で何か用事がある時には頼っている姪の存在がある。さらに、直接人生の最期に向けた希望とは関わりがないため前項までは触れて来なかったが、不動産会社を営む高齢者Cには長年関わりのある信用金庫があり、この信用金庫の職員達は毎年誕生日やクリスマスに写真付きのメッセージカードを届けに来てくれるなど、仕事上の付き合いながらも親しい関係にある。高齢者Cが＜お墓＞や「自宅で過ごしたい」という思いを親族である姪にも伝えていないことはこれまでに述べてきた通りであるが、これと同様に

上に挙げた税理士との＜財産処分＞に関する相談状況や、信用金庫の職員達との交流についても「姪は知らない」と高齢者Cは述べている。一方、専門職cはこうした税理士との相談や信用金庫の職員との交流について、詳細には踏み込んでいないものの、日頃の関わりの中で把握していた。

このように96歳の今も自身の生活と人生の最期に関わる諸事を自らこなしている高齢者Cであるが、この先心身の衰えが進んで意思決定能力を失った時に、本人の人生の最期に向けた希望はどのように守られるであろうか。一般的には親族である姪が、本人を代弁する存在として各所とのやり取りを引き継ぐことになるだろうが、これまで述べてきた通り高齢者Cは様々なことを姪に伝えることなく進めており、日頃から関わりのある介護支援専門員の方が高齢者Cの様々な人生の最期に向けた希望を把握している現状にある。そのためこの先の状況によっては、介護支援専門員が本人の希望を「代弁」する形で、親族である姪のサポートに入る必要が生じてくる可能性がある。また、何らかの理由で姪からのサポートが十分に得られなくなった場合は、高齢者Cの代わりに様々な関係者とのやり取りを担える者がいない状況に陥ってしまう。この場合に福祉専門職である介護支援専門員が「全人的な視点」から高齢者Cの人生の最期に向けた希望を把握していれば、本人の希望を「代弁」し、様々な社会資源との関係を「調整」したり、場合によっては「直接援助」も担うことで、本人が意思能力を失った後も、その希望が叶えられる可能性が開けてくる。

2 分析対象ペア②高齢者Dと専門職d

2.1 事例の概要

高齢者Dはインタビュー当時78歳の女性である。30年以上前にがんで亡くなった夫を看取ってからずっとひとり暮らしを続けている。子どもはなく、4人のきょうだいとは何十年も交流がない。心臓の手術を3回ほど受けており、ここ

5年ほどで骨折も2回経験している。現在は要介護1の認定を受け、訪問介護を週1回、デイサービスを週2回利用しながら、生活保護を受給して暮らしている状況である。

専門職dは高齢者Dの担当になって1年弱である。「意思決定の準備」と関わる、利用者の人生の最期について尋ねることについて、専門職dは次のように語っている。

【専門職d】

Q：さすがにあの、ハッキリその、「どういうふうに最期を迎えたいですか？」とか、そういう聞き方はあまり？

d：ストレートではやっぱり聞かないですけども、まぁ最終的に、まぁそのどういう人生でこの介護保険使っていく中で、どういうふうな生活送っていきたいですか？っていう話がこう進んでいって、「いやぁ、俺はもう、あの、最期はここで死ぬんだよ」っていうような話になれば、まぁもうちょっと具体的な話にはなりますけど、いきなり「どう最期迎えたいですか？」とかはなかなか。（笑）はい。この人何に来たんだろう？って、まぁケアマネージャーもやっぱりある程度信頼関係がないと根掘り葉掘りやっぱり聞けないのと、アセスメントも何回も分けて行ったりしますから。

介護支援専門員として、「介護保険を使ってどういう生活を送っていきたいか？」という話の延長で最期の迎え方に関する具体的な話になるケースもあるが、「どう最期を迎えたいですか？」とストレートに聞くことはないという。この点についてはインタビューの後半で改めて、専門職dは以下のように語っている。

【専門職d】

d：難しいですね。やっぱりあの、本来はね、そういった、最期をどう迎えるってところまでケアマネージャー考えなきゃいけないのかもしれないんですけれど、やっぱり今生きているここの瞬間をどう充実させるかっていうところをやっぱり考えるので、まずは。最期の話まではなかなかこう、冒頭からできないなっていう気がしますねぇ。

2.2 「意思決定の準備」に関する話し合いの状況

前項で述べたように、「意思決定の準備」に関わる内容を尋ねることに難しさを感じている専門職 d は、現在担当している高齢者 D との関係について以下のように語っている。

【専門職 d】

d：この方はですね、あの、本当にこう、ざっくばらんな性格というか、まぁ長年の職歴、生活歴もあるんでしょうけれども、もうあのー、なんかあると「もう私もこんなに生きたから、もう死んでもいいのよ」と、常にいう方なんですね。だから、あんまりこう真剣に「じゃあ最期どういうふうにしましょうか？」っていうところには至ってないんです。（中略）

Q：なるほど。それはじゃあ d さんからあの、改まって聞き出したというよりはご本人がまぁ普段からざっくばらんにそう言って。

d：そうですねぇ、はい。（笑）なのでこっちから聞くってことはあまりないんですけれども、まぁただ、今のこう、関係性からいうと、じゃぁどう…、治療のこととかですね、こういう治療を、まぁ新たな治療とか手術とかそういうのが始まった時に、「どうしますか？」って聞くことは聞けると思います。

こうした中、専門職 d のインタビュー終了後に高齢者 D へのインタビューを行うことになったが、インタビューには高齢者 D の希望により途中まで専門職

dも同席することとなった。このインタビューの際に初めて、専門職dも「意思決定の準備」に関する高齢者Dの様々な思いを聞く機会を得た状況である[3]。例えば高齢者Dは、自身の＜葬儀と死後の手続き＞について以下のような話をした。

【高齢者D】（専門職dが同席）

Q：終活っていう言葉がですね、最近割といろいろと話題になるんですけども、聞いたことはありますか？

D：ありませんね。

Q：あまりないですか？

D：ねぇ？（中略）

d：Dさんさっき言ったじゃないですか。なんか10万円だけ用意しておくって（笑）。

D：あ、それはもう…ね。あ〜…あれしてあるから。

Q：葬儀の費用ですか？

D：あの、麻雀屋さんのママさんにもちゃんと…私、（中略）10ヶ月ぐらいで600万、お金…麻雀で落っことして使ったことあるんですよ。

Q：え？えー、600万？！はぁ〜…。

d：昔ね。

D：昔ね。もう…何…20年も前にね。だからもし何かあった時はそれだけは面倒みてよって。それは頼んではあります。

d：あ、ママさんに？

D：うん、ママさんに。

　高齢者Dは親族との交流がなく現在は生活保護を受給しているため、死後の手続きについては生活保護のケースワーカーが手配してくれる可能性が高いが、

---

3) この調査では本章で取り上げた分析対象者を含め12組24名の単身高齢者と担当介護支援専門員にインタビューを実施したが、「高齢者Dと専門職d」のケースのように高齢者インタビューに途中まで担当介護支援専門員が同席したケースが他に1件、最後まで同席したケースが1件あり、専門職も高齢者の「意思決定の準備」に関わる話をその場で聞き取っていた。これらのケースについてはいずれも専門職へのインタビューを先に実施した上で、後から高齢者へのインタビューを実施している。また、インタビューには同席しなかったものの「今回この調査があるので、事前の訪問の際に初めて担当高齢者に最期の迎え方に関する話を聞いた」という声

葬儀の費用については自分で準備をしてあるという。そして生活保護のケースワーカーの名前が出ることはなく、代わりに昔からお世話になっている近隣の「麻雀屋さんのママさん」に、「何かあった時はそれだけは面倒みてよ」と頼んであると高齢者Dは語る。これに対し専門職dは「ママさんに？」と聞き返しており、専門職dにとって初めて聞く話だったことがわかる。その後、会話は以下のように続いた。

【高齢者D】（専門職dが同席）

Q：そのママさんっておいくつくらいの方なんですか？

D：えーっとねぇ、もう50ですかね。

Q：あ、でもじゃあ一回り二回りはお若いので…。

D：そう、そうです。一緒にやった仲間だから。

Q：で「何かあったらお願いね」って？

D：私もこんな話、したことないんだけど（笑）。

d：ママさんの話はたまに聞いてます、よく…。

D：ねぇ？

d：うん。

「麻雀屋さんのママさん」は高齢者Dよりも二回り以上若い知人であり、この人物については専門職dもこれまでの高齢者Dとの関わりの中で聞いたことはあったが、「死後のことをお願いしている」という点については把握していない状況であった。

　一方、＜延命治療＞に関して高齢者Dは次のように語る。

【高齢者D】（専門職dが同席）

も複数あった。本研究がきっかけで、福祉専門職が「意思決定の準備」への関わりを深めた側面もあったと考えられる。

Q：もうちょっと生きたいから延命医療をしたいっていう方もいらっしゃるし、もう私は延命医療はしたくないっていう方もいらっしゃるんですけど…。

D：したくないです。私の体は病魔で冒されているから。献体…あれすることも何もできないから。このまま…ワーッと訳わかんないで（笑）、逝きたいと思っている。

Q：なるほど。もうじゃあ無理して90、100までとは…？

D：あ、そんな気はさらさらありません。（中略）

Q：ちなみにそういうお話っていうのは、他…周りに、どなたかにされたことってありますか？

D：ないです。

Q：あ、あまりされたことないですか。

D：こんな生活しているから、あの…ちゃんとしている人とあれはね…。してる人はしているけど…。しないですよね。

　延命治療については「したくない」と明確に自分の思いを述べた高齢者Dであるが、そうした自分の思いを誰かに伝えたことはないという。インタビューには専門職dが同席していたが、この時初めて専門職dの前でも話した状況であった。

　高齢者Dは、専門職dの言葉を借りれば「ざっくばらんな性格」で自らの死に言及することもあり、専門職dも「関係性からいうと『どうしますか？』と聞ける」状況であったが、実際には本研究のインタビューをきっかけに高齢者Dの「意思決定の準備」に関わる様々な思いを聞く形となった。福祉専門職が高齢者に「死」に関わる話を聞くためのきっかけ作りの難しさが感じられる事例であった。

2.3 高齢者 D の人生の最期に向けた希望と社会資源

表 8-5 は、「本研究における『全人的な視点』」の枠組みと、本研究のインタビュー中に聞き取れた高齢者 D の人生の最期に向けた希望、及び関連する社会資源の関係を示したものである。

「医療」に関するところで高齢者 D は、「延命治療は希望しない」という明確な希望をインタビューの中で語っている。これに対応できる社会資源として、高齢者 D はすでに訪問診療医の支援を受けているが、まだ自身の＜延命治療＞に対する思いを訪問診療医に伝えたことはないという。

「介護・療養」について高齢者 D は「ここ（自宅）で死んだらもうここでしかないんだし、病院なら病院で。（中略）私自身のあれ（希望）はありません」と述べ、特に自身の希望は表明していない。ただ、この点については介護支援専門員による支援を受けているため、相談先となる社会資源はある。同様に「社会・交流」面でも本人の希望は特に述べられていないが、福祉専門職として介護支援専門員は本人の「社会・交流」面に関する相談支援を担う社会資源となり得る。また、高齢者 D はデイサービスを利用しておりこちらの社会資源として位置付

表 8-5　高齢者 D の「人生の最期に向けた希望」と社会資源

本研究における 「全人的な視点」	人生の最期に向けた 本人の希望	社会資源
医療	延命治療	訪問診療医
介護・療養		介護支援専門員
社会・交流		介護支援専門員 デイサービス
財産・法律		
死後のこと	お墓 葬儀と死後の手続き	葬儀屋社長 麻雀屋のママ 遠縁の親戚 （生活保護 CW）
宗教・信条		宗教関係者の知り合い
人生・回想		

けることができる。

「死後のこと」は高齢者Dにとって関心の深い希望であり、＜お墓＞や＜葬儀と死後の手続き＞について自ら様々な人に話を聞き、お願いをしている。これらに関する高齢者Dの社会資源としては、知り合いで一緒に食事に行くこともあるという「葬儀屋社長」、昔からお世話になっておりいざという時の葬儀のことなどをお願いしている「麻雀屋のママ」、お墓について昔お願いしたことがあるという「遠縁の親戚」などが位置付けられる。なお、高齢者Dは生活保護を受給しているため、本人の口からは言及されることはなかったものの、「生活保護ケースワーカー（CW）」も「葬儀と死後の手続き」に関わる社会資源となり得る。

最後に、高齢者D自身はインタビュー時点で「私は信仰していない」と明言していることから「『意思決定の準備』に関する希望」には特に位置付けていないが、高齢者Dには日頃から何かと親切にしてくれる宗教関係者の知り合いがいる。この先の高齢者Dの信仰に対する気持ちや、と宗教関係者の関係性にもよるが、「宗教・信条」に関する希望が出てくることがあれば、こうした関係者も「社会資源」として位置付ける必要が出てくる。

以上は本研究のインタビューの中で聞き取れた高齢者Dの「『意思決定の準備』に関する希望」と関連する「社会資源」の概略である。まず、高齢者Dは＜お墓＞や＜葬儀と死後の手続き＞に関する部分では自ら動き「葬儀屋社長」、「麻雀屋のママ」、「遠縁の親戚」といったいわゆるインフォーマルな支援者に相談をしている一方、＜延命治療＞については明確な希望を述べながらまだ訪問診療医には伝えていない状況である。これは高齢者Dの中で自身の希望を訪問診療医に伝えておく必要性の認識が十分ではないためと推察される。介護支援専門員がこうした希望を把握できている場合には、高齢者Dと訪問診療医の関係性にも配慮しながら、医療に関する自身の希望を訪問診療医に伝えるよう、高齢者Dに

対し「情報提供・助言」をしたり、逆に医師の側にそれとなく伝えて「調整」や「連携・協働」を図ることが望まれる。

　高齢者Dには日頃から頼ることのできる親族がいない。そのため、高齢者Dが心身の衰えにより自ら様々な関係者への依頼や意思表明ができなくなった場合には、誰かが本人の希望を「代弁」したり、関係者との「調整」を図る必要が出てくる。高齢者Dの周囲でそうした役割を担い得るフォーマルな資源としては、福祉専門職である「介護支援専門員」と、「生活保護のケースワーカー」が考えられる。しかし、高齢者Dの語りで「生活保護のケースワーカー」についての言及がなかったことも考えれば、より身近で関係が築けていると推測される介護支援専門員が、本人の様々な人生の最期に向けた希望に寄り添った支援にあたることが望ましい。

　なお、「麻雀屋のママ」や「宗教関係者の知り合い」など本人の周囲のインフォーマルな存在が、こうした役回りを引き受けてくれる可能性もある。この点についても介護支援専門員は福祉専門職として、本人と周囲の人の関係性を「評価」した上で、「調整」を図っていく必要があるといえる。

3　分析対象ペア③高齢者Eと専門職e

3.1　事例の概要

　高齢者Eはインタビュー当時86歳の女性で、結婚経験はない。7人きょうだいであるが、1年ほど前に電車で1時間弱の距離に住む末妹に入退院時の手伝いをお願いしたくらいで、それ以外は「ケンカになるといけない」ためほぼ交流はないという。高齢者Eが最も頼りにしているのは他県に住む長兄の子どもである甥であるが、こちらも用事がある時に「電話するくらい」という状況である。現在は要介護2の認定を受けて、訪問介護とデイサービスを週2回ずつ利用して暮らしている。

専門職 e は高齢者 E の担当になって 2-3 年である。「意思決定の準備」に関わる話について、専門職 e は次のように述べている。

【専門職 e】

e：やはりこの最終段階のお話というのは、なかなかしづらいテーマであるなぁというのが1つです、はい。あの、避けて通れないものではあるんですけど、積極的にその、普段の会話の中にはなかなか、出てこない、ことですよね。ですので、ただ意識しなければいけないのも事実だし、相手に不快な思いをさせてはいけないなぁとか、ちょっとデリケートな話だなと思います。

3.2 「意思決定の準備」に関する話し合いの状況

「最終段階の話はなかなか話しづらいテーマ」であると語っていた専門職 e であるが、高齢者 E との「意思決定の準備」に関しては次のように語る。

【専門職 e】

Q：この意思表示に関するところ、最期自宅がいいのかどうか、ここについてはもう E さんとはお話をなさったってことでしたよね。

e：はい、あ、聞いてます、はい。

Q：これ、お話するタイミングっていうのは、いつ頃だったんですか？

e：そうですねぇ、（中略）初回じゃなくて自宅でのカンファの時には妹さんもいらっしゃったんですよ。あの、甥っ子さんだけじゃなくて。で、「妹には迷惑かけたくない、甥っ子にもかけたくない」と仰っていたので、「では、ご自宅でこれからもずーっとここでお住まいになりたいということですか？」って私の方から、初回に聞きましたね、E さんの場合はね。それは彼女がそう仰ったので。（中略）で、「それというのは、何かあの、例えば動けなくなったらご入所っていうことの意思ですか？」ってお伺いし

— 190 —

た時に、「いや、入所はしない。そんなお金はない」。（中略）なので、「わかりました。ではこちらの方で、最期まで過ごしていくという方針で私たち関わってまいります。で、ご家族様いかがなんでしょうか？」って伺ったところ、ま、その時の、妹さんと甥っ子さんは、「自分たちも引き受けることができないので、そのようでお願いします」という感じ。

一方、高齢者Eはインタビューの中で次のように語った。

【高齢者E】

Q：例えばですね、最期を迎える場所のご希望とかってありますか？家がいいとか、病院がいいとか、老人ホームがいいとか、どうでしょうか。

E：あのね、うん、孤独死する人多いですよ、今ね。だけど、私はあの、ここでまぁ、施設へ入んないで、早く入んないで、ここにいて、ほれでね、これで限界かなって自分でね、もう歩けなくなったり、何かした時には病院さ入れてもらって、ほんで最期のね、どのくらいその、入院してるかはわからないけど、なるべく入院短くして、うん。

Q：あぁ。で、病院がいいなという…。

E：病院で亡くなりたいと思う。

専門職eは「自宅で最期まで過ごしていくという方針」で支援を行うことにしている。一方、高齢者Eは「施設へ入らない」という点で「自宅で過ごしていく」という部分に間違いはないが、最期は「なるべく入院短くして、病院で亡くなりたい」という思いを語っている。高齢者Eにさらなる真意を尋ねると、次のように語る。

【高齢者E】

Q：これはやっぱり老人ホームとかよりも病院の方が、まぁいいわけですか。

E：あぁ、そう、その方が私はね、老人ホームに入っても、ずーっとね、ほんで、あの、有料荘は入れない、高くて。（中略）

Q：そしたらまぁできるだけやっぱり長くこの自宅にいて、で、最期ちょっとだけ病院っていうのがちょうどいい。

E：えぇ（笑）、だから1ヶ月とか2ヶ月とかっていうんだったらね、そのお金も大丈夫だから、あの、そういうふうにしてもらえるかと思ってるの。

　こうしてみると、高齢者Eと専門職eの間で「入所はせず、自宅で過ごしていく」という点についてはしっかりと話し合い「意思決定の準備」の合意ができているといえなくもない（さらには、末妹や甥が同席しその方針に合意していることも踏まえれば、「意思決定の共有」まで図られているともいえる）。しかし、高齢者Eが最期の「1ヶ月とか2ヶ月とか」は病院で過ごし、「病院で亡くなりたい」と考えている点まで専門職eは把握していないことを鑑みると、完全な合意ができているとまではいい難い状況である。もちろん、現実にはその時々の状況で物事は進んでいくには違いないが、高齢者自身の「理想」のようなものを周囲に伝えておくこともまた、ACPを含む「意思決定の準備」において「本人の意思」を生かすためには重要な点である。この点については、より深く掘り下げた対話が不足しているといえるかもしれない。

　さらに、高齢者Eは＜延命治療＞や＜葬儀と死後の手続き＞等の希望についても専門職eに伝えていると語る。

【高齢者E】

Q：例えば延命治療をしたくないとかっていうお話を、まぁ今普段ね、来てらっしゃるケ

アマネージャーさんとかヘルパーさんとかにしたことってありますか？

E：あります。

Q：あ、ありますか。それはえっと、どなたに伝えたんですか？

E：いやぁ、別にね、これぞといって改まって言ったことはないけど、私はこういうふうにしたいなっていうの、だからもし私がね、ちょっとあの、きょうだいにすぐ来てもらえなかったりなんかする時は「なぁeさん、俺、俺ん家のことはよく、あれしてよな、お願いだからな、私、頼みにしてるんだからなぁ」なんて言ってね、あの、お願いするんですけど。「葬式のことまでできないよ」なんて笑われちゃうけどさ。

Q：あぁ、そんなお葬式の話しまでされたりしてるんですね。

E：私がね、ちゃんとした人いなければさ、困っちゃうからね、「そういう時に手続きとかそういうのしてやってくれよな」って言って。

　一方、「お葬式」や「延命治療」のことについて、専門職eは次のように語った。

【専門職e】

Q：ちなみにEさんのことですと、まぁ今日ちょっと最初の方にお墓とかお葬式の話もされてましたけど…そういう話っていうのをされたことはないですか？

e：お墓とお葬式の話はしたことないです。（中略）「甥っ子がなんとかしてくれるんだ」って話は聞いてますけど、そこまでですね。

Q：ですね、えぇ、わかりました。延命治療のこととかそういう話はどうですか？

e：そこまでは聞いてないですね。

Q：あ、なるほど。

e：はい。望まれてるのか否かはちょっとわからないです。

高齢者Eは専門職eに自身の＜延命治療＞に関する希望を伝え、「お葬式のことまでできないと笑われちゃう」という話をしたと語ったが、専門職eの方ではそのような話をしたという認識はなかった。高齢者Eは「これぞといって改まって言ったことはない」と上で語っていたが、その後改めて「冗談話みたいにやる」ということを以下のように述べている。

【高齢者E】

Q：今みたいな、その、まぁ最期はちょっとだけ病院がいいとか、えっと、延命治療みたいなのはしたくないという話を、eさんには、まぁなんとなくしてあると。

E：うん、そうそう。冗談話みたいにやる、やるけどね、あぁ。

Q：はい。あの、お医者さんとかにはそういう話はしたことありますか？

E：延命治療とかそういうのはしたことないけど…。

Q：は、ないですかね。

E：…私はその、とにかくね、みんなに世話かけないように死にたいから、うん。

　高齢者Eは、専門職eに「頼みにしてるんだからな」と伝えたと話すなど、専門職eを非常に信用している様子がうかがえた。そして自身の最期に関する話も「冗談話」みたいにしているが、専門職eの方ではきちんとした話では聞けていないと感じている様子で、本人の思いは「わからない」と話した。このように、信頼関係が築かれている様子の高齢者と専門職の間でも、「意思決定の準備」に関する十分なコミュニケーションは難しい状況が明らかになった。

　なお、「最終段階の話はなかなか話しづらいテーマ」であると語っていた専門職eであるが、介護支援専門員としての自身の役割については次のようにも語っていた。

【専門職 e】

e：ここ書かれてるような準備とか何を難しいと考えてるってことを、こういうことはちょっと、今後ね、んー、私たちみたいな職種の者は、ちょっと頭に入れながらやっぱりいかなきゃいけないと思う。今後のね、ケアマネージャーの課題かなと思いますね。（中略）地域包括ケアシステムだっけ？で、いろいろね、これからはもっと医療と綿密に私たち関わる…、っていかなきゃいけないっていわれているので。

Q：そうですよねぇ、ええ、ええ。

e：それ避けられない話ですから、あのー、こういう、この辺のことをね、もう少し私たち業界で広めていきたいなと、私は思います。

専門職 e にとって「意思決定の準備」のような利用者の人生の最期に関わる話は「今後の課題」であり、「避けられない話だから、業界で広めていきたい」と思うものであるという。この語りからは、介護支援専門員などの福祉専門職にとって本調査で取り上げたようなトピックが発展途上の領域であることがうかがえる。

3.3　高齢者 E の人生の最期に向けた希望と社会資源

表 8-6 は、「本研究における『全人的な視点』」の枠組みと、本研究のインタビュー中に聞き取れた高齢者 E の人生の最期に向けた希望、及び関連する社会資源の関係を示したものである。

「医療」について高齢者 E は「延命治療は希望しない」という明確な意思を持っている。この点に関連する社会資源としては「主治医」がいるが、高齢者 E は主治医とこのような話をしたことがない。この点については前項で触れた高齢者 D と同様である。

「介護・療養」については「できる限り自宅で過ごして、最期の 1 か月か 2 か

表 8-6　高齢者 E の「人生の最期に向けた希望」と社会資源

本研究における 「全人的な視点」	人生の最期に向けた 本人の希望	社会資源
医療	延命治療	主治医
介護・療養	自宅での生活 （最期は病院）	介護支援専門員 （病院、介護支援専門員）
社会・交流		甥、末妹 友人
財産・法律	荷物の整理	友人 民間事業者
死後のこと	お墓 葬儀と死後の手続き	甥 介護支援専門員
宗教・信条		
人生・回想		

月ほどだけ病院で」という希望を語っており、この点については在宅での療養の支援と、医療機関への橋渡しなども行う介護支援専門員が社会資源である。また、インタビューの中では明確な形で聞くことができなかったが、日頃からかかっている医療機関があればこれもいざという時に本人の希望を叶える重要な社会資源となる。

　「社会・交流」に関わる希望は高齢者 E から明確に語られることはなかったが、親族である甥や末妹と一定の交流はあるため、サポート源として位置付けられる。また前述の友人との交流もある。

　「財産・法律」に関する部分では自身が元気なうちに＜荷物の整理＞を進めておきたいという希望を高齢者 E は語っている。高齢者 E が頼りにしている甥や末妹などの親族とは少し離れて住んでいることもあり、日頃からそれほど交流が多いわけではない。一方、高齢者 E には同じアパート内や近隣の市区町村に友人がおり、体調が悪い時の通院時などにサポートを受けている。＜荷物の整理＞についてもこうした友人のサポートを受けられることが期待されるほか、不用品の処分にあたっては民間事業者の活用も考えられる。

「死後のこと」については＜お墓＞と＜葬儀と死後の手続き＞に関する希望を高齢者Ｅは述べており、親族である甥に基本的にはお願いしてある。ただし、いざという時に「介護支援専門員を頼りにしている」というような語りもあった事から、本人の視点から見た社会資源として、介護支援専門員もここに位置付けている。

　高齢者Ｅにはいざという時に頼れる親族として甥と末妹の２人おり、親族によるサポートは比較的受けやすい環境である。ただし、いずれも日常的な交流はあまりないため、高齢者Ｅの人生の最期に向けた希望や、交友関係などを親族がどの程度把握できているかは心もとない部分もある。福祉専門職として関わる介護支援専門員は、こうした親族との関係性をまず適切に「評価」しておく必要がある。その上で、本人が親族に自分の希望を十分に伝えることができないまま意思能力を失った場合には、身近なところで一定の信頼を受けて支援にあたっていた者として、本人の様々な希望を親族に「代弁」する役割を担うことが望まれる。また「医療」については先の高齢者Ｄと同様、「情報提供・助言」や「調整」の観点から、まずは高齢者Ｅが自らの希望を主治医に伝えられるよう支援していく必要もある。＜葬儀と死後の手続き＞については基本的には親族である甥や末妹に対応を任せていくことになるであろうが、「ちゃんとした人がいなければ、手続きとかやってくれよな」と高齢者Ｅが介護支援専門員に直接依頼したという語りもあった。そのような死後の手続きについては本来の業務の範囲外ではあるだろうが、他に誰も担い手がいないような状況が生じた場合には、ソーシャルワークの観点からは「直接援助」による支援を視野に入れることも、福祉専門職である介護支援専門員にとって検討すべき課題である。

第4節　小括

　本章では「単身高齢者と介護支援専門員の、『意思決定の準備』に関する話し合いの現状を明らかにすること」を目的に、単身高齢者とその担当介護支援専門員が、単身高齢者本人の人生の最終段階を見据えてどのような話し合いを行っているのか、お互いにどのような思いを抱いているのかを、インタビュー調査から明らかにしてきた。本章の分析から見えてきた課題を、ソーシャルワークの機能にも触れながら、7つの視点からまとめていく。

1　単身高齢者と介護支援専門員での関心の違い

　第一に本調査から見えてきた状況として、高齢者と専門職との「意思決定の準備」に関する関心の違いが挙げられる。6組12名という限られた人数へのインタビューではあるが、高齢者6名全員が＜お墓＞の準備について語ったのに対し、専門職でお墓について高齢者と話しておく必要を述べたのは1名のみであった。逆に、専門職で6名中5名が＜最期を迎えたい場所＞に関する高齢者の意思表示を望んでいたのに対し、高齢者側でその点について周囲に伝えておくことの必要性を述べた者はいなかった。

　無論、お墓や葬儀といったものは家族の領域に属すものであるという意識が、専門職の側にはあるかもしれない。しかし、高齢の兄弟姉妹がキーパーソンとなっているケースでは、頼るべき兄弟姉妹がサポートを提供することが困難になった場合、本人の思いを身近で知る人がいなくなるかもしれない。また日頃交流の少ない甥や姪がキーパーソンである場合は、キーパーソンよりも介護支援専門員の方が単身高齢者にとって身近な存在として様々な相談を聞ける可能性も高い。単身高齢者の現在の親族との交流状況や、先々のリスクも見据えると、本人

が比較的元気なうちから身近なところでお墓や葬儀に関する本人の思いを介護支援専門員などの福祉専門職が聞き取っておく方が良いケースもあると考えられる。

　一方、専門職が重視する＜最期を迎えたい場所＞については高齢者にとって全く予測のつかない問題であり、周囲に自分の希望を伝えておく必要性を高齢者は感じていない上に、そもそも自分自身の希望はないという者もいる。この点について専門職側は「情報提供・助言」や「予防」の観点から、高齢者に「なぜ意思表示してほしいのか」を丁寧に説明した上で、本人の「希望・意向の明確化」を手助けするという視点も求められる。

2　「意思決定の準備」について「考えない」高齢者の存在

　自分自身の最期について「できるだけ考えないようにしている」とか、「全く考えたこともない」という単身高齢者もいる。これは第7章の介護支援専門員を対象とするインタビューにおいても指摘されていた点であるが、本章における高齢者本人へのインタビューからも実証された。こうした高齢者と「意思決定の準備」をどのように進めて行くのかは、何とか「本人の希望」を知っておきたい専門職側からは悩ましい点である。高齢者側に意思表示を無理強いするようなことは決してないように最大限の注意を払いつつも、少しずつ本人の思いを探っていけるよう、「予防」や「評価」の視点を持ちながら適切なコミュニケーションの方法を福祉専門職は模索していく必要がある。

3　「兄弟姉妹に任せている」高齢者の存在

　これも「1」と重なる点であるが、配偶者も子どももいない（あるいは交流がない）高齢者の中には、兄弟姉妹をキーパーソンとして頼っているというケースがままある。「妹」や「弟」など自身よりも年齢が下の相手に頼っている者が多

いとはいえ、本人が年を重ねるほど兄弟姉妹も高齢になっていくため、第6章で見てきたケースのように兄弟姉妹が病気や障害を持って本人のサポートに回れなくなるリスクも高くなる。兄弟姉妹がキーパーソンとなっている単身高齢者には専門職が「意思決定の準備」により積極的に関わり、兄弟姉妹以外のキーパーソンをもう一人見付けて本人の思いを共有する準備をしておくなどの配慮も「予防」の観点から必要になってくる可能性がある。

4 「誰にもわからない」形で準備を進める高齢者の存在

　本章で見てきた高齢者Cのように、自身のお墓をキーパーソンである親族にも、周囲の専門職にも誰にもわからない形で準備を進めているケースも有る。こうしたケースではせっかく自身のお墓を準備していても周囲が知らなかったために、亡くなった後に本人の思いとは違った形でお骨などが処理されてしまうケースがあることは、自治体の現場などでも現在問題になっていることである（小谷2017: 157-162）。

　本章でも見てきたように、高齢者Cがお墓について周囲に伝えていないのは単に聞かれることがなかったからであった。交流の少ない親族が本人から話を聞く機会がないのであれば、身近な介護支援専門員などの福祉専門職が一度本人の思いを聞く役割を担い、将来本人の希望を「代弁」できるよう備えておくことも必要かもしれない。

5 単身高齢者から見た介護支援専門員の立ち位置

　本章では単身高齢者と担当介護支援専門員それぞれへの個別インタビューを行ったが、両者の関係性も焦点のひとつとなった。特に単身高齢者から見た担当介護支援専門員の立ち位置を象徴するようなものとして、高齢者Bが述べた「1ヶ月に1遍ぐらい顔出すだけ」という言葉がある。訪問介護やデイサービス、

かかりつけ医など様々な専門職の支援を受ける単身高齢者にとって、担当の介護支援専門員はそのうちの１人に過ぎず、訪問の頻度からいえば必ずしも身近な存在とはいえない場合もある。特に高齢者Ｂの場合は約９年前に要介護認定を受けて専門職ｂの支援を受けた後、要介護度の改善により一度専門職ｂの支援を数年間外れていた経緯もあり、「人生の最期の迎え方」のような重大な話を継続して相談できる存在とは見なされなかった可能性もある。

　一方、高齢者Ｅから見た専門職ｅのように「冗談話みたいに」自身の死後のことなども相談するなど、様々な点で頼りにされているケースもある。家事や介護など決められた仕事を限られた時間内でこなす訪問介護員等に比べると、本人の話を聞くことが仕事の一部であり相談援助職としての役割を持つ介護支援専門員は福祉専門職として、親族に頼りにくい単身高齢者にとって人生の重要な意思決定について相談できる貴重な相手ともなり得ることがわかる[4]。そのためには、「援助関係の構築」を十分に図っておくことが重要である。

6　介護支援専門員にとっての「意思決定の準備」のきっかけ作りの難しさ

　本調査では「介護支援専門員に担当の単身高齢者を紹介してもらう」という形で、単身高齢者と担当介護支援専門員のペアでのインタビューを実現した。介護支援専門員にとって今回の分析対象者となった単身高齢者は、研究者によるインタビューへの協力を依頼できる間柄であり、どちらかといえば関係性の良いケースであったはずである。しかし、高齢者Ａと専門職ａ、あるいは高齢者Ｄと専門職ｄのように、日々の関わりの中で高齢者側がしばしば「死」に言及しているにも関わらず、専門職側があえて本人の思いを聞き取って「意思決定の準備」を進めるには至っていないケースもあった。今回のインタビュー調査をきっかけに専門職ｄが高齢者Ｄの思いを知るという一幕もあったが、介護支援専門員がこうした内容を高齢者と話すきっかけ作りの難しさが浮かび上がった。

---

4) なお、本調査で分析対象者となった６名の単身高齢者の中には「延命治療」について自身の希望を明確に述べている者も３名いたが、主治医などの医療職に相談したことがある者はいなかった。

本研究でこれまで述べてきた通り、介護支援専門員は単身高齢者の「意思決定の準備」を支える上で重要な位置に立ちやすい職種である。こうした話し合いを進めるためのコミュニケーション技術等について今後、介護支援専門員の研修等で取り上げていく必要性が示唆される。

7 「意思決定の準備」に関するコミュニケーションの難しさ

本調査では「意思決定の準備」という人生の最期の迎え方に関わる重要な内容についての、単身高齢者と介護支援専門員の間でのコミュニケーションの難しさも明らかになった。例えば、高齢者 E は担当介護支援専門員である専門職 e に自身の延命治療の希望を伝えているつもりでいたが、専門職 e にはそのような認識がなかった。あるいは専門職 f はこれまでの関わりから高齢者 F が「自宅で最期を迎えたいという希望を持っている」と考えていたが、高齢者 F は「最期は病院だと思う」と述べた。口頭での話しのみではこのような行き違いが生じやすいことも考えれば、「意思決定の準備」に関わるような重要な内容はやはり何らかの形で書面にしてお互いに確認しておく必要があるかもしれない。こうした重要な内容に関するコミュニケーションのあり方については今後さらなる研究の進展が望まれる。

以上、本章の分析で明らかになった課題を 7 点にまとめたが、研究の限界についても述べておく。まず、本章で分析対象者となったのは単身高齢者 6 名と担当介護支援専門員 6 名の計 6 組 12 名であり、かなり限られた人数であるという点は否めない。単身高齢者それぞれの生活背景も、担当介護支援専門員 1 人 1 人の「意思決定の準備」への意識も多様であるため、特に「意思決定の準備」に関する「高齢者と専門職の関心の違い」といったあたりは、より大規模な調査で本研究での結果を検証していく必要がある。

インタビュー調査でコミュニケーションを分析することの難しさも挙げられる。本章では高齢者と専門職で「伝えた」「伝えられていない」、「最期は自宅を希望している」「最期は病院だと思う」等、お互いの認識にずれが生じているケースも複数ペアで見受けられたが、特に高齢者の分析対象者にとっては日頃から関わっている介護支援専門員に伝えている内容と、今回初めて調査に訪れた初対面の研究者に話した内容とが違っている可能性も考えられる。できるだけ各々の本音を聞けるようにという配慮から高齢者と専門職それぞれに個別インタビュー調査を実施したが、実際に両者が話をする場における会話を分析するというアプローチも今後求められる。

第3節の事例検討で示した**表8-4〜表8-6**の「『意思決定の準備』に関する希望」やそれと関連する「社会資源」の記述については、筆者が初対面の分析対象者（高齢者）に対して実施した、40〜60分のインタビュー調査の中で聞き取れた内容から作成したものであり、当然分析対象者の生活のごく一部分しか捉えることができていないはずである。ここでの検討内容は限られた情報に拠って立った、あくまで思考実験のようなものとして考える必要がある。

以上の限界があるとはいえ、将来の様々な意思決定に困難を抱えるリスクが高い単身高齢者と、その担当介護支援専門員のペアでインタビュー調査を行い、事例としても取り上げながらそれぞれの人生の最期に向けた希望を分析するという研究はこれまでになかったものである。ここで明らかになった課題と、様々な関係者が現れる単身高齢者の「意思決定の準備」において福祉専門職が果たす役割についての検討は、十分意義ある研究になったと考えている。

第9章

単身高齢社会における人生会議のあり方
―ソーシャルワークの視点から―

本章ではこれまで述べてきた内容を振り返り、研究のキーワードとなっている「意思決定の準備」をめぐる論点について確認する。その上で、これからの単身高齢社会において人生会議を進めていくために必要と考えられる方策として、高齢者側へのアプローチと、専門職側へのアプローチについて研究の成果をもとに展望する。

第1節　「意思決定の準備」をめぐる論点

1　本書で明らかにしてきたこと

　本書では、単身高齢者の「意思決定の準備」のあり方を、福祉専門職の役割に着目して明らかにすることを目的とした。

　改めて現在国が想定している「アドバンス・ケア・プランニング（ACP）」の定義と、本書で独自に設定した「意思決定の共有」及び「意思決定の準備」という2つの概念の内容を確認しておくと、**表9-1**のようなものであった。

表9-1　「意思決定」に関わる本研究の概念定義（表4-1より一部抜粋して再掲）

概念名称	定義
アドバンス・ケア・プランニング（ACP）	人生の最終段階の医療・ケアについて，本人が家族等や医療・ケアチームと事前に繰り返し話し合うプロセス
意思決定の共有	人生の最終段階や死後のことに関する決定事項について，本人が何らかの理由で自ら決められなくなる場合に備え，家族等や専門職チームなど複数名が本人の意思をあらかじめ共有しておくこと．また，実際に本人が自分で決められなくなった時に，本人の意思を共有している複数名が共同で最終的な意思決定を行うこと．本書における「人生会議」の定義も同じとする．
意思決定の準備	『意思決定の共有』の前段階として，本人が自分の意思を伝えられるうちに専門職チームの窓口役と話しながら，人生の最終段階や死後のことに関する決定事項について自分の意思を固め，周囲の複数名と共有するための準備をすること．より丁寧に記述すれば，「『意思決定の共有』の準備」ということができる．

本書では「意思決定の共有」と「意思決定の準備」という2つの概念を導入することで、現状のACPを内容面でも、方法面でも発展させられると考えた。まず「意思決定の共有」という概念を置くことにより、利用者本人の希望に応じて、「医療・ケア」に偏らず現状のACPよりも広範な内容について具体的に話し合うことができる。第4章で述べた通り、ACPの愛称として名付けられた「人生会議」には、本書で提案した「意思決定の共有」のような内容の広がりを持たせて良いのではないかと筆者は考えている。そして「意思決定の準備」という概念が加わることにより、複数名による「共有」の前段階の話し合いの担い手として窓口役を位置付けることで、方法面でも実践のプロセスがある程度明確になってくる。

　「意思決定の共有」及び「意思決定の準備」において専門職チームの窓口役に求められる機能は「相談業務」や「連携・調整」などのソーシャルワーク技術に紐づけられたものであると考え、本書では福祉専門職の役割に着目した。福祉専門職は利用者の生活全体・人生全体を見ながら様々な支援をコーディネートする役回りにある点で、「意思決定の共有」という「人生の最終段階や死後のことに関する決定事項」の様々な話題に対応するのに適しており、また在宅の現場においては単身高齢者の支援に訪問看護師や訪問診療医よりも早い段階から関わることも多いという点で、「意思決定の準備」の窓口役としても適任であると考えられた。特に本書では介護支援専門員の実践に焦点化し、ソーシャルワークの視点から単身高齢者の人生の最期に向けた希望、介護支援専門員の「意思決定の準備」への意識、及び両者の話し合いの実態を追った。**図9-1**は、第4章で提示した「**図4-2**『意思決定の共有』と『意思決定の準備』の関係」を再度提示したものである。

　第6章では**図9-1**の「本人」に焦点をあて、単身高齢者へのインタビュー調査から、「意思決定の準備」に関わる論点として【介護・療養に関する希望】、

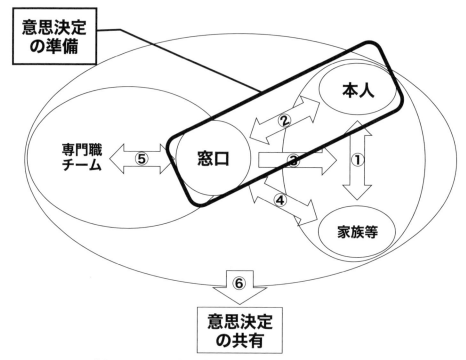

図9-1 「意思決定の共有」と「意思決定の準備」の関係（図4-2を再掲）

【社会・交流に関する希望】、【財産・法律に関する希望】、【死後のことに関する希望】という4つのカテゴリーを抽出した。改めて単身高齢者が現在のACPが主な対象とするような「医療・ケア」の問題のみならず、自身の人生の最終段階を見据えて様々な希望を有していることが明らかになった。しかも、この調査では分析の視点として据えた「全人的な視点」から想定していた「医療」や「宗教・信条」、「人生・回想」に関する希望が高齢者側から語られなかった。この点は本研究の限界に関わる部分ともいえるが、一方でACPが重視する人生の最終段階における「医療・ケア」の問題への、単身高齢者の関心の薄さが示唆される結果ともなった。

　第7章では図9-1の「窓口」に焦点をあて、介護支援専門員へのインタビュー

調査により、福祉専門職の立場から見た「意思決定の準備」に関する単身高齢者の課題と、福祉専門職自身の課題を分析した。「介護支援専門員から見た『意思決定の準備』に関する単身高齢者の課題」としては、【本人から将来の希望が語られない】、【本人も自分の希望がわからず決められない】、【死や死後について考えていない】、【亡くなる過程や最期を迎える準備について知る機会がない】という４つのカテゴリーが抽出され、高齢者が諦めの気持ちから自身の希望をなかなか表出しようとしなかったり、自分自身の希望を固めていくのに時間が必要であったりする状況が、現場で日々利用者と関わる介護支援専門員の視点から明らかになった。「『意思決定の準備』に関する介護支援専門員自身の課題」としては、【死に関する意識の課題】、【死に関するコミュニケーション技術の課題】、【利用者との関係形成に関する課題】、【制度外のニーズに関する課題】、【福祉専門職としての立ち位置に関する課題】という５つのカテゴリーが見いだされ、介護支援専門員が利用者と「死」に関する話をすることに忌避感を抱いている状況や、どのように話をするべきかコミュニケーションに悩んでいる現状が明らかになった。これらの「介護支援専門員から見た『意思決定の準備』に関する単身高齢者の課題」と「『意思決定の準備』に関する介護支援専門員自身の課題」に対しては、第５章で示した「人生の最終段階を支えるソーシャルワーク機能」が発揮されることで、状況の解決や改善に向けた道筋が見えてくることを述べた。

　このような単身高齢者と福祉専門職それぞれの「意思決定の準備」に関する考え方も踏まえつつ、第８章では図9-1の「②」の矢印部分に焦点をあてて、両者の実際のやり取りを明らかにするために、単身高齢者と担当介護支援専門員それぞれへの個別インタビューをペアで分析した。高齢者と専門職の関係は千差万別ではあるが、事例の分析などから「単身高齢者と介護支援専門員での関心の違い」、「『意思決定の準備』について『考えない』高齢者の存在」、「『兄弟姉妹に任せている』高齢者の存在」、「『誰にもわからない』形で準備を進める高齢者の存

在」など、7つの視点から現状の課題を明らかにした。また、単身高齢者と担当介護支援専門員のペア6組12名という少ない人数の分析ではあったが、「意思決定の準備」で話し合う内容への関心について、高齢者側と専門職側では若干のずれがある可能性も示唆された。さらに、このうちの3組のペアの詳しい事例検討では、「意思決定の準備」に関連して単身高齢者を取り巻く様々な社会資源の存在を確認し、ここでの福祉専門職の役割について、「人生の最終段階を支えるソーシャルワーク機能」の観点から検討した。

2　単身高齢者の人生の最期に向けた希望と社会資源

　表9-2は、本研究の分析の視点の1つである「全人的な視点」と、単身高齢者を対象とするインタビューの分析から抽出した「人生の最期に向けた希望」のコード、及び想定される「社会資源の例」を書き出したものである。

表9-2　単身高齢者の「人生の最期に向けた希望」と社会資源の例

既存理論としての 「全人的な視点」	本研究における 「全人的な視点」	本研究の分析から 生成したコード	社会資源の例
身体・生物	医療	※延命治療	医療職
	介護・療養	老人ホーム 自宅での生活	介護職 福祉職
社会	社会・交流	緊急連絡・相談先 親族との和解	親族・友人 福祉職
	財産・法律	財産処分 生計に関すること 荷物の整理	法律職 福祉職
文化	死後のこと	お墓 葬儀と死後の手続き 孤独死に関すること	寺院等 葬祭事業者 福祉職
スピリチュアル	宗教・信条		宗教関係者 本人の大切な物・人
心理・精神	人生・回想		心理職 ボランティア

※「延命治療」のコードは第8章の単身高齢者を対象とするインタビュー分析で追加されたもの.

「医療」の視点に関する部分では、「意思決定の準備」に関する話し合いの相手は当然のことながら医療職がメインになるだろう。「介護・療養」については介護職や、介護支援専門員などの福祉職が主な相談相手として考えられる。

「社会・交流」の視点については、＜緊急連絡・相談先＞としてまず挙がるのは交流の頻度によらず親族であり、どうしても頼れる親族が見つからない場合は友人や福祉職がそうした役割を担うことが多い。＜親族との和解＞については、関係の良くない親族との間を別の親族が取り持つか、そうした頼れる相手がいなければ、社会面での支援を担う存在である福祉職が、サポート源となり得る。

「財産・法律」の視点については、遺言の作成など＜財産処分＞に関するところで弁護士や司法書士などの法律職との相談が必要になる。一方、日々の＜生計に関すること＞や＜荷物の整理＞などは、親族による支援が得られず本人も自分で執り行うことが困難なケースでは、成年後見人等による支援が望まれる。そのため専門職後見人を務めることが多い法律職や福祉職が支援の担い手となる。

「死後のこと」の視点については、＜お墓＞や＜葬儀と死後の手続き＞といった話題にはそれぞれ寺院や葬祭事業者が当然関わってくる。一方、＜孤独死に関すること＞では孤独死を防ぐための様々な手配や、万一の時の対応を介護支援専門員や生活保護のケースワーカーなどの福祉職が担当するケースが多い。

「宗教・信条」の視点については、本研究のインタビューにおいては単身高齢者の希望をすくい上げることはできなかったが、こうした点を大切に考えている人の存在も十分予測され、信仰する宗教の関係者や、本人にとって大切な物・人など、単身高齢者と重要な価値観を共有している存在が社会資源となり得る。

「人生・回想」の視点についても本研究において明確な形で単身高齢者の希望は語られなかった。しかし近年は「回想法」の発展形ともいうべき「ディグニティ・セラピー」（小森・チョチノフ 2011）のような実践が注目を浴びており、単身高齢者の潜在的な希望がある程度存在している可能性は示唆される。こうし

た希望に対応できる社会資源としては、専門家としての心理職のほか、「聞き書きボランティア」（NPO法人白十字在宅ボランティアの会ホームページ 2024）のようなボランティアベースの取組みも挙げることができる。

3 「生活モデルのACP」と福祉専門職

　以上の視点を踏まえ、改めて現状のACPと、本書で述べてきた「意思決定の準備」の関係について考えてみたい。まず、第3章でも確認した通り、現状のACPが主な対象としているのは「医療」や「ケア（介護・療養）」に関する部分である。ACPがここに大きなウェイトを置いているのは、医療や介護の現場でこの点に関する本人の希望が示されないために、様々なトラブルや苦悩が生じるケースが続いてきているからに他ならない。その意味で現状のACPは、問題が生じているところに専門家の判断で集中的に資源を投入して状況の改善を図る、「医学モデル」的な要素があるといえるかもしれない。社会福祉学の観点からいえば、利用者の「希望」ではなく、専門家の視点による客観的な「ニーズ」に対応しようとするものということもできる。この「医療」や「介護・療養」に関わる社会資源として挙げられるのは、前述の通りこの領域を専門としている医療・介護・福祉の専門職である。

　一方、本書で検討してきた「意思決定の準備」は、「全人的な視点」から単身高齢者の「希望」を探り、高齢者本人が主体的に準備を進めやすいようなアプローチを展開してきた。その点では、「意思決定の準備」のアプローチは「生活モデル」的な要素が強いものである。現状のACPは「医学モデルのACP」、「意思決定の準備」（及び「意思決定の共有」）は「生活モデルのACP」といい換えることもできるかもしれない。本書では新たな考え方を提示する観点から現状の「医学モデルのACP」を一部批判的に検討してきた部分もあるが、「問題が生じているところに、専門家の視点で集中的に改善を促そうとする」という医学モデ

— 212 —

ルの考え方も、社会で生じている問題を解決に導くためには当然必要である。その意味では医療職が中心となって展開する「医学モデルのACP」と、福祉職が中心的な役割を果たしうる「生活モデルのACP」は必ずしも対立し合うものではなく、むしろ今後の超高齢社会の中で並立して補完し合うものとして展開していくべきであると筆者は考えている。

「意思決定の準備」で重視してきた「全人的な視点」に立ってみれば、それぞれの視点に対して多様な社会資源の存在が想定される。こうした様々な社会資源が高齢者の生活を支える存在として立ち現れてくるのは、地域包括ケアシステムの考え方ともリンクする点である。高齢者自身でこうした様々な社会資源のコーディネートを行うことが困難になってきた時に、その調整を支援する存在として想定されているのが「ケアマネジメント」を専門とする、介護支援専門員などの福祉専門職である。フォーマルな資源に限らず、インフォーマルな資源も高齢者のニーズや希望に沿って「居宅サービス計画」に位置付ける視点を持つことで、福祉専門職は元来の専門領域である「介護・療養」に限らない、様々な社会資源と高齢者を結び付ける役割を担っている。すでに日常の、「今現在」の支援においてはこのようなフォーマル・インフォーマルの様々な社会資源を結び付ける取組みが進められているが、将来を見据えた「意思決定の準備」においてもこうした観点を持つことで、単身高齢者の現在の安心につながり、将来本人が意思能力を失った際にも本人の「希望」を尊重し、尊厳を守ることにもつながるはずである。

4 単身高齢者と介護支援専門員の認識のズレ

図9-1の太い四角で囲んだ「意思決定の準備」の部分を拡大し、本研究で明らかになった課題を改めて示したものが図9-2である。これまでと同様、図中の「本人」は本書では「単身高齢者」を、「窓口」は福祉専門職（特に介護支援

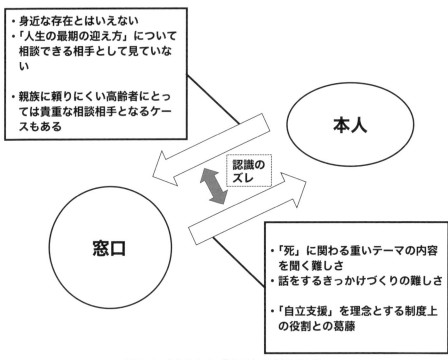

図9-2 「本人」と「窓口」の認識のズレ

専門員)を示している。

　単身高齢者「本人」と「窓口」の福祉専門職は、人生の最期を見据えた話をする場合もあるが、そこには一定の「認識のズレ」があることが明らかになった。この点はソーシャルワークの本質にも関わってくる部分であるため、少し丁寧に検討したい。

　まず、単身高齢者の視点に立つと、介護支援専門員は現状、2つの点で「意思決定の準備」に関わる話をする相手として見なされていない状況にあった。1つは、第8章における高齢者Bの「ケアマネジャーと言っても1ヶ月に1遍ぐらい顔出すだけ」(p.167)という発言に象徴されるように、単身高齢者にとって介護支援専門員が必ずしも身近な存在とはいえない点である。もう1つは、第7章

において専門職 l が「ケアマネジャーって介護保険のことが主でしょ、というところ」（p.148）と自ら言及していたように、特に介護支援専門員の場合、「介護に関する専門家」というイメージが先行している点である。そのため、「医療」や「死後のこと」など、本研究の第 6 章で明らかになった様々な人生の最期に向けた希望を単身高齢者が有していたとしても、「介護」のイメージが強い福祉専門職にはわざわざ自分の心にある希望を伝えたり、相談したりしようとしない可能性が高い。第 7 章で「介護支援専門員から見た『意思決定の準備』に関する単身高齢者の課題」として明らかになったように、相手に伝えたところで実現の見込みを感じられない希望は、そもそも語られないからである（p.152）。しかも第 8 章で示した通り、単身高齢者にとって「準備」や「意思表示」の関心が高いのは＜お墓＞や＜葬儀と死後の手続き＞、＜延命治療＞なのである。

　一方、福祉専門職にとっても「死」に関わる重いテーマの内容を聞く難しさや、こうした話をするきっかけづくりの難しさに直面しているほか、特に介護支援専門員においては「自立支援」を理念とする介護保険制度上の役割との葛藤も生じている。そもそも、介護支援専門員をはじめとして福祉専門職が「意思決定の準備」に関わる様々な希望の実現に向けた支援をする技術は現状確立されているとはいえない。第 7 章で専門職 e が「聞く権利があるのかな？」（p.149）と語ったように、今の自分たちに課せられた制度上の役割も念頭に置いた時、この話題に踏み込んでいくことに二の足を踏む福祉専門職は多いだろう。そして第 8 章で見てきたように、介護支援専門員にとって最も聞きたいと考えている「最期を迎えたい場所」については、現状高齢者側ではほとんど関心がない状況である。

　このように単身高齢者にとっては「身近な存在とはいえない」[1]、「『人生の最期の迎え方』について相談をする相手として見ていない」という点で、福祉専門職にとっては「『死』に関わる重いテーマの内容について、聞きたいけど聞きに

---

[1] ただし、「身近な存在」になれば自動的に高齢者から様々な人生の最期に向けた希望を聞くことができるわけではない。これは専門職に限らず、関係の良い親族であったとしても同様である。こうした希望が語られる上で重要なのは、心の内の思いを話し合える関係性にあるという点とともに、発した希望がその相手に伝えることで実現するかもしれないという見通しや期待感が持てる事である。その意味では「身近な存在」かどうかは、希望が語られる上での「必要条件」であって、「十分条件」とまでは言えない。

くい」「現在の制度に位置付けられた役割と合っていない」という点に加え、そ
れぞれが関心を抱いている「内容」の相違も相まって、現状両者間での「意思決
定の準備」に関する話し合いは進みにくい状況にある。しかし、本研究の第2章
や第3章で確認したように、近年介護支援専門員は福祉専門職として、「介護」
に限らず在宅の高齢者の生活全般に関するニーズや希望を把握し、様々な社会資
源との関係をつなぐコーディネーターとしての立ち位置にあり、この役割は高齢
者の「人生の最終段階」までを見据えたものである。そして第8章で見てきた高
齢者Eと専門職eのように、日常的に親族に頼りにくい単身高齢者にとっては、
福祉専門職が「意思決定の準備」に関して貴重な相談相手となり得ることも事実
である。

　本研究が分析した多くのペアでは、「高齢者側では伝えているつもりだが、専
門職の側は聞けていないと感じているケース」や、「専門職は高齢者の意思を把
握しているつもりだが、実際の高齢者の意思とはやや異なっているケース」な
ど、お互いが話し合ったつもりの内容に関する認識のズレが明らかになった。
ソーシャルワークの重要な機能の1つに「代弁」がある。様々な事情で利用者自
身が自分の思いや希望をうまく周囲に発信できない場合に、本人の思いを推し
量って代わりに周囲に伝えるものであるが、本研究の分析結果からは、改めて単
身高齢者の希望を「代弁」することの難しさも浮き彫りになった。利用者本人の
希望や思いを正確に把握するには、折に触れて何度も確認したり、自分以外の支
援者からも必要に応じて情報収集するなど、様々な工夫が必要となる。

　以上を踏まえ、本章では単身高齢社会における人生会議の今後のあり方を考え
る上で、高齢者側へのアプローチと、専門職側へのアプローチという2つの視点
から改めて考察する。

第2節　単身高齢者へのアプローチ

1　「意思決定の準備」に関する相談先の確保と周知

　単身高齢者は通常、自分の人生の最期の迎え方について親族等の近しい人と相談して様々な準備を進めて行くケースが多いだろう。しかし、第7章において専門職mが語ったように、親族との関係が希薄な単身高齢者が増える中で、「相談相手がいないために準備をどう進めれば良いかわからない」高齢者が一定数いる。第6章で【介護・療養に関する希望】、【社会・交流に関する希望】、【財産・法律に関する希望】、【死後のことに関する希望】という4つのカテゴリーを抽出したように、単身高齢者は人生の最期を見据えた準備について様々な希望を抱いているが、このような多岐にわたる内容を一人で手配して準備を進めることができる者はそれほど多くないだろう。誰にも相談できないまま、自身の死を見据えた準備を望みながら手につかずに意思能力を失った場合、本人の人生の最終段階の支援にあたる周囲の者も困惑する結果になる。様々な「意思決定の準備」に関するワンストップでの相談先を社会として整備していくことの重要性は論を俟たないが、仮にこうした相談先があったとしても、高齢者側がその存在を認識していなければ十分に機能しない。例えば第7章から第8章で見てきたように一部の介護支援専門員は「荷物の整理」や「お墓」などに問題意識を抱き、高齢者の【介護・療養に関する希望】に限らず【財産・法律に関する希望】や【死後のことに関する希望】についても必要な支援を提供できるよう努力を続けている。しかし、高齢者の側では介護支援専門員をそのような人生の最期のことについて相談できる相手と認識していない向きもある（もちろん、介護支援専門員にとってもそれらは本来業務ではなく、対応が難しいという者も多いと思われる）。「意思決定の準備」に関する相談先を整備し、こうした相談先があるということを高齢

者に周知していくことは大きな課題である。

　また、第7章の介護支援専門員へのインタビュー調査からは、単身高齢者が＜自分の希望を語ろうとしない＞という見解も語られた。単身高齢者の中には周囲への遠慮や気遣いからあえて自身の希望を口にしない者もいる可能性があるが、本人の希望が見えないままでいることは後々、本人が自己決定できなくなった時に周囲の苦悩の原因となる。こうした現状が高齢者側にはあまり知られていないようである。自身の希望を周囲に伝えておくことは結果として人生の最終段階を支えてくれる人たちの助けにもなるという点も周知して、単身高齢者本人の側から希望を発信しやすくなるような社会の風潮を作っていくことも必要である。

2　「医療・ケア」等に関する学びの場の提供

　第6章の単身高齢者へのインタビュー調査では、高齢者側から「延命治療」や「最期を迎えたい場所」といった論点が提示されず、人生の最終段階における「医療・ケア」の問題への関心の薄さが示唆される結果となった。第8章のインタビューでは6名中3名が＜延命治療＞に関する自分の希望を述べたものの、これらも高齢者側から積極的に発信があったというよりは、研究者側からあえて尋ねたことで回答が引き出されたという状況であった。単身高齢者にとっては＜お墓＞や＜葬儀と死後の手続き＞といった死後のことに関する話題に比べ、＜延命治療＞や＜最期を迎えたい場所＞といった話題は、関心はあるものの良くわからないことが多いために言及しにくい面もあったかもしれない。特に＜最期を迎えたい場所＞については第8章で介護支援専門員の大半が「高齢者に意思表示や準備をしてほしいこと」として言及したのに対し、単身高齢者で準備や意思表示の必要性を感じている者はいなかった。これまでのACP研究が重要性を指摘してきた「医療・ケア」に関する意思表示は高齢者にとって＜お墓＞や＜葬儀と死後

の手続き＞ほど身近ではなく、準備が進めにくい内容の１つであることがうかがえる。

第７章の介護支援専門員へのインタビュー調査からは、単身高齢者について＜亡くなる過程や人生のしまい方がわからない＞、＜最期を迎える準備について知る機会がない＞といった課題が語られた。良くわからない、知らないことについて自分の意思を表明することはできない。医療や福祉の専門職が利用者に意思表示を望む「医療・ケア」について単身高齢者に考えてもらうためには、早期からの学びの場を提供していく必要があるだろう。

近年、地域包括ケアシステムを推進していく上では「セルフケア」や「セルフマネジメント」の考え方も重視されるようになっている。これらは高齢者が自身で優れた健康管理を行えるよう働きかけることを目的に、医療現場の専門的知識に関する情報提供及び支援を行う試みを指す（地域包括ケア研究会2016）。特にセルフマネジメントは患者と医療関係者の共同活動であるとされており、そのための一般高齢者を対象とする学びの場を整備していこうとする介護予防政策の動きもある（筒井・東野2015）。本研究でいう「『医療・ケア』に関する早期からの学びの場の提供」も、これと軌を一にするものである。本研究では本人の意思を複数名で共有する「意思決定の共有」の前段階として、「本人」と「窓口」役の福祉専門職が個別に話し合いを行う「意思決定の準備」という状況を示すことで、複数名での話し合いに至るまでのプロセスを明確にした。そのために本研究では特に介護支援専門員の役割に注目してきた。しかし、より広い視点から見れば、介護支援専門員が関わりを持つようになるさらに前の段階から、地域の一般高齢者への支援に携わる専門職が「『医療・ケア』に関する早期からの学びの場の提供」を行うこともまた、「意思決定の共有」や「意思決定の準備」に至る前の段階の、一連のプロセスと見ることもできる。こうした役割を担い得る存在として、ひとつ想定できるのは地域包括支援センターの保健師や社会福祉士などで

ある。

　このような学びの場をどのように組織し、展開していくかは今後の課題であるが、一案として本研究における介護支援専門員へのインタビューでは「定年退職や介護保険証の交付に合わせて人生の最期について考える講座を受けてもらう」という案も語られた。また、近年急増している高齢者向けの「通いの場」の活用も考えられる。あるいは、老人福祉センターやデイサービスなどで「医療・ケア」に関する継続的な学びの場を提供することも可能かもしれない。「終活講座」などに比べて人生の最終段階における「医療・ケア」に関する話題は少々重く感じられるかもしれないが、「もしバナゲーム」と呼ばれる、場の雰囲気が暗くなりすぎないようにゲーム性を高めながら対話を促進するツールなども開発されている（蔵本・大川・原澤 2019）。こうした学びの場が単身高齢者の社会参加につながり、孤立を防ぐ取組みとなれば一石二鳥である。

3　自分の希望を固めるための支援

　第7章では＜本人も自分の希望がわからない＞、＜最期の希望はすぐには決められない＞という単身高齢者の課題も、福祉専門職の視点から語られた。こうした課題は結局、人生の最期の迎え方という重大な局面に関する自身の希望を固めていくのには時間がかかるということである。先に述べてきた「相談先の確保・周知」と「『医療・ケア』等に関する学びの場の提供」はいずれも、単身高齢者をはじめとする人生の最終段階について考えようとする者が、試行錯誤しながら自らの希望を固めていくための支援の一環と見るべきである。こうした支援策を準備していくのは社会の課題であると同時に、高齢者一人ひとりにも「時間はかかっても良いので、少しずつ自分の希望をまとめていく」という展望を持って準備を進められるよう、働きかけていくことも必要である。そうして高齢者側が自らの希望に自覚的になった時、周囲の支援者との話し合いは非常に進みやすくな

ることが予測される。

　以上は単身高齢社会において人生会議を進めやすくするための、高齢者側への
アプローチの必要性に関する考察である。

第3節　専門職へのアプローチ

1　介護支援専門員へのアプローチ

1.1　相談援助技術等に関する課題への対応

　第7章で述べたように、在宅高齢者支援の現場で専門職チームの窓口役を務め
ることが期待される介護支援専門員は、【死に関する意識の課題】、【死に関する
コミュニケーション技術の課題】、【利用者との関係形成に関する課題】、【制度外
のニーズに関する課題】、【福祉専門職としての立ち位置に関する課題】などを抱
えていた。本研究でインタビューを実施したのは在宅療養支援診療所から連携先
として紹介されるなど、高齢者の看取りについて一定の経験を積んできた介護支
援専門員であったが、それにも関わらず上記のような種々の課題が生じているの
には、先にも少し触れた通り、介護支援専門員がこのような支援に関わるという
想定が現在の社会体制では十分になされていないという事情がある。例えば第7
章で専門職fが利用者に「リハビリを頑張りましょう」という一方で「死ぬ時ど
うしますか？」と聞かなければならないことの苦悩を語ったように（p.148）、「自
立支援」を理念とする介護保険の中で業務にあたる介護支援専門員が「死」につ
いて尋ねることには困難を伴う状況にある[2]。また、当時の介護支援専門員や主
任介護支援専門員の研修項目を見ても、「医療との連携」や「看取りにおける看
護サービスの活用」等のネットワーク作りに関する項目が用意されるにとどまっ

---

[2] もっとも、介護保険法が規定する「自立支援」は「身体的自立」のみならず「精神的自立」を含んでおり（白澤 2011: 88-90）、その点では本人の希望に基づいて意思決定を支援するための「意思決定の準備」は必ずしも介護保険法の理念に矛盾するものではないが、実際には「自立支援」が「身体的自立」に偏って現場で語られやすい傾向にあるようである。

ており、ACPなど人生の最終段階に関わる話を利用者とどのように進めるかという観点での相談援助に関する研修体制は十分に整っていない状況だった（厚生労働省 2016a: 厚生労働省 2016b）。

　介護支援専門員が抱える上記の課題を解決するには、ソーシャルワークの視点に基づいたアセスメント及びコミュニケーション技術に関する研修体制の強化や、医療専門職との役割分担の明確化が求められる。また制度外ニーズへの対応をめぐっては、特に死後事務等に関する様々な支援について個々の介護支援専門員によって関わりの度合いやスタンスがかなり異なる現状も出てきていることが本研究のインタビューから明らかになっている。この点についても社会の現状や高齢者側の要望に即して、改めて介護支援専門員がどこまで関わるべきなのか役割の再検討も必要である。

1.2　制度上の課題への対応

　先に述べたように単身高齢者が自らの希望を固めていくための「意思決定の準備」には相当期間が必要な場合がある。その点も考えると、介護支援専門員が「意思決定の準備」に関わり続けるにはいくつか課題もある。

　第一に、要介護認定を受けて初めて介護支援専門員による居宅介護支援のサービスが利用できるようになる点である。単身高齢者の中には疾患や多少の生活のしづらさを抱えながらも、要介護認定の申請をせずに生活を成り立たせている人は多数いると思われ、そうした高齢者の「意思決定の準備」には当然、介護支援専門員が関わることはできない。状態の悪化により要介護認定を受けて介護支援専門員が関わるようになった時には認知症の症状が進行しており、「意思決定の準備」に非常な困難をきたす状況になってしまう状況も考えられる。

　第二の課題として、要支援者と要介護者とで居宅介護支援の原則的な引受先が違うという問題がある。要支援認定を受けている者の場合は地域包括支援セン

ターが、要介護認定を受けている者の場合は一般の居宅介護支援事業所が原則としてケアプランの作成を担当するため、利用者の状態変化に応じて担当者が変わり、せっかく話し合いをしていても引き継ぎがうまく行かなくなってしまう可能性がある。もちろん要支援認定を受けた利用者について地域包括支援センターは居宅介護支援事業所に介護予防ケアプランの作成業務を委託することはできるが、1人の介護支援専門員が担当できる介護予防ケアプランの件数には制限がある。そのため一度要介護認定を受けて居宅介護支援事業所の介護支援専門員の支援を受けた者が、状態の改善により要支援認定になって地域包括支援センターの支援に代わることになる可能性がある。そしてその後再び要介護認定になったとしても、担当件数の上限の関係で元々関わりのあった介護支援専門員に再委託ができるとは限らない。実際、本研究の第8章で分析対象となった高齢者Bと専門職bのペアはインタビューの10年前に一度支援を開始したものの、その後高齢者Bの状態改善により専門職bは担当を外れることとなり、また高齢者Bの状態悪化に伴い数年ぶりに担当に就くことになったという状況にあった。単身高齢者の状態の変化により何度も担当者が変わることは、信頼関係に基づいて「意思決定の準備」を進める上では望ましい状況ではない。要支援認定と要介護認定で担当機関が別である現在の制度にどれくらいの必要性があるのかも含めて、再検討すべき課題であると考えられる。

　第三に、「現在の介護支援専門員制度のあり方」も検討課題の1つである。本研究では単身高齢者の在宅生活を支えるキーパーソンであるという理由から介護支援専門員の役割に着目してきた。介護支援専門員の業務は「相談援助業務の性格を有するもの」（厚生労働省老健局振興課 2015）であり、福祉専門職として活動しているのは間違いない。しかし第2章でも述べた通り、現在介護支援専門員として活動する者の多くは「介護福祉士」や「看護師・准看護師」等を基礎資格に持つ者であり、「社会福祉士」や「精神保健福祉士」などのソーシャルワーク

の国家資格を有している者は1割強に過ぎない。本研究で明らかにしてきたように、ACPや「意思決定の準備」の実践は優れてソーシャルワーク的な考え方が必要なるものであり、介護支援専門員業務に従事する前に一定の研修をこなしているとはいえ、正式にソーシャルワーク教育を十分受けているわけではない点は、やや心許ない部分である。実際、高齢者の看取りの場面で社会福祉士を基礎資格として持つ介護支援専門員は、「心理的側面」「社会的（文化的）側面」「スピリチュアルケア」のいずれにおいても、介護職や看護職を基礎資格として持つ介護支援専門員より重視する割合が高かったという柳原（2006）の報告は、注目に値する。そこで介護支援専門員による「意思決定の準備」への関わりを強化する上では、研修体制を充実するのみならず、「社会福祉士資格を有する介護支援専門員」によるこの領域への関わりについて、介護報酬の加算など何らかのインセンティブを付けるという方向も、検討に値すると考える。

　第四に、介護支援専門員が「意思決定の準備」に関わるにあたっては、介護保険法の理念についても問い直す必要がある。介護支援専門員は「自立支援」を理念とする介護保険制度に基づいて働く職種である。「自立支援」には「身体的自立」のみならず「精神的自立」が含まれており、この点が重要であることが指摘しているところではあるが（池田 2011: 33-42; 白澤 2018: 106-118）、とはいえ介護保険法第2条第2項「要介護状態又は要支援状態の軽減又は悪化の防止」という部分などは「身体的自立」の色合いが濃く感じられる部分である。こうした点と、高齢者の「死」に関する話をしなければならないというベクトルの違いによる困惑は、第7章のインタビューでも介護支援専門員から語られた点である。現在の介護保険制度では「自立」を重視するあまり、「老い」や「衰え」という人間の心身の自然な経過を視野に入れられていないのではないかと感じる部分もある。この点を解決していくために、介護保険法の理念を再検討することも一考の余地がある。介護保険制度の理念は「自立支援」であるが、その根底にあるのは

「尊厳の保持」である（厚生労働省 2003）。「尊厳の保持」という概念を再確認し、これを支える理念として「自立支援」とともに、「希望支援」とでもいうべき、「本人の希望に沿った自分らしい最期を迎えるための支援」を併記する方法が考えられる。

1.3　介護支援専門員制度の改革をめぐる議論

　以上は本書の核となる実証研究が行われた 2015 〜 2018 年頃までを中心とした議論であるが、その後 2023 〜 2024 年頃になって介護支援専門員をめぐる種々の課題が大きく取り上げられるようになり、厚生労働省の「ケアマネジメントに係る諸課題に関する検討会」でも議論されるようになった（厚生労働省老健局 2024a）。

　まず大きな変化として、2024 年の介護報酬改定により、要支援者の指定介護予防支援についても直接居宅介護支援事業者が受託できるようになったことが挙げられる。先に述べた「要支援者と要介護者とで居宅介護支援の原則的な引受先が違うという問題」は一部解決されるかもしれない。ただし、依然として介護予防支援を担当することで得られる報酬は低いため、居宅介護支援事業所が積極的に介護予防支援を引き受ける見込みは低いという指摘もある（結城 2024: 127）。

　また、2024 年 4 月より新たに施行される「介護支援専門員資質向上事業ガイドライン」では、ケアマネジメントに期待される役割が広がっており、認知症のある方への支援あるいは身寄りのない独居高齢者への支援の必要性が大きくなっていることが述べられ、研修内容に「認知症、身寄りのない高齢者、看取りのケース等における意思決定支援」に関する講義が含まれることとなった（厚生労働省 2023）。本書で明らかになった介護支援専門員が感じる課題の解消に向けた研修内容の充実が望まれるところである。

　さらに、前述の「ケアマネジメントに係る諸課題に関する検討会」では 2024

年9月現在、本書と関連する内容として、「介護支援専門員の業務の在り方」と「人材確保・定着に向けた方策」が議論されている（厚生労働省老健局2024a）。

「介護支援専門員の業務の在り方」は、業務範囲外と考えられる仕事が増え介護支援専門員の負担が過大になっていることから、その本来業務のあり方を見直そうという動きである。本書のインタビュー調査では担当利用者のお墓や納骨に関する対応を、ボランティア的に対応している介護支援専門員もいた。ソーシャルワークの考え方に基づけば、調整できる社会資源がどうしても見つからないケースについては福祉専門職自身が「直接支援」を提供するという機能がある。とはいえこれはあくまで福祉専門職に対応できる時間的・精神的余裕があることが前提であり、すべての者がこれを実施できるわけではない。一方、身寄りのない高齢者の死後事務に対応できる社会資源として検討会資料では「高齢者等終身サポート事業者」が挙げられている（厚生労働省老健局2024b）。同事業者をめぐっては第1章でも見た通り省庁横断チームによるガイドラインが策定され、今後事業者の質の向上が図られることが予測される。単身高齢者の人生の最期を支える新たな社会資源として今後期待がかかる。

「人材確保・定着に向けた方策」については、介護支援専門員の人材不足が深刻化していることを受けた議論である。ここでは介護支援専門員実務研修受講試験の要件緩和が検討されており、「相談支援業務にあたる専門職の経験年数の緩和」なども意見として挙がっている（厚生労働省老健局2024a）。本書で見てきたようにケアマネジメントはソーシャルワークを基盤とする業務であり、社会福祉士資格を有する介護支援専門員を増やす政策が推進されることを期待したい。

2　医療ソーシャルワーカーへのアプローチ

本書では現状、在宅高齢者支援の現場で専門職チームの窓口役を主に務めているのは介護支援専門員であるという前提に立って議論を進めてきた。しかし、介

護支援専門員が現在置かれている状況を考えると、「意思決定の準備」に関する支援を進める上で様々な制約があることも見えてきた。

　介護支援専門員の研修を強化し、「意思決定の準備」が進めやすいような制度改正を視野に入れることも１つの手段となるが、同時に別案もここで提示しておきたい。それは在宅の医療ソーシャルワーカーの職域を拡大し、「意思決定の準備」のキーパーソンとして位置付けることである。かつて日本医療社会福祉協会（現：日本医療ソーシャルワーカー協会）の会長を務めた早坂由美子は次のように述べている（括弧内は筆者による補足）。

　　（在宅医療に関わる医療ソーシャルワーカーの）もう１つ大切な役割として、患者さんの意思決定支援者にもなれます。「人生会議」という愛称で呼ばれているアドバンス・ケア・プランニングは在宅医療の現場では日常的に行われています。患者さんがこれからのこと、もしもの時のことを考える場合、不安や心配は医療についてだけでなく、家族のこと、社会的な役割のこと、お金のことなど多岐にわたります。そのような心理、社会的な側面から、患者さんの意思を尊重し、尊厳を持った生き方を支えることができるのは医療ソーシャルワーカーだと思います。（公益社団法人　日本医療社会福祉協会 2020: 3）

　元々、ACP を推進していく上で構想された「ACP ファシリテーター」という相談員は、看護師と医療ソーシャルワーカーが主な担い手として想定されていた（西川ら 2015）。また、研修によりソーシャルワークの技術に関する学びも一定程度担保されているとはいえ、介護支援専門員の多くは社会福祉士の資格を有するわけではない点も勘案すると、「相談援助」や「連携・調整」などソーシャルワーク技術の活用が必要な「意思決定の準備」を支える専門職として、社会福祉

士資格を持ち在宅の高齢者を支援する医療ソーシャルワーカーは適任であると考えられるのである。

医療ソーシャルワーカーが「意思決定の準備」の窓口役を担当するメリットの1つは、要介護認定等の制度に影響を受けないことである。在宅医療が必要になった高齢者だけでなく、自身で外来に来ている時から医療ソーシャルワーカーが関わりをもち「意思決定の準備」を進めて行けば、いざ在宅医療に切り替わった時にも本人との話し合いや意思疎通はスムーズに行くことが期待できる。

現状で医療ソーシャルワーカーが「意思決定の準備」の窓口役を担うための課題としては、診療報酬において在宅療養支援診療所等に社会福祉士の配置基準がなく、医療ソーシャルワーカーの配置は各医療機関の持ち出しによってなされているという点である。単身高齢者の「意思決定の準備」を進める上で介護支援専門員にはないメリットを医療ソーシャルワーカーが提供できることを考えると、今後在宅療養支援診療所等に社会福祉士を配置することによる診療報酬の加算等は検討課題に上がっても良いと思われる[3]。

3 成年後見人へのアプローチ

第1項で課題として挙げた「要介護認定」の制度にとらわれずに単身高齢者が支援を利用できるようにするという意味では、成年後見人の役割を見直し強化することも1つの手段である。成年後見人は近年、死後事務を担当するケースが増えていることもあり、ACPが主な対象とする「医療・ケア」だけでなく、より広い観点から単身高齢者の「意思決定の準備」に携われる可能性がある。

介護支援専門員に関する議論と時を同じくして、成年後見制度もまた岐路を迎えている。2016年に成年後見制度の利用の促進に関する法律（成年後見利用促進法）が施行されたが、その後もなかなか状況が改善しないことから、制度の大幅な見直しに向けた検討が2024年2月に法制審議会に諮問された（法務省

---

3) 実際、公益財団法人日本医療社会福祉協会（現：日本医療ソーシャルワーカー協会）(2019) では「令和2年度 診療報酬改定に関わる要望書」の中で、「在宅療養支援診療所1（単独型）及び（機能強化型）」への医療ソーシャルワーカー（社会福祉士）の配置を要望している。

2024)。現在の制度の課題として「一度利用を開始すると、判断能力が回復しない限り利用をやめられないこと」、「本人の自己決定が必要以上に制限される場合があること」、「本人の状況の変化等に応じた成年後見人等の交代ができないこと」、「任意後見契約がうまく開始されないこと」などが指摘されており、今度の制度改正の動向が注目される。

「意思決定の準備」を早くから進められるようにするためには、上記のほか本人の判断能力が著しく低下した「後見」類型ではなく、より本人の判断能力が保たれている「補佐」類型や「補助」類型での支援が利用しやすくなるような方策の検討や、成年後見人の中でもソーシャルワークを学んだ社会福祉士後見人の役割を見直し、福祉専門職による「身上監護」の支援体制を強化することが望ましい。これらの点については本研究の射程を超えるため、また別の機会に論じたい。

4 地域包括支援センターへのアプローチ

前節でも触れたが「意思決定の準備」をスムーズに進める上でポイントの1つとなるのが、高齢者側の知識や姿勢である。高齢者側にある程度の知識や心の準備があることで、福祉専門職との話し合いは進みやすくなるし、高齢者も自らの希望を語りやすくなることが予測される。近年の地域包括ケアシステム推進における「セルフケア」の考え方とも関連する内容として、まだ健康な一般高齢者にも「医療・ケア」に関する学びの場を今後整備していくことが望ましいが、こうした地域環境を作る拠点の候補の1つとなり得るのは、地域包括支援センターである。地域包括支援センターの一般高齢者向けの事業として「医療・ケア」に関わる学びの場を継続的に企画できれば、地域の高齢者が「意思決定の準備」に関わる知識を得たり、居合わせた友人や専門職にその場で自らの希望を伝えるということも考えられる。

この場合、「意思決定の準備」の窓口役を務める専門職として地域包括支援センターの社会福祉士や保健師、主任介護支援専門員が考えられる。地域の中には介護などの支援が必要と思われるものの、要介護認定の申請にまで至らずにいる人も一定数おり、そうした高齢者への見守りや支援は地域包括支援センターの職員が行っている。こうした点も踏まえれば、「要介護認定申請前」の高齢者の「意思決定の準備」を支援する存在として、地域包括支援センターの職員も視野に入ってくるのである。地域包括支援センターの職員もまた数々の業務に追われているため、現実的にどの程度こうした支援に関わることができるのかすぐには見通せないが、「意思決定の準備」の窓口としての個別支援と、地域を対象とする「場」づくりの支援を行うことで、地域全体としてこのテーマについて考える気運が高まれば望ましいことである。

5 専門職チームの「窓口」のあり方

本書は「相談援助」や「連絡」、「調整」がその業務として法的に位置付けられている福祉専門職の役割に着目することを当初の目的としていたことから、介護支援専門員や医療ソーシャルワーカー、社会福祉士などを中心としてここまで議論を進めてきた。一方、図9-1で示した「窓口」役については、実際の現場では単身高齢者本人が最も信頼を寄せる人であったり、介護支援専門員などの福祉専門職以上に関わる機会の多い人が務めることも多々あるものと思われる。そこで以下では福祉専門職に限らず、「窓口」役に求められる資質等について述べていく。

5.1 単身高齢者の人生会議に関する希望の理解

第8章の介護支援専門員を対象としたインタビューでは＜最期を迎えたい場所＞に関する意思表示を望む声が多数だった一方、同じ介護支援専門員が担当す

る単身高齢者の側では＜最期を迎えたい場所＞に関する言及はなく、＜お墓＞や＜葬儀と死後の手続き＞に関する話題が多かったことはこれまでに述べてきた通りである。ACP の推進に関するこれまでの経過を見ても、どちらかといえば支援を提供する専門職側の都合で推奨されてきた向きがある。もちろん、様々な現場の不条理や複雑な思いをくぐり抜けてきた医療・福祉専門職の進言は重く、ACP を推進することに筆者は賛成である。とはいえ高齢者側の思いとすれ違っていては、「意思決定の準備」の話し合いも進まないのではないかというのが筆者の考えである。

　第 7 章第 2 節の分析では「介護支援専門員から見た単身高齢者の課題」として【本人から将来の希望が語られない】という課題が挙がった一方、第 6 章で明らかにした通り、単身高齢者は【介護・療養に関する希望】、【社会・交流に関する希望】、【財産・法律に関する希望】、【死後のことに関する希望】など人生の最終段階における意思決定や準備について様々な希望を抱いている。これらの「希望」は第 5 章でも述べた通り、近年の社会福祉情勢の中では「ニーズ」と同様に、支援の対象となるものである。

　改めて本研究が立脚点の 1 つとしてきたソーシャルワークの視点から考えれば、今後の療養場所や荷物の整理、お墓、葬儀などについて相談できる関係性の良い家族がいる高齢者や、自分自身で様々な社会資源に働きかけて準備を進めることができる高齢者は、「本人」と「周囲の環境」とがうまくつながっており、「意思決定の準備」に関して専門職による支援の必要性は薄い。しかし、「高齢者#6」（第 6 章）や「高齢者 D」（第 8 章）のように、何らかの理由で安心して頼ることのできる家族等がおらず、自分自身で準備を進める力も十分ではないケースでは、「意思決定の準備」に関わる内容について「周囲の環境」との関係性が途切れてしまっている状況にある。こうしたケースでは、例えば＜荷物の整理＞や＜葬儀と死後の手続き＞のことなど、本人が自分なりに準備をしておきたいと

感じていても実行に移すことができず、結局は本人の気持ちを知る人が周囲にいないまま、入院して本人が望んでいなかった長期の延命治療が行われたり、いわゆる「無縁死」のような事態が起こってしまう可能性がある。こうしたケースにおいて、本人と周囲の環境に働きかけ両者の関係を取り結ぶことで、本人の望んでいる準備を進めたり、本人の意思を知る人を周囲に作っていくような支援が求められる。この時に重要なのは、やはり本人が自ら周囲の環境にアプローチしたいと思えるような、主体性を引き出せるような支援の方法である。そのために、専門職の視点から見て必要だと思われる内容だけでなく、単身高齢者本人が望む内容を把握し話し合うことが、重要になってくる。

　なお、利用者の希望を引き出すことができた時、本人の身体状況や経済状況等を考え見て、現実的にその希望に対応することが難しいというケースも、多々あるだろう。しかし、対応できるかどうかは別として、本人の希望や思いをしっかりと聞くことは、利用者に対する理解を深める上でも重要である。本文の中で取り上げることはできなかったが、本研究でインタビューを実施した専門職 #32 は以下のような話をしてくれた。非常に考えさせられる内容であったため、少し長くなるが引用する。

　お孫さんとか、娘さんに会いたい、とか最期過ごしたいっていう方が結構多くて。だけどあの…離れて暮らしているので、タイムリーにこう、そばに会えないっていうのもあったんですけど、（中略）iPad 買って、それで LINE を入れて、テレビ電話で毎日話せばいいじゃんって僕が言ったら『そんなことがあるの？』『できるの？』って言ったから…まあ高齢の方だからよくわかんないですよね。だからその奥さんに iPad を買いに行かせて、で、LINE を入れて『こういう使い方ができるんだよ』と言って、毎日テレビ電話で話させて。とっても穏やかに亡くなっていったっていう方がいまし

第9章　単身高齢社会における人生会議のあり方―ソーシャルワークの視点から―

ね。（中略）やっぱりこう…自分の、なんだろう…使っていた…生きてきた人生の中で使っていた道具以外のものって、自分のコントロール範囲外だから、最初っからもう選択肢にないんですよね。でも『こういうことができるんだよ』っていうことを与え続ける…その、アイデアを提案し続けるっていうものは、きっとケアマネの仕事のなんだろうな、と。（中略）『そんなの無理だよ』っていうことを、誰もあってはいけないって…とっても思うところなので。それが…なんだ、仮想的なものも…例えば『海外旅行に行きたい』とか、実際に海外には行けないけど、でも『ようなこと』ぐらいなものを提案することだって出来るでしょう、って。結局その、『それは無理だ』って思ったら、たぶん…そこで終わってしまうので。提案…とにかくもう、アイデアを与え続けること…選択肢の幅を与え続けることですね。たぶん、きっと僕たちの仕事なのかなと思いますけどね。（#32）

　このように、そのままでは実現不可能な希望であっても、何か本人のためにできることを考え、少し違った形でも「選択肢の幅を与える」ということは、専門職 #32 が言及した「ケアマネの仕事」に限らず、対人支援にあたるすべての職種が持っていて良い考え方ではないだろうか。

5.2　複数名での「意思決定の準備」への対応

　図 9-2 で示した通り、単身高齢者「本人」と「窓口」役である介護支援専門員の間には、いくつかの「認識のズレ」が生じていた。例えば「高齢者側では伝えているつもりだが、専門職の側は聞けていないと感じているケース」や、「専門職は高齢者の意思を把握しているつもりだが、実際の高齢者の意思とはやや異なっているケース」などである。これらはインタビューに応じてくれた高齢者や専門職の問題というよりは、二者間のコミュニケーションがはらむ本質的な課題

であると筆者は考えている。

　本書では専門職チームの「窓口」役を1人の福祉専門職が務めることを仮で想定し、ここまで議論を進めてきたが、こうした二者間のコミュニケーションがはらむ問題を加味すると、「窓口」役が複数名いた方が良いという考え方もできる。例えば専門職チームの中で介護支援専門員と訪問看護師が常にペアとなって単身高齢者の「意思決定の準備」に寄り添ったり、地域包括支援センターの職員と成年後見人が同じ空間で本人の様々な思いを聞いたり、という運用が考えられる。あまり人数が増えると「窓口」役の間での連携や調整が困難になる上、単身高齢者も安心して自分の思いを話せなくなる可能性があるため、できれば2人か、多くても3人までが良いかもしれない。

　このように複数名で「窓口」役を分担することで、前述のようなコミュニケーションの行き違いによる「認識のズレ」が防ぎやすくなるほか、1対1で話すよりも会話の選択肢の幅が広がり話し合いが促進される効果が生じやすい。さらに片方の「窓口」役が何らかの理由で一時的に単身高齢者のもとを訪問できなくなったり、異動や退職によりチームを離れてしまったりしても、もう一人の「窓口」役を通じて安定的に引き継いでいけるなどのメリットが考えられる。また、医療職と福祉職など専門性の異なる者が「窓口」役としてペアを組むことで、単身高齢者の希望に応じた様々な側面の話し合いに対応しやすいことはいうまでもない。

　現在、各地で養成が進んでいるACPファシリテーターも含め、「窓口」役を複数名で分担する試みについてはこれまであまり報告されておらず、その効果や課題について検証がなされることが期待される。

5.3　社会資源の開発

　次に、「社会資源の開発に向けた取組み」について展望する。本研究では「人

生の最終段階を支えるソーシャルワーク機能」として、第5章において11種類の機能を提示し、これを第7章で専門職インタビューの分析結果を考察するために適用してきた。この際、研究全体を通して単身高齢者と福祉専門職の間のコミュニケーションや関係性に力点を置いてきたため、【開発・社会変革】の機能については補足的に言及するにとどまっていた。しかし、現在のような単身高齢者が増え続ける社会状況において、専門職による「人生の最終段階」の在宅支援はまだ発展途上のトピックであり、本研究で一部明らかにしたような単身高齢者の様々な人生の最期に向けた希望に、今ある社会資源のみで対応していくことには自ずから限界がある。また、対応できる社会資源がないために実現の見込みが全くなさそうな希望が単身高齢者から語られれば、多くの支援者は戸惑って言葉に詰まるだろう。あるいはそうなることがわかっているために、そもそも【本人から将来の希望が語られない】という状況にあることは、第7章ですでに見てきた通りである。

　社会運動の研究においてしばしば参照される「資源動員論」によれば、社会運動は単に人々の不満が高まったから起こるのではなく、「人」、「カネ」、「ネットワーク」などの利用可能な社会資源を獲得して初めて起こるのだという（片桐 1995: 4-5; 牧野 2021）。社会福祉の現場においても、利用可能な新しいサービスの存在が知られた途端に、次々と人々のニーズが掘り起こされる事例が報告されている4)。本研究の中で分析してきた単身高齢者の「希望」もまた、同じような性質を有するものだと考えられる。つまり、利用できるサービス資源の供給があり、実現の見通しがあって初めて、単身高齢者から「希望」は積極的に語られるようになる。こうして考えてみると、【開発・社会変革】の機能は本研究で提示した11種類のソーシャルワーク機能の中でも、このテーマとの関わりにおいて特に重要性の高いものである。

　では、これからの社会の中で、具体的にどのような社会資源の「開発」や「変

---

4) コミュニティソーシャルワーカーの勝部麗子（2016）は講演記録の中で、「福祉の相談は、ニーズがあっていろいろな仕組みができていくということを皆さんは学んでいると思いますが、供給があることによってニーズが掘り起こされていくという部分もとても大きいです。（中略）みんな、解決策がない所に相談に来ません。」と述べている。

革」が望まれるのだろうか。第6章や第8章での分析からまず見えてくるのは、身寄りがなかったり、将来的に親族に頼ることが難しくなる可能性がある単身高齢者にとってのお墓や葬儀への関心の高さである。お墓や葬儀の支援については第3章で概観した横須賀市（2024）や大和市（2024）などの行政による取組みに加え、近年は社会福祉協議会が乗り出すケースも出てきているが（谷口 2019a; 谷口 2019b）、こうした例はまだ少数派である。事業者の質が担保されていないとして一部問題になってきた高齢者等終身サポート事業者や、利用数が伸び悩んでいる成年後見制度の改善等も含め、社会資源としての使い勝手の良さや、単身高齢者の心情に丁寧に寄り添った形でのサービス供給を追求することは1つの課題である。

　特に、第8章の事例検討で見てきた単身高齢者の語りを振り返れば、＜葬儀と死後の手続き＞を信頼している「担当介護支援専門員」だったり、昔からお世話になっている「麻雀屋のママ」に依頼したりしていた。「死後の手続き」は単なる事務的なものではなく、単身高齢者にとって自分の人生の最期を託すという大切な手続きである。こうした「死後の手続き」を含め、単身高齢者にとって気安い友人・知人や専門職等に最期まで関わってもらいやすいように、地域福祉的な観点から人々をつないでいくための支援技術の開発や、単身高齢者を取り巻く様々な人々が「参加」しやすくなるような社会文化の醸成も望まれるところである。

　そしてもう1点、今後の可能性として言及しておきたいのは、近年目まぐるしく進歩している情報通信分野など現代の新しい技術を駆使したサービス提供の可能性である。特に心身の機能が衰え始め満足に外出することが難しくなった単身高齢者は情報弱者にもなりやすく、若い世代が普通に使いこなしている新しい技術を全く知り得ていないケースも多々あるものと推測される。専門職が「意思決定の準備」に関わっていく際、単身高齢者から語られた希望に対して既存の社会

資源による対応のみにとらわれるのではなく、現代の技術で対応していくことは
できないか視野を広げて考えてみることで、新しい可能性が開かれることも期待
できる。これは場合によっては自身で考えるだけではなく、情報通信技術に長け
た企業や、大学生などのより若い世代に関わってもらい、アイデアの提供を受け
ることができればより理想的である。専門職には情報弱者としての単身高齢者を
支援する立場として、常に新しい技術にアンテナを張っておくことや、若い世代
を巻き込んで高齢者の希望を叶えるためのアイデアと行動を引き出せるような支
援技術を確立していくことが今後求められるかもしれない。これらは本研究の射
程を超えるものであるが、今後本領域に関する政策・実践の研究進展に向けた議
論の土台として、記述しておきたい。

第4節　結論

　本書では単身高齢者が人生の最期の迎え方について考え、周囲と話し合いなが
ら、将来の意思決定に備えて自らの意思を周囲と共有するための準備のあり方
を、福祉専門職の役割に着目して明らかにすることを目的としていた。

　単身高齢者が「意思決定の準備」について多く語ったのは「医療・ケア」より
もお墓や葬儀のことなどである。家族関係や地域の絆が希薄化し、自分の死後の
ことに不安を抱える単身高齢者はこれからも増え続けることが予想される。その
ような時代に、単身高齢者が比較的元気なうちから、福祉専門職等がソーシャル
ワークの機能を意識して先々を見据えた関わりを持ち、本人と時間をかけて繰り
返し話し合いを行い、様々な関係者を巻き込んでいくことで、人生会議をより進
めやすくなる。さらに、この時に「全人的な視点」から人生の最期に関する思い
を引き出すことで、「医療・ケア」に限らず単身高齢者自身の希望を様々な社会

資源や支援者につなぎ、将来的に本人の意思能力が衰えたとしても、自分らしい人生の最期を迎えるための助けになると筆者は考えている。

　小谷（2017: 206-207）は無縁社会が叫ばれる時代の「お墓やお葬式の無形化」に触れながら、「自立できるあいだは、自分のことは自分で責任をもってできるが、介護が必要になってからは、亡くなった後のお葬式やお墓のことを、すべて自分で遂行できる人はいない。（中略）どこでどんな介護を受けたいか、どんなお葬式やお墓にしたいかを考えることは重要だが、いくら考えて準備しておいても、自分ではできない以上、託せる誰かをみつけ、その人を信頼することの方が建設的だ」と述べている。ACP は「医療・ケア」に関する自身の希望を周囲の人に伝えておくことの重要性を強調しているが、それと同様、葬儀や墓といった「死後事務」に関する事柄もまた、亡くなりゆく本人自身はできない以上、周囲に希望を伝えておくことが重要である。「医療・ケア」も「死後事務」等も含め、包括的な内容を専門職チームの窓口役は単身高齢者から聞き取り、親族や他の専門職、地域住民等と調整して種々の支援を届ける役割を担うことができる立ち位置にある。本書ではこの窓口役として介護支援専門員や福祉専門職を位置付けたが、あくまで理論的な検討に過ぎず、現時点で福祉専門職がそのような役割を担うことは様々な制約からすぐには難しいかもしれない。しかし、今後の単身高齢者支援の方向性として一考の余地があるはずである。

　本書では「意思決定の準備」を、「人生の最終段階や死後のことに関する決定事項について、本人が何らかの理由で自ら決められなくなる場合に備え、家族等や専門職チームなど複数名が本人の意思をあらかじめ共有しておく」取組みである「意思決定の共有」の前段階として提示した。そしてこの「人生の最終段階や死後のことに関する決定事項」について、単身高齢者へのインタビューなどから「『意思決定の準備』に関する希望」を明らかにしてきた。しかし、「人生の最終段階や死後の事に関する決定事項」とは本来、非常に個別的で多様性に富んだも

のである。本研究の分析対象者からはあまり語られることがなかったが、例えば信仰を有する者にとっては、宗教的な儀式に関連した決定事項があるかもしれない。動物と一緒に暮らす単身高齢者にとっては自身の死後、これらの動物達が安心して生きていける場所を考えておく必要があるに違いない。あるいはこれから高齢期を迎える世代にとっては、様々なデジタルデータの処分方法を考えなければならないことも出てくるだろう。そうした内容もまた、ソーシャルワークの視点からは「意思決定の準備」の話し合いの対象となるべきである。このような外延の広い単身高齢者の「希望」を本研究は十分にすくい上げることができたとはいえず、この点は本研究の限界であり、今後の調査研究に期すべき点である。

　本研究の成果の1つとして、今回採択した手法についても触れておきたい。本研究ではインタビューの結果として得られる「内容」とともに、その内容が引き出される「プロセス」も同じくらい重要であるとする「アクティヴ・インタビュー」（Holstein & Gubrium1995＝2004）の考え方を参考に調査を進めた。その結果、例えば単身高齢者とのインタビューでは、これまで高齢者本人があまり考えて来なかった「延命治療」や「最期を迎えたい場所」について、インタビューの場自体が高齢者に考えるきっかけを提供する形となった。同様に、介護支援専門員へのインタビューにおいても、調査に協力してくれた介護支援専門員が十分に意識せずにいた「利用者の人生の最期の迎え方」について議論する契機となり、このインタビューを引き受けたことをきっかけに、担当利用者にこうした話を聞いたというケースもあった。その意味では、本研究で実施したインタビュー調査のプロセス自体が、本当にささやかなものではあるが、社会にさざ波を起こすアクションリサーチに近いような効果を生んだといえる[5]。伝統的な、実証主義的な価値観に基づいたインタビュー調査では、「インタビュー回答者の中にある事実を質問によって取り出す」ことを目指し、調査協力者の回答に影響を及ぼすような質問者側からの過度なアプローチは望ましくないと考えられてき

---

5) 本調査が終了した約2年後、調査協力者となった介護支援専門員のうち2名とは、それぞれ別の地域で「『人生会議』講座」を共同で開催し、地域の高齢者や専門職、大学生なども巻き込んでACPについて学ぶ場を作るさらなる試みにつながった。本講座の開催から終了までの過程については佐藤ら（2020）を参照のこと。

た面がある。しかし Holstein & Gubrium（1995＝2004: 22）は「私たちがこの用語を使って強調したいことは、あらゆるインタビューが、気づくか気づかないかには関係なく、現実を構築し意味を作り出す場面になっているということである。」と述べ、どのようなインタビュー調査であっても、回答者の内面に何らかの新しい変化が生まれることは避けられず、またそうした変化が生じることを肯定的に捉えている。すなわち、調査を行う研究者も、調査に協力する回答者も、インタビューのプロセスを通して新たな意味を構築する作業に関わっているという状況は「すべてのインタビューの顕著な特徴であること、つまりインタビューが相互行為を通したアクティヴなものであること」（Holstein & Gubrium 1995＝2004: 10）を、アクティヴ・インタビューという言葉は示しており、インタビューのプロセスを通じて調査者も、回答者も変化していくということに意識的である。その点では、インタビューを通して調査協力者に生じた内的な変化にも、インタビュー調査に携わるすべての者は注意を払う必要がある。

　最後に、家族と離れて住み、近隣との関係も希薄な単身高齢者にとって福祉や医療の専門職は、人生の最終盤を身近で伴走してくれる相手でもある。ひとり暮らしの高齢者や、施設に入居している高齢者から「最期はあなたに看取ってほしい」といわれた専門職の話を、筆者は本研究に至るインタビューの中で数多く聞いてきた。こうした「看取ってほしい」という高齢者の言葉の中には、「亡くなるまでのお世話をしてほしい」という意味だけでなく、「自分が死んだ後もたまには思い出して、供養してほしい」という願いも含まれているのではないかと筆者は感じた。「医療・ケア」だけでなくお墓や葬儀の話まで含むものとして「意思決定の準備」の射程を ACP から広げていくことは、こうした高齢者の願いにも応え得る取組みであると考えている。本研究で明らかにできたことはごくわずかであり、研究の限界も多々あり、課題は山積しているが、それらの課題は今後の研究で 1 つ 1 つ解決に向けた努力をしていきたい。

あとがき

　本書は 2021 年 9 月に日本社会事業大学大学院社会福祉学研究科に提出した博士論文『ひとり暮らし高齢者の「意思決定の準備」に関する研究——福祉専門職によるアドバンス・ケア・プランニングの発展』をもとに加筆・修正を施したものである。

　大学の文学部で西洋史学を専攻した筆者が、将来について悩みぬいた結果、当時のホームヘルパー 2 級（現：介護職員初任者研修）の資格を取得し、介護の仕事を始めたのは 2006 年のことだった。特別養護老人ホームや訪問介護などの現場に身を置く中で、高齢者の人生の最期のあり方に関心を抱き、日本社会事業大学大学院の門戸をたたいたのが 2012 年。そこで初めて「ソーシャルワーク」という言葉を知り、その考え方に魅せられた。大学院と通信教育課程のダブルスクールで何とか社会福祉士資格を取得し、現在は同資格の取得を目指す学生の指導にあたっている。

　本書では、医療分野を中心に実践が進められているアドバンス・ケア・プランニング（ACP）について、少なくとも理論的には、ソーシャルワークの考え方を学んだ福祉専門職が積極的に関与することが望ましいことを述べてきた。ソーシャルワークが培ってきた全人的な視点、あるいは生活モデル的な考え方を取り入れることにより、今後急増が予測される単身高齢者の人生の最期について、医療に限らないより広範な観点から、サポートすることが可能であることを指摘した。まさに人生会議と呼ぶべき実践がそこにはある。

　とはいえ実際の現場で今すぐ社会福祉士や介護支援専門員などの福祉専門職が、ACP や人生会議の実践において医療職の負託に十分応えられるかというと、心許ない部分も多いというのが正直なところである。これには筆者自身が日々、力不足を感じている養成校教育の課題も大いにあるだろうし、資格取得に向けた

カリキュラムの構成にも、まだ改善の余地があるように思う（新カリキュラムに則った国家試験が始まったばかりではあるが…）。例えば社会福祉士は「連絡及び調整」を担うことが法律に規定された専門職であるが、現代の連絡ツールとして重要な役割を果たし、また様々な可能性を秘めている ICT の利活用について、資格取得のための教育カリキュラムにはほとんど含まれていない（社会福祉士の倫理綱領には「情報処理技術の適切な利用」という記述がある）。また、かつて筆者がデイサービスの相談員として働いていた頃には、当時関わりのあった介護支援専門員からサービス担当者会議の記録が一向に送られて来ないこともあった。もう 10 年近く前の話なので今ではそのようなことはないかもしれないが、会議録を共有することの重要性が軽んじられているようで疑問に思ったことを覚えている。「連絡及び調整」をスムーズに進める上で欠かせないこうした会議録の作成技術についても、ソーシャルワーク教育においては必須とされておらず、演習を担当する教員や現場の実習指導者の裁量に任されているのが現状である。これらは一般的な知識・技術だから、事務仕事を任されれば誰でも自然と覚えるからと言ってしまえばそれまでであるが、社会福祉士の養成課程を卒業後、高齢者施設に就職してまず介護現場に配属されるようなケースでは、こうした知識・技術を自然と身に付けられる環境に置かれるとは限らない。「連絡及び調整」を担う専門職にこれらの知識・技術が担保されていなくて良いのかどうか、養成教育に携わる一人として少し心配な部分はある。

　これだけが理由ではないと思うが、社会福祉士の資格はまだ十分に社会的な評価を得られていないのが実情である。有料老人ホームの運営法人の中には、社会福祉士の資格を取得しても何ら手当等がつかないところもある。「相談」や「連絡及び調整」は、突き詰めれば組織内あるいは組織間のマネジメントに深く関与するものでもあり、本来はかなり高度な実践である。個人的には福祉施設の管理者について、社会福祉士の有資格者を原則とすることも考えて良いのではないか

あとがき

と感じている。これらの知識・技術を真剣に学び、研鑽に務めた者に十分な評価がなされないことをいくぶんか悲しく思うとともに、やはり専門職としてまだまだ発展途上なのだと実感する。本書の中でも触れたが、介護支援専門員と社会福祉士、看護師と社会福祉士など、長時間の学びと実習を乗り越えて複数資格を取得した者に、もっと評価がなされる社会になってほしいと願ってやまない。

　本書は2024年度淑徳大学学術出版助成（一般学術図書）をいただいたおかげで刊行することができました。このような機会を与えてくださった大乗淑徳学園理事長の長谷川匡俊先生、淑徳大学学長の山口光治先生にまず御礼を申し上げます。総合福祉学部長の千葉浩彦先生、社会福祉学科長の山下幸子先生には、いつも多大なご支援とお気遣いをいただき感謝しております。また、結城康博先生には日頃からの温かいご支援に加え、出版社との貴重なご縁を結んでいただきました。素敵な出版社をご紹介いただいてとても嬉しく感じております。その風鳴舎の青田恵氏には、多忙を極める中で本書の出版に多大なご尽力をいただき、深謝申し上げます。このほか紙幅の関係でお一人お一人のお名前を挙げられないことが残念なのですが、淑徳大学の教職員の皆様には本当に良くしていただき、感謝ばかりです。

　また、本書を出版するまでの間には以下の民間団体による研究助成金をいただきました。

★公益財団法人 日本科学協会　平成27年度笹川科学研究助成
　採択課題名：現代日本の高齢者が抱く、人生の最終段階における希望―ライフ
　　　　　　コースの視点から

★公益財団法人 明治安田こころの健康財団　2017年度研究助成

採択課題名：人生の最終段階を生きるひとり暮らし高齢者の「死への準備」と
　　　　　希望―自己決定社会における支援システムの構築に向けて

★公益財団法人 損保ジャパン日本興亜福祉財団（現：SOMPO 福祉財団） 2018
年度ジェロントロジー研究助成
　採択課題名：地域の居場所におけるアドバンス・ケア・プランニング（人生会
　　　　　　議）の可能性―高齢者と専門職による学びの場の創出に向けたア
　　　　　　クションリサーチ

　特に実証編の多くを構成している第 7 章及び第 8 章の内容については、研究助
成があったからこそ、経済的なバックアップを得たという面でも、計画的な研究
の遂行につながったという面でも、調査分析に邁進することができました。この
場を借りて心より感謝を申し上げます。

　これらの調査に快くご協力いただいた専門職の皆様、高齢者の皆様にも、本当
にたくさんの貴重なお話をいただきました。本書のコンセプトとは少しずれるた
め掲載できなかったお話も、私の研究や、人生に大きな影響を与えてくれたもの
がたくさんあります。本当にありがとうございました。

　日本社会事業大学大学院でお世話になった皆様へ。鶴岡浩樹先生には、いつも
気さくにご相談に乗って下さり、調査協力先のご紹介やゼミでの議論を通じて本
当にたくさんのご支援をいただきました。児玉桂子先生のゼミでは、多くの先輩
方のご発表を聞きながら博士後期課程での研究について学ばせていただき、また
先生ご自身からも数々の温かいご指導を賜りました。また、木村容子先生には学
位授与までの間に多大な時間と労力を割いていただき、最後には熱いエールも頂
戴しまして深謝いたしております。長くかかった論文の修正は本当に苦しい時間
の連続でしたが、そのおかげで論文の水準が一段上がったことを実感することが

できました。副指導教授であった後藤隆先生には、質的研究の何たるかを教わっただけでなく、言葉が持つ可能性にいつも気づかせていただきました。研究室での議論の中で後藤先生が語られた、「介護を受ける高齢者にとって医療や福祉の専門職は、人生の最終盤に築く新しい人間関係の相手」という旨のお話は、今も大きなインパクトを持って私の心の中にあります。そのほか大学院在学中より数多くの教職員の皆様、院生の皆様には本当にお世話になりました。

　そして、主指導教授であった菊池いづみ先生には、博士論文執筆中だけでなく、学位取得後も本当に献身的なご指導とサポートを今に至るまでずっといただいており、特大の感謝を申し上げます。筆者の研究を長年にわたり温かく見守り続けてくださっているお茶の水女子大学名誉教授の袖井孝子先生、同じくお茶の水女子大学名誉教授で、博士後期課程ゼミでのご指導も賜った現・東京通信大学教授の平岡公一先生とのご縁をつないでくださったのも菊池先生でした。本書の出版にあたっても、菊池先生には多くの時間を割いていただき親身なご助言を賜りました。この度も本当にありがとうございました。

　最後になりますが、日常を共にしている家族に。本書の研究を進める中で、改めて家族とは何かと考え、その存在の大きさを感じることが多々ありました。様々な家族の形がある中で、ここで一人ひとりの名前を挙げることはあえてしませんが、今も昔も物心両面で大きな支えとなり続けてくれている家族・親族みんなに、改めて心からの感謝を伝えます。いつもありがとう。

2025 年 1 月　　佐藤　惟

初出一覧

●第２章第１節、第５章第２節１項

・佐藤惟（2017）「現代高齢者福祉における『希望』の位置づけ：『ニーズ』をめ
ぐる政策論および実践論との関係から」『福祉社会学研究』第 14 号、169-191
頁

●第５章第２節３項

・佐藤惟（2020）「人生の最終段階を支えるソーシャルワーク機能の検討─アド
バンス・ケア・プランニングの運用に向けて」『東京福祉大学・大学院紀要』
第 10 巻第 1-2 合併号、133-140 頁

●第６章

・佐藤惟（2015）「独居後期高齢者の将来を見据えた生活支援ニーズに関する研
究─本人が語る不安と希望の分析から」『社会福祉学評論』第 15 巻、55-68 頁

●第８章

・佐藤惟（2018）「ひとり暮らし高齢者と福祉専門職が共同で進める意思決定の
準備─アドバンス・ケア・プランニングの普及に向けた課題」『公益財団法人
明治安田こころの健康財団 研究助成論文集』第 53 号、119-128 頁

いずれも本書への掲載にあたり大幅な加筆修正を行っている。

本書は 2024 年度淑徳大学学術出版助成（一般学術図書）を受けて刊行された
ものである。

文　献

会田薫子（2011）『延命医療と臨床現場——人工呼吸器と胃ろうの医療倫理学』東京大学出版会.

会田薫子（2013）「患者の意思を尊重した医療およびケアとは—意思決定能力を見据えて」『日本老年医学会雑誌』50（4），487-490.

会田薫子（2014）「第8回北海道臨床倫理検討会 2014 Advance Care Planning の考え方　ACP的アプローチは『情報共有—合意モデル』そのもの」『Best nurse』25（11），30-35.

秋山智久（2007）『社会福祉専門職の研究』ミネルヴァ書房.

安西美咲（2022）「ソーシャルワークにおける『自己決定』と『意思決定』の理論構造の検討—日本における意思決定の支援に関するガイドラインの2つの類型」『社会福祉学評論』23, 31-45.

朝日新聞デジタル（2019）「小籔さん起用の『人生会議』ポスター，批判受け発送中止」（2024年9月30日取得，https://www.asahi.com/articles/ASMCV5R5YMCVULBJ01G.html）.

蘆野吉和（2018）「がん治療の開始時から ACP を始める勇気を」『医療と介護 next：地域包括ケアをリードする』4（2），112-115.

綾部貴子・岡田進一（2019）「居宅介護支援事業所の介護支援専門員によるケアプラン作成の実践構造」『社会福祉学』60（2），67-77.

Biestek, F.P. (1957) The Casework Relationship, Loyola University Press.（＝2006，尾崎新・原田和幸・福田俊子訳『ケースワークの原則——援助関係を形成する技法』誠信書房）.

Bradshaw, J. (1972) A Taxonomy of Social Need, McLachlan, G. ed., Problems and Progress in Medical Care: Essays on Current Research, 7th series, Oxford University Press, 70-82.

Canda, E.R. & Furman, L.D. (2010) Spiritual Diversity in Social Work Practice: The Heart of Helping, Second Edition, Oxford University Press.（=2014，木原活信・中川吉晴・藤井美和監訳『ソーシャルワークにおけるスピリチュアリティとは何か——人間の根源性にもとづく援助の核心』ミネルヴァ書房）.

地域包括ケア研究会（2013）「地域包括ケアシステムの構築における今後の検討のための論点」（2024年9月30日取得，https://www.murc.jp/uploads/2013/04/koukai130423_01.pdf）.

地域包括ケア研究会（2014）「地域包括ケアシステムを構築するための制度論等に関する調査研究事業報告書」（2024年9月30日取得，https://www.murc.jp/uploads/2014/05/koukai_140513_c8.pdf）.

地域包括ケア研究会（2016）「地域包括ケアシステムと地域マネジメント」（2024年9月30日取得，https://www.mhlw.go.jp/file/06-Seisakujouhou-12400000-Hokenkyoku/0000126435.pdf）.

Connors Jr., A.F., Dawson, N.V., Desbiens, N.A., et al. (1995) A Controlled Trial to Improve Care for Seriously Ill Hospitalized Patients: The Study to Understand Prognoses and Preferences for Outcomes and Risks of Treatments (SUPPORT), JAMA, 274 (20), 1591-1598.

Daly, M. ed., (2001) Care Work: The Quest for Security, International Labour Office.

出口泰靖（2013）「『ニーズ』はどこからやってくる？」福祉社会学会編『福祉社会学ハンドブック——現代を読み解く98の論点』中央法規，22-25.

Detering, K.M., Hancock, A.D., Reade, M.C., et al. (2010) The impact of advance care planning on end of life care in elderly patients: randomised controlled trial, BMJ, 340: c1345（2024年9月30日取得，https://www.bmj.com/content/340/bmj.c1345）.

堂園裕美・岡田進一・白澤政和（2007）「高齢者を対象とした在宅ターミナルケアにおける介護支援専門員の役割」『生活科学研究誌』6，163-173.

榎本悦子（2017）「私の考える ACP」『治療』99（6），734-737.

Erikson, E.H., Erikson, J.M., and Kivnick, H.Q. (1986) Vital Involvement in Old Age, W.W. Norton

& Company.（=1990, 朝長正徳・朝長梨枝子訳『老年期　生き生きしたかかわりあい』みすず書房）.

European Association for Palliative Care（2017）Advance care planning: The EAPC white paper in a nutshell（2024年9月30日取得, https://eapcnet.wordpress.com/2017/09/06/advance-care-planning-the-eapc-white-paper-in-a-nutshell/）.

藤井美和（2010）「スピリチュアルケアの本質─死生学の視点から」『老年社会科学』31（4），522-528.

藤井美和（2017）「死生観にかかわる教育─ソーシャルワーク教育における課題」『社会福祉研究』128, 58-66.

藤森克彦（2010）『単身急増社会の衝撃』日本経済新聞出版社.

藤村正之（2019）「『単身化』する社会─その現状と課題」『社会福祉研究』136, 20-29.

柊崎京子・畠山千春（2011）「身体障害のある施設利用者の生活ニーズ─主観的ニーズからみた分析と実践への示唆」『社会福祉学』52（2），121-135.

Flick, U.（2007）Qualitative Sozialforschung, Rowohlt.（＝2011，小田博志監訳『新版 質的研究入門──＜人間の科学＞のための方法論』春秋社）.

深谷三枝・柴田実（2013）「キリスト教系病院チャプレンによるスピリチュアルケア実践」『明治学院大学社会学部附属研究所 研究所年報』43, 45-54.

古川孝順（2003）『社会福祉原論』誠信書房.

Glaser, B.G. & Strauss, A.L.（1965）Awareness of Dying, Aldine Publish Company.（=1988, 木下康仁訳『死のアウェアネス理論と看護──死の認識と終末期ケア』医学書院）.

Glaser, B.G. & Strauss, A.L.（1967）The Discovery of Grounded Theory: Strategies for Qualitative Research, Aldine Publish Company.（=1996，後藤隆・大出春江・水野節夫訳『データ対話型理論の発見──調査からいかに理論をうみだすか』新曜社）.

原田静香・美ノ谷新子・柴崎美紀・ほか（2016）「在宅終末期がん患者のケアマネジメントに関する介護支援専門員の認識─介護支援専門員の属性による差に焦点をあてて」『日本プライマリ・ケア連合学会誌』39（4），219-226.

服部万里子（2013）「在宅ターミナルを支えるケアマネジメントの課題」『内科』112（6），1284-1287.

林田哲弥・佐藤ゆかり・香川幸次郎（2017）「社会福祉士後見人の成年被後見人に対する権利擁護に関する研究─後見業務の分析を通じて」『厚生の指標』64（13），23-32.

林裕栄・田中敦子・津久井利恵・ほか（2012）「高齢者のターミナルケアマネジメントに関する調査研究─基礎資格として福祉系の資格をもつ介護支援専門員の不安や困難経験の実態」『保健医療福祉科学』2, 39-44.

林眞帆・織原保尚・日和恭世（2020）「判断能力が不十分な人への意思決定支援と医療ソーシャルワーク─医療ソーシャルワーカーへのアンケート調査を踏まえ」『別府大学紀要』61, 59-74.

日田剛（2017）「専門職後見人の実践における権利擁護に関する研究─首長申立てケース受任者へのインタビュー調査から」『社会福祉学』58（3），14-26.

樋口京子（2010）「第4章 高齢者の終末期ケアの質を高めるために求められるケアマネジメント」樋口京子・篠田道子・杉本浩章・ほか編著『高齢者の終末期ケア──ケアの質を高める4条件とケアマネジメント・ツール』中央法規, 44-57.

平井啓（2018）「がん患者への Bio-Psycho-Social Model によるケア」『心身医学』58（3），231-236.

Hirakawa, Y., Chiang, C., Uemura, M.Y., et al.（2019）Involvement of Japanese Care Managers and Social Workers in Advance Care Planning, Journal of Social Work in End-of-Life & Palliative Care, 14（4），315-327.

平岡公一（2011）「社会福祉とニード」平岡公一・杉野昭博・所道彦・鎮目真人『社会福祉学
　　=Social Welfare Studies —— Social Policy and Social Work』有斐閣，423-436.
平塚良子（2013）「メアリー・リッチモンドのソーシャルワークの機能論省察」『西九州大学健康福
　　祉学部紀要』44，73-80.
Holstein, J.A. & Gubrium, J.F.（1995）The Active Interview, Sage Publications.（＝2004，山田富
　　秋・兼子一・倉石一郎・ほか訳『アクティヴ・インタビュー——相互行為としての社会調査』
　　せりか書房）.
本田桂子（2013）「マイ・エンディングノート」『内科』112（6），1394-1397.
法務省（2024）「法制審議会第199回会議配布資料（民4）成年後見制度の見直しについて」（2024
　　年9月30日取得，https://www.moj.go.jp/content/001413272.pdf）.
猪飼周平（2011）「地域包括ケアの社会理論への課題—健康概念の転換期におけるヘルスケア政策」
　　『社会政策』2（3），21-38.
池田省三（2011）『介護保険論——福祉の解体と再生』中央法規.
井上治代（2016）「講演録 第20回淑徳大学社会福祉研究所企画 選ぶ時代：自分らしい生き方・死・
　　葬送」『総合福祉研究』21，1-18.
井上由起子（2019）「単身低所得高齢者の居住支援の現状と課題」『社会福祉研究』136，39-47.
石田光規（2011）『孤立の社会学——無縁社会の処方箋』勁草書房.
石川時子（2011）「ソーシャルワークにおける自己決定原理の考察—自律・自己決定の『価値』を
　　めぐって」『社会福祉』52，111-122.
石川時子（2015）「自己決定の重層性とその支援—『自己決定』の概念と支援の対象・方法の整理
　　を中心に」『医療社会福祉研究』22（23），31-37.
石渡和実（2016）「意思決定支援とソーシャルワーク—求められる障害者観・人間観の転換」『ソー
　　シャルワーク研究』41（4），5-18.
岩間伸之（2016）「ソーシャルワーク実践の潮流とケースカンファレンスの位置—地域で展開する
　　『連携と協働』の方法」『ソーシャルワーク研究』42（1），5-12.
岩佐一・権藤恭之・増井幸恵・ほか（2007）「地域在宅超高齢者における廃用症候群の予防を目指
　　した訪問型介入プログラム『自分史くらぶ』の開発—予備的検討」『老年社会科学』29（1），
　　75-83.
岩田正美（2013）「福祉が必要になるとき」岩田正美・上野谷加代子・藤村正之『ウェルビーイン
　　グ・タウン 社会福祉入門 改訂版』有斐閣，75-93.
岩田正美（2016）『社会福祉のトポス——社会福祉の新たな解釈を求めて』有斐閣.
自由国民社（2012）「『現代用語の基礎知識』選 ユーキャン新語・流行語大賞 第29回2012年授
　　賞語」（2024年9月30日取得，https://www.jiyu.co.jp/singo/index.php?eid=00029）.
株式会社インターネットインフィニティ（2014）「介護保険利用者の終活に向き合うケアマネジャー
　　の実態調査」（2024年9月30日取得，https://pdf.irpocket.com/C6545/o1Tt/hwIe/bhiN.pdf）.
角田ますみ（2019）「アドバンス・ケア・プランニング（ACP）を行うための考え方や必要なスキ
　　ル，具体的な進め方」角田ますみ編著『患者・家族に寄り添うアドバンス・ケア・プランニン
　　グ——医療・介護・福祉・地域みんなで支える意思決定のための実践ガイド』メヂカルフレン
　　ド社，29-65.
鎌谷勇宏（2010）「社会保障領域における自己決定概念に関する一考察—医療と福祉における議論
　　から」『四天王寺大学紀要』49，85-104.
上白木悦子（2018）「緩和ケア・終末期医療における医療ソーシャルワーカーの役割遂行の構造に
　　関連する要因」『社会福祉学』59（3），16-29.
笠原幸子（2014）『ケアワーカーが行う高齢者のアセスメント——生活全体をホリスティックにと
　　らえる視点』ミネルヴァ書房.

柏木哲夫（2010）「最期のことば集第 2 回　3 つの和解」『緩和ケア』20（2），176-180.

片桐新自（1995）『社会運動の中範囲理論——資源動員論からの展開』東京大学出版会.

片山陽子（2016）「アドバンス・ケア・プランニングの関連用語と概念定義」西川満則・長江弘子・横江由理子編『本人の意思を尊重する意思決定支援——事例で学ぶアドバンス・ケア・プランニング』南山堂，2-7.

加藤眞三（2021）「現代医学から患者中心の医療，全人的医療への移行」『グリーフケア』9，7-26.

勝部麗子（2016）「記念講演 変革する力　声なき声が社会を変える—サイレントプアと向き合うコミュニティソーシャルワーカーの実践から（社大福祉フォーラム 2015 報告）」『社会事業研究』55，4-15.

河端啓吾（2011）「社会福祉士が担う成年後見の現状と特性」『関西福祉科学大学紀要』15，123-133.

川口篤也（2019）「ACP の影」『緩和ケア』29（3），208-210.

川口真実・行實志都子（2019）「地域生活を支援する福祉専門職の医療と介護の意識について—自由記述による連携の意識と共通認識の明確化」『日本福祉大学社会福祉論集』141，83-94.

河合英利（2011）「終末期を在宅で迎える時のケアマネージャーの役割」『日本老年医学会雑誌』48（3），260-262.

河合克義（2009）『大都市のひとり暮らし高齢者と社会的孤立』法律文化社.

河合克義（2013）「社会的孤立問題とは何か」河合克義・菅野道生・板倉香子編『社会的孤立問題への挑戦——分析の視座と福祉実践』法律文化社.

木戸宣子・唐木香子（2015）「高齢者への在宅支援　在宅療養支援診療所におけるソーシャルワークの意義—ソーシャルワークの役割・機能とアプローチの拡大（社大福祉フォーラム 2014 報告）」『社会事業研究』54，69-72.

木原恵美子（2017）「意思決定支援をめぐる国内の議論の動向」『福祉社会開発研究』9，5-12.

木原活信（2016）「社会福祉におけるスピリチュアリティ—宗教と社会福祉の対話」『基督教研究』78（1），17-41.

木下康仁（2003）『グラウンデッド・セオリー・アプローチの実践——質的研究への誘い』弘文堂.

衣笠一茂（2009）「ソーシャルワークの『価値』の理論構造についての一考察—『自己決定の原理』がもつ構造的問題に焦点をあてて」『社会福祉学』49（4），14-26.

北島英治（2008）『ソーシャルワーク論』ミネルヴァ書房.

木澤義之（2015）「講演記録 アドバンス・ケア・プランニング—"もしもの時"に備え，"人生の終わり"について話し合いを始める」『ホスピスケアと在宅ケア』23（1），49-62.

木澤義之（2019）「アドバンス・ケア・プランニング（ACP）—今に至るまで」『緩和ケア』29（3），195-200.

小林良二（2000）「要介護認定とケアマネジメント」『季刊・社会保障研究』36（2），167-175.

児島亜紀子（2000）「自己決定＼自己責任—あるいは，未だ到来しない＜近代＞を編みなおすこと」『社會問題研究』50（1），17-36.

国立長寿医療研究センター（2014）「平成 26 年度 人生の最終段階における医療体制整備事業 統括報告書」（2024 年 9 月 30 日取得，https://www.ncgg.go.jp/hospital/overview/organization/zaitaku/eol/kensyu/documents/hokoku2014.pdf）.

国立社会保障・人口問題研究所（2024）「日本の世帯数の将来推計（全国推計）（令和 6（2024）年推計）—令和 2（2020）～ 32（2050）年—」（2024 年 9 月 30 日取得，https://www.ipss.go.jp/pp-ajsetai/j/HPRJ2024/hprj2024_gaiyo_20240412.pdf）.

小森康永・チョチノフ H.M.（2011）『ディグニティセラピーのすすめ——大切な人に手紙を書こう』金剛出版.

小谷みどり（2017）『＜ひとり死＞時代のお葬式とお墓』岩波新書.

Kotler, P. & Armstrong, G. (2001) *Principles of Marketing, Ninth Edition*, Prentice Hall.（＝2003，和田充夫監訳『マーケティング原理 第9版』ダイヤモンド社）.

神戸大学（[2018]2019）「これからの治療・ケアに関する話し合い―アドバンス・ケア・プランニング（人生会議）」（2024年9月30日取得，https://www.med.kobe-u.ac.jp/jinsei/acp_kobe-u/acp_kobe-u/doc/EOL_shimin_A4_text_201909.pdf）.

公益社団法人 日本医療社会福祉協会（2019）「令和2年度 診療報酬改定に関わる要望書」（2024年9月30日取得，https://www.jaswhs.or.jp/images/NewsPDF/NewsPDF_qvL7quxv9K7YYPTw_1.pdf）.

公益社団法人 日本医療社会福祉協会（2020）「在宅医療に関わるソーシャルワークの手引き」（2024年9月30日取得，https://www.jaswhs.or.jp/images/NewsPDF/NewsPDF_9ANjIQe3YV47rNNJ_1.pdf）.

公益財団法人鉄道弘済会（2019）「『第56回社会福祉セミナー』報告―『身寄りのない人』と社会福祉」『社会福祉研究』136，74-78.

厚生労働省（1999）「福祉専門職の教育課程等に関する検討会報告書」（2024年9月30日取得，https://www.mhlw.go.jp/www1/houdou/1103/h0310-1_16.html）.

厚生労働省（2003）「2015年の高齢者介護」（2024年9月30日取得，https://www.mhlw.go.jp/topics/kaigo/kentou/15kourei/3.html）.

厚生労働省（2008）「高齢者等が一人でも安心して暮らせるコミュニティづくり推進会議（「孤立死」ゼロを目指して）報告書」（2024年9月30日取得，https://www.mhlw.go.jp/houdou/2008/03/dl/h0328-8a.pdf）.

厚生労働省（2016a）「介護支援専門員専門研修ガイドライン」（2024年9月30日取得，https://www.mhlw.go.jp/file/06-Seisakujouhou-12300000-Roukenkyoku/2016.11SENMONKENSHUGAIDORAIN_3.pdf）.

厚生労働省（2016b）「主任介護支援専門員更新研修ガイドライン」（2024年9月30日取得，https://www.mhlw.go.jp/file/06-Seisakujouhou-12300000-Roukenkyoku/2016.11shuninkoushinkenshugaidorain.pdf）.

厚生労働省（[2007]2018a）「人生の最終段階における医療・ケアの決定プロセスに関するガイドライン」（2024年9月30日取得，https://www.mhlw.go.jp/file/04-Houdouhappyou-10802000-Iseikyoku-Shidouka/0000197701.pdf）.

厚生労働省（2018b）「認知症の人の日常生活・社会生活における意思決定ガイドライン」（2024年9月30日取得，https://www.mhlw.go.jp/file/06-Seisakujouhou-12300000-Roukenkyoku/0000212396. pdf）.

厚生労働省（2018c）「人生の最終段階における医療・ケアの決定プロセスに関するガイドライン解説編」（2024年9月30日取得，https://www.mhlw.go.jp/file/04-Houdouhappyou-10802000-Iseikyoku-Shidouka/0000197702.pdf）.

厚生労働省（2018d）「報道発表資料 ACP（アドバンス・ケア・プランニング）の愛称を『人生会議』に決定しました」（2024年9月30日取得，https://www.mhlw.go.jp/stf/newpage_02615.html）.

厚生労働省（2018e）「人生の最終段階における医療に関する意識調査報告書」（2024年9月30日取得，https://www.mhlw.go.jp/toukei/list/dl/saisyuiryo_a_h29.pdf）.

厚生労働省（2019a）「身寄りがない人の入院及び医療に係る意思決定が困難な人への支援に関するガイドライン」（2024年9月30日取得，https://www.mhlw.go.jp/content/000516181.pdf）.

厚生労働省（2019b）「人生会議（ACP）普及・啓発リーフレット」（2024年9月30日取得，https://www.mhlw.go.jp/content/10802000/000536088.pdf）.

厚生労働省（2019c）「平成30年度介護報酬改定の効果検証及び調査研究に係る調査（平成30年度

調査）（3）居宅介護支援事業所及び介護支援専門員の業務等の実態に関する調査研究事業報告書（案）」（2024 年 9 月 30 日取得，https://www.mhlw.go.jp/content/12601000/000500278.pdf）.

厚生労働省（2021）「第 23 回介護支援専門員実務研修受講試験の実施状況について」（2024 年 9 月 30 日取得，https://www.mhlw.go.jp/stf/seisakunitsuite/bunya/0000187425_00007.html）.

厚生労働省（2023）「介護支援専門員専門研修ガイドライン令和 5 年 4 月版」（2024 年 9 月 30 日取得，https://www.mhlw.go.jp/content/001089250.pdf）.

厚生労働省老健局（2024a）「第 4 回ケアマネジメントに係る諸課題に関する検討会 資料 1 これまでの主なご意見」（2024 年 9 月 30 日取得，https://www.mhlw.go.jp/content/12300000/001306423.pdf）

厚生労働省老健局（2024b）「第 4 回ケアマネジメントに係る諸課題に関する検討会 資料 2-1 ケアマネジャーの専門性を更に発揮するために必要な業務の在り方や取組について」（2024 年 9 月 30 日取得，https://www.mhlw.go.jp/content/12300000/001306424.pdf）

厚生労働省老健局振興課（2015）「介護保険最新情報 vol.420『介護支援専門員実務研修受講試験の実施について』の一部改正について」（2024 年 9 月 30 日取得，https://www.wam.go.jp/gyoseiShiryou-files/resources/ee9a8c1c-265a-480a-86b8-e34ae1ead17f/%E4%BB%8B%E8%AD%B7%E4%BF%9D%E9%99%BA%E6%9C%80%E6%96%B0%E6%83%85%E5%A0%B1vol.420.pdf）.

小山隆（2013）「社会福祉専門職を取り巻く現状の把握とその支援を目指して」『社会福祉研究』117，9-17.

久保美紀（2019）「『単身化』する社会における社会福祉の支援―あらためて『個人』と向き合う支援を考える」『社会福祉研究』136，30-38.

窪寺俊之（2000）『スピリチュアルケア入門』三輪書店.

空閑浩人（2009）「ソーシャルワーカーの機能」社団法人日本社会福祉士会編『新 社会福祉援助の共通基盤 第 2 版（上）』中央法規，214-223.

空閑浩人（2014）『ソーシャルワークにおける「生活場モデル」の構築』ミネルヴァ書房.

熊田梨恵（2015）「患者の視点から見た患者と医療者にとってより良い意思決定支援とは―Advance Care Planning の可能性」『蘇生：日本蘇生学会雑誌』34（2），120-123.

熊本県企画振興部企画課（2014）「県民の生涯を通した安心の実現を目指して―これからの墓地行政のあり方等に係る研究報告書」（2024 年 9 月 30 日取得，https://www.pref.kumamoto.jp/kiji_9507.html）.

蔵本浩一・大川薫・原澤慶太郎（2019）「『もしバナゲーム』と ACP」『緩和ケア』29（3），244-247.

黒川由紀子（2005）『回想法――高齢者の心理療法』誠信書房.

牧野久美子（2021）「社会運動 Social Movements ―みんなで動けば世界は変わる？」『日本貿易振興機構（ジェトロ）アジア経済研究所ホームページ』（2024 年 9 月 30 日取得，https://www.ide.go.jp/Japanese/Research/Theme/Pol/Social_movements/200608_makino.html）.

Maslow, A. H.（1970）Motivation and Personality, 2nd ed., Harper & Row.（=1987, 小口忠彦訳『改訂新版 人間性の心理学』産業能率大学出版）.

Mayeroff, M.（1971）On Caring, Harper & Row.（= 1987，田村真訳『ケアの本質――生きることの意味』ゆみる出版）.

御子柴直子（2016）「アプローチ方法としてのアドバンス・ケア・プランニング」長江弘子編著『看護技術 2016 年 10 月臨時増刊号 エンドオブライフにおける意思決定支援――その人らしく生きぬくために医療者ができること』メヂカルフレンド社，18-21.

箕岡真子（2011）『「私の四つのお願い」の書き方――医療のための事前指示書』ワールドプランニング.

箕岡真子（2016）「日本における終末期ケア―『看取り』の倫理的問題とその展望」『保健の科学』58（7），436-441.

三浦文夫（1985）『社会福祉政策研究――社会福祉経営論ノート』全国社会福祉協議会.

宮下淳（2023）「日本版アドバンス・ケア・プランニングの定義及び行動指針」『日本エンドオブライフケア学会誌』7（1），2-7.

宮田和明（2007）「序章　社会福祉専門職論の課題」宮田和明・加藤幸雄・牧野忠康・ほか編著『社会福祉専門職論』中央法規，7-12.

みずほ情報総研（2018）『エンドオブライフ・ケアの現状に関する調査研究――報告書』.

森雅紀（2020）「2章　ACPの概念―定義を研究する」森雅紀・森田達也『Advance Care Planning のエビデンス――何がどこまでわかっているのか？』医学書院，22-40.

村社卓（2012）「サービス担当者会議におけるチームマネジメント機能―利用者主体を基盤としたリーダーシップの移譲とチームワークの拡大」『ソーシャルワーク学会誌』24，29-41.

村田久行（2003）「終末期がん患者のスピリチュアルペインとそのケア―アセスメントとケアのための概念的枠組みの構築」『緩和医療学』5（2），61-69.

永野典詞（2009）「身体障害者療護施設利用者と施設職員の主観的ニーズ認識に関する研究―主観的ニーズに関するアンケート調査の分析から」『社会福祉学』49（4），92-103.

永田勝太郎（2018）「全人的医療の歴史と展望」『全人的医療』17（1），1-7.

内閣府（2024a）「令和6年版高齢社会白書（全体版）（PDF版）第1章第1節3家族と世帯」（2024年9月30日取得，https://www8.cao.go.jp/kourei/whitepaper/w-2024/zenbun/pdf/1s1s_03.pdf）.

内閣府（2024b）「高齢社会対策大綱（令和6年9月13日閣議決定）」（2024年9月30日取得，https://www8.cao.go.jp/kourei/measure/taikou/pdf/p_honbun_r06.pdf）.

内閣府孤独・孤立対策推進室・金融庁・消費者庁・ほか（2024）「高齢者等終身サポート事業者ガイドライン」（2024年9月30日取得，https://www.cao.go.jp/kodoku_koritsu/torikumi/suishinhonbu/dai2/pdf/siryou2-2.pdf）.

中島民恵子・沢村香苗・山岡淳（2016）「単身要介護高齢者に対するケアマネジャーによる在宅継続支援の実態と課題」『社会保障研究』1（1），183-191.

中西正司・上野千鶴子（2003）『当事者主権』岩波新書.

成本迅（2013）「医療現場で直面している意思決定の課題について」『日本老年医学会雑誌』50（5），635-637.

NHKスペシャル取材班＆佐々木とく子（2007）『ひとり誰にも看取られず――激増する孤独死とその防止策』阪急コミュニケーションズ.

NHK「無縁社会プロジェクト」取材班編（2010）『無縁社会――〝無縁死〟三万二千人の衝撃』文藝春秋.

日本学術会議社会学委員会福祉職・介護職育成分科会（2011）「提言　福祉職・介護職の専門性の向上と社会的待遇の改善に向けて」（2024年9月30日取得，http://www.jaswe.jp/researchpaper/gakujutsukaigi20110920.pdf）.

日本医師会（2018）「終末期医療―アドバンス・ケア・プランニング（ACP）から考える」（2024年9月30日取得，https://www.med.or.jp/dl-med/teirekaiken/20180307_31.pdf）.

日本介護支援専門員協会（2019）「介護支援専門員とは」（2024年9月30日取得，https://www.jcma.or.jp/?p=21659）.

日本救急医学会ホームページ（2024）「医学用語解説集 DNAR」（2024年9月30日取得，https://www.jaam.jp/dictionary/dictionary/word/0308.html）.

日本救急医学会・日本集中治療医学会・日本循環器学会（2014）「救急・集中治療における終末期医療に関するガイドライン―3学会からの提言」（2024年9月30日取得，http://www.jsicm.org/pdf/1guidelines1410.pdf）.

日本老年医学会（2012）「高齢者ケアの意思決定プロセスに関するガイドライン—人工的水分・栄養補給の導入を中心として」（2024 年 9 月 30 日取得，http://www.jpn-geriat-soc.or.jp/info/topics/pdf/jgs_ahn_gl_2012.pdf).

日本老年医学会（2019）「ACP 推進に関する提言」（2024 年 9 月 30 日取得，https://www.jpn-geriat-soc. or.jp/press_seminar/pdf/ACP_proposal.pdf).

日本ソーシャルワーカー連盟（2020）「ソーシャルワーカーの倫理綱領」（2024 年 9 月 30 日取得，http://jfsw.org/code-of-ethics/).

西川満則（2015）「認知症高齢者の看取りに向けたアドバンス・ケア・プランニング」『Community Care』17（11），50-55.

西川満則・高梨早苗・久保川直美・ほか（2015）「アドバンスケアプランニングとエンドオブライフディスカッション」『日本老年医学会雑誌』52（3），217-223.

西川満則・三浦久幸（2017）「地域におけるアドバンス・ケア・プランニングの進め方」『病院』76（8），604-608.

西川満則（2021）「多職種連携の実際と課題— ACP ファシリテーターの役割」『エイジングアンドヘルス =Aging & health』29（4），14-17.

西村淳・中村美安子・大島憲子・ほか（2020）「社会福祉専門職の専門性に関する意識」『神奈川県立保健福祉大学誌』17（1），113-121.

NPO 法人白十字在宅ボランティアの会ホームページ（2024）「聞き書きボランティア講座」（2024 年 9 月 30 日取得，https://www.hakujuji-net.com/hear-write).

額田勲（[1999]2013）『孤独死——被災地で考える人間の復興』岩波現代文庫.

岡田進一（2011）『ケアマネジメント原論——高齢者と家族に対する相談支援の原理と実践方法』ワールドプランニング.

岡本秀明（2005）「高齢者の社会活動とそれに対するフェルト・ニーズ（felt needs）—実証的研究の提案」『生活科学研究誌』4，281-295.

岡本秀明（2013）「福祉ニーズの概念整理と高次の福祉ニーズの充足に関連する要因—地域における高齢者の社会的な活動参加ニーズを対象にして」『和洋女子大学紀要』53，45-57.

岡本秀明・岡田進一（2002）「施設入所高齢者と施設職員との間の主観的ニーズに関する認識の違い」『日本公衆衛生雑誌』49（9），911-921.

岡村重夫（1983）『社会福祉原論』全国社会福祉協議会.

荻原典子・水戸優子・金壽子（2020）「日本の看護における『全人的ケア』の概念分析」『日本看護技術学会誌』19（0），83-91.

沖田佳代子（2002a）「高齢者ケアマネジメントにおける倫理的意思決定：ソーシャルワークにおける道徳的推論の適用に関する議論からの一考察」『社会福祉学』42（2），150-160.

沖田佳代子（2002b）「介護サービス計画の決定作成における倫理的ディレンマ—ケアマネジャーに対する訪問面接調査から」『社会福祉学』43（1），80-90.

大賀有記・森朋子（2016）「在宅看取り支援におけるケアマネジャーの役割の質の変容—文献レビューからの考察」『医療社会福祉研究』24，69-76.

大濱悦子・福井小紀子（2019）「国内外のアドバンスケアプランニングに関する文献検討とそれに対する一考察」『Palliative Care Research』14（4），269-279.

大橋明・恒藤暁・柏木哲夫（2003）「希望に関する概念の整理—心理学的観点から」『大阪大学大学院人間科学研究科紀要』29，99-124.

大橋明（2019）「日本人高齢者を対象とした宗教性およびスピリチュアリティ研究」『老年社会科学』41（1），67-76.

大西次郎（2012）「社会福祉援助技術としての葬儀—ターミナル・グリーフケアの狭間に」『佛教大学大学院紀要. 社会学研究科篇』40，1-17.

大谷弘行（2019）「PROs（患者報告アウトカム）をきっかけとした病院現場主体のACP実践―医療行動経済学アプローチ― ACPコミュニケーション促進のための患者だけでなく医療者へのさりげないナッジ」『緩和ケア』29（3），214-216.

大谷尚（2018）『質的研究の考え方――研究方法論からSCATによる分析まで』名古屋大学出版会.

太田裕子（2019）『はじめて『質的研究』を『書く』あなたへ――研究計画から論文作成まで』東京図書.

Rapp, C. A. and Goscha, R. J.（2011）The Strengths Model: A Recovery-Oriented Approach to Mental Health Services Third Edition, Oxford University Press.（＝2014, 田中英樹監訳『ストレングスモデル［第3版］――リカバリー志向の精神保健福祉サービス』金剛出版）.

Rietjens, J.A.C., Sudore, R.L., Connolly, M., er al.（2017）Definition and recommendations for advance care planning: an international consensus supported by the European Association for Palliative Care, The Lancet Oncology, 18（9），E543-E551.

戈木クレイグヒル滋子編（2013）『質的研究法ゼミナール第2版――グラウンデッド・セオリー・アプローチを学ぶ』医学書院.

最高裁判所事務総局家庭局（2024）「成年後見関係事件の概況―令和5年1月～12月」（2024年9月30日取得，https://www.courts.go.jp/vc-files/courts/2024/20240315koukengaikyou-r5.pdf）

斉藤雅茂（2019）「単身高齢者への社会的孤立軽減に向けた介入研究の動向と課題」『社会福祉研究』136，48-54.

齋藤智子・佐藤由美「介護支援専門員のケアマネジメントにおける対応困難の実態」『千葉看護学会会誌』12（2），8-14.

佐藤郁哉（2008）『質的データ分析法――原理・方法・実践』新曜社.

佐藤郁哉（2015）『社会調査の考え方［上］』東京大学出版会.

佐藤惟（2017）「現代高齢者福祉における『希望』の位置づけ―『ニーズ』をめぐる政策論および実践論との関係から」『福祉社会学研究』14，169-191.

佐藤惟（2020）「人生の最終段階を支えるソーシャルワーク機能の検討―アドバンス・ケア・プランニングの運用に向けて」『東京福祉大学・大学院紀要』10（1-2），133-140.

佐藤惟・木田正吾・大瀧顕一・ほか（2020）「地域の居場所におけるアドバンス・ケア・プランニング（人生会議）の可能性――高齢者と専門職による学びの場の創出に向けたアクションリサーチ」『公益財団法人SOMPO福祉財団2018年度助成 ジェロントロジー研究報告』14，87-100.

Saunders, C.（1964）Care of patients suffering from terminal illness at St. Joseph's Hospice, Hackney, London, Nursing Mirror, 14 February, vii-x.（＝2017，小森康永編訳『シシリー・ソンダース初期論文集：1958-1966――トータルペイン 緩和ケアの源流をもとめて』北大路書房，56-69）.

澤田法英（2014）「Shared decision making（SDM: 意思決定の共有）」『精神科』25（6），633-636.

沢村香苗（2024）『老後ひとり難民』幻冬舎.

柴田洋弥（2012）「知的障害者等の意思決定支援について」『発達障害研究』34（3），261-272.

島田千穂・高橋龍太郎（2011）「高齢者終末期における多職種間の連携」『日本老年医学会雑誌』48（3），221-226.

嶋貫恵・松井美帆（2011）「介護支援専門員におけるがん末期のケアマネジメントと死生観」『ホスピスケアと在宅ケア』19（1），38-41.

島薗進（2017）「スピリチュアルケア―その概念と歴史的展望」清水哲郎・会田薫子編『医療・介護のための死生学入門』東京大学出版会，227-256.

清水哲郎（2005）「医療現場における意思決定のプロセス―生死に関わる方針選択をめぐって」『思想』976，4-22.

清水哲郎（2015）「事前指示を人生の最終段階に関する意思決定プロセスに活かすために」『日本老年医学会雑誌』52（3），224-232.

清水哲郎・会田薫子（2012）「終末期ケアにおける意思決定プロセス」安藤泰至・高橋都編著『シリーズ生命倫理学 第4巻 終末期医療』丸善出版，20-41.

塩村公子（2004）「社会福祉専門職の人材養成に関する課題」『社会福祉研究』90，37-43.

白井由紀・藤森麻衣子・山田祐（2008）「コミュニケーション・スキル・トレーニング（CST）プロジェクト」『緩和医療学』10（3），263-270.

白木裕子編著（2019）『アセスメント──情報収集からケアプラン作成まで』中央法規.

白澤政和（2004）「日本における社会福祉専門職の実践力─評価と戦略」『社会福祉研究』90，13-20.

白澤政和（2018）『ケアマネジメントの本質──生活支援のあり方と実践方法』中央法規.

白澤政和（2019）「第1章　ケアマネジメントとは何か」白澤政和編著『ケアマネジメント論──わかりやすい基礎理論と幅広い事例から学ぶ』ミネルヴァ書房，3-28.

Snyder, C.R. (2002) Hope Theory: Rainbows in the Mind, Psychological Inquiry, 13 (4), 249-275.

袖井孝子（2000）「終末期における高齢者の自己決定と家族」『日本老年医学会雑誌』37（9），717-718.

袖井孝子（2015）「終末期医療における本人の意思と家族の意思─認知症高齢者の自己決定権を中心に」『家族関係学』34，21-27.

副田あけみ（2014）「社会福祉専門職による権利侵害とその防止策─コンプライアンス運営と解決志向の職場マネジメント」『社会福祉研究』120，37-44.

総務省統計局（2024）「統計トピックス No.142 統計からみた我が国の高齢者 ─「敬老の日」にちなんで」（2024年9月30日取得，https://www.stat.go.jp/data/topics/pdf/topics142.pdf）.

Sudore, R.L., Lum, H.D., You, J.J., et al. (2017) Defining Advance Care Planning for Adults: A Consensus Definition from a Multidisciplinary Delphi Panel, Journal of Pain and Symptom Management, 53 (5), 821-832.

杉原百合子・山田裕子・小松光代・ほか（2016）「認知症の人の意思決定における介護支援専門員の支援に関する文献レビュー」『同志社看護』1，29-37.

社会保障審議会福祉部会 福祉人材確保専門委員会（2018）「ソーシャルワーク専門職である社会福祉士に求められる役割等について」（2024年9月30日取得，https://www.mhlw.go.jp/file/05-Shingikai-12601000-Seisakutoukatsukan-Sanjikanshitsu_Shakaihoshoutantou/0000199560.pdf）.

高岡里佳・古澤香織（2018）「ケアマネの役割とは 多職種の異なる責務をフラットにつなぐ調整役」『医療と介護next：地域包括ケアをリードする』4（2），116-121.

高山恵理子（2014）「社会福祉専門職の自己覚知─自己・他者理解とスーパービジョン」『社会福祉研究』121，68-75.

高山直樹（2016）「意思決定支援と権利擁護」『ソーシャルワーク研究』41（4），28-34.

武川正吾（2011）『福祉社会──包摂の社会政策 新版』有斐閣.

武居幸子（2009）「エコロジカル視点によってとらえる在宅高齢者のライフストレッサーとソーシャルワーク機能─地域包括支援センターおよび在宅介護支援センターにおける援助事例分析の試み」『ソーシャルワーク研究』35（3），57-66.

田村里子（2015）「意思決定におけるソーシャルワークの射程─緩和医療における実践から」『医療社会福祉研究』22（23），45-49.

谷口聡（2019a）「公的団体における死後事務委任契約の活用─足立区社会福祉協議会の取組みの検討」『地域政策研究』22（1），13-32.

谷口聡（2019b）「福岡市社会福祉協議会における死後事務委任契約の活用」『地域政策研究』22

(2)，43-58.

田代志門（2016）『死にゆく過程を生きる——終末期がん患者の経験の社会学』世界思想社.

徳田治子（2019）「5-2 インタビュー」サトウタツヤ・春日秀朗・神崎真実編『ワードマップ　質的研究法マッピング——特徴をつかみ，活用するために』新曜社，204-210.

特定非営利活動法人日本ホスピス緩和ケア協会（2018）「ホスピス緩和ケアの歴史と定義」（2024年9月30日取得，https://www.hpcj.org/what/definition.html）.

富永千晶（2017）「医療ソーシャルワーカーの視点—多様なACPへの取り組みと課題」『治療』99（6），796-799.

東大社研・玄田有史・宇野重規編（2009）『希望学1 希望を語る』東京大学出版会.

東京都多職種連携連絡会（2019）「住み慣れた街でいつまでも—最期まで自分らしく暮らせるまち　東京」（2024年9月30日取得，https://www.hokeniryo.metro.tokyo.lg.jp/iryo/iryo_hoken/zaitakuryouyou/suminaretamachide.files/saigomadejibunrasiku.pdf）.

東京都医師会（2019）「アドバンス・ケア・プランニング（ACP）—人生会議」（2024年9月30日取得，https://www.tokyo.med.or.jp/citizen/acp）.

辻恵子（2007）「意思決定プロセスの共有—概念分析」『日本助産学会誌』21（2），12-22.

鶴若麻理・岡安大仁（2001）「スピリチュアルケアに関する欧米文献の動向」『生命倫理』11（1），91-96.

筒井孝子・東野定律（2015）「日本の地域包括ケアシステムにおける『セルフマネジメント支援』の確立」『経営と情報：静岡県立大学・経営情報学部研究紀要』27（2），27-35.

内田陽子・中谷久恵・島内節（2009）「エンド・オブ・ライフケアニーズと在宅ケアマネジメントの実践」『The Kitakanto Medical Journal』59（4），337-344.

植村和正（2015）「アドバンス・ディレクティブとリビング・ウィル（総論）」『日本老年医学会雑誌』52（3），207-210.

上野千鶴子（2011）『ケアの社会学——当事者主権の福祉社会へ』太田出版.

上野千鶴子（2008）「当事者とは誰か？—ニーズ中心の福祉社会のために」上野千鶴子・中西正司編『ニーズ中心の福祉社会へ——当事者主権の次世代福祉戦略』医学書院，10-37.

植竹日奈（2019）「救急医療における意思決定支援—そのあり方とソーシャルワーカーの役割」『医療：国立医療学会誌』73（5），251-253.

鵜浦直子（2011）「ソーシャルワークの機能強化に向けた後見人等との連携・協働に関する研究—成年後見制度を活用したソーシャルワーク実践の分析から」『社会福祉学』51（4），31-41.

和気純子（2005）「高齢者ケアマネジメントにおける困難ケース—ソーシャルワークからの接近」『人文学報』361，99-121.

渡邉浩文（2005）「居宅介護支援における家族調整のあり方—本人・家族との判断・意見の相違する状況における居宅介護支援に関する研究」『目白大学総合科学研究』1，99-111.

山辺朗子（2011）『ジェネラリスト・ソーシャルワークの基盤と展開——総合的包括的な支援の確立に向けて』ミネルヴァ書房.

山口理恵子（2014）「日常生活自立支援事業と任意後見制度の一体的実施による地域生活支援システムの構築に関する研究—やすらぎ生活支援事業の検証を通じて」『長野大学紀要』35（3），35-46.

山口理恵子・佐々木勝一（2010）「高齢知的障がい者支援における成年後見制度の現状と課題」『京都光華女子大学研究紀要』48，209-231.

大和市（2024）「終活支援（終活相談など）」（2024年9月30日取得，https://www.city.yamato.lg.jp/gyosei/soshik/60/ohitorisama/2517.html）.

柳原清子（2006）「介護支援専門員の『死の看取りケアの意識』とそれに関連する要因の分析」『新潟大学医学部保健学科紀要』8（2），3-14.

楊暁敏・岡田進一（2020）「一人暮らし高齢者に対する介護支援専門員の支援困難感の構成要素の構造」『社会福祉学』61（1），44-58.

横須賀市（2024）「エンディングプラン・サポート事業」（2024年9月30日取得，https://www.city.yokosuka.kanagawa.jp/2610/syuukatusien/endingplan-support.html）.

吉江悟・齋藤民・高橋都・ほか（2006）「介護支援専門員がケースへの対応に関して抱く困難感とその関連要因　12種類のケース類型を用いて」『日本公衆衛生雑誌』53（1），29-39.

結城康博（2024）『介護格差』岩波新書.

以　上

■著者プロフィール

佐藤　惟 (さとう　ゆい)

1985年生まれ。京都大学文学部人文学科卒業。日本社会事業大学大学院博士後期課程満期退学。博士（社会福祉学）。施設介護員、訪問介護員、デイサービス介護職員兼生活相談員などを経て、現在、淑徳大学総合福祉学部専任講師。介護福祉士、社会福祉士。

［主要業績］

・『はじめてのソーシャルワーク演習』（分担執筆、ミネルヴァ書房、2020年）

・『新・社会福祉士シリーズ7　ソーシャルワークの基盤と専門職（社会専門)』（分担執筆、弘文堂、2023年）

・「老年学におけるアドバンス・ケア・プランニング（人生会議）と質的研究の可能性」『老年社会科学』（2022年）

人生会議とソーシャルワーク
―単身高齢社会で「希望」をつなぐ福祉実践―

2025年3月21日　初版第1刷発行

著　者 ——— 佐藤　惟

発行者 ——— 青田　恵

発行所 ——— 株式会社風鳴舎
　　　　　　〒170-0005 東京都豊島区南大塚2丁目38-1　MID POINT大塚6F
　　　　　　TEL. 03-5963-5266 ／ FAX. 03-5963-5267

印刷・製本 ——— モリモト印刷株式会社

・本書は著作権法上の保護を受けています。本書の一部または全部について、発行会社である株式会社風鳴舎から文書による許可を得ずに、いかなる方法においても無断で複写、複製することは禁じられています。
・本書へのお問い合わせについては上記発行所ホームページ（https://fuumeisha.co.jp）のお問い合わせフォームより承ります。乱丁・落丁はお取り替えいたします。

©Yui Sato 2025　ISBN978-4-907537-56-2　C3036　Printed in Japan